Necla Kelek
Himmelsreise

Necla Kelek

Himmelsreise

Mein Streit mit den Wächtern des Islam

Kiepenheuer & Witsch

Mix
Produktgruppe aus vorbildlich
bewirtschafteten Wäldern und anderen
kontrollierten Herkünften
www.fsc.org   Zert.-Nr. SGS-COC-001940
©1996 Forest Stewardship Council

Verlag Kiepenheuer & Witsch, FSC-DEU-0096

2. Auflage 2010

© 2010 by Verlag Kiepenheuer & Witsch GmbH & Co. KG, Köln
Alle Rechte vorbehalten. Kein Teil des Werkes darf in
irgendeiner Form (durch Fotografie, Mikrofilm oder ein
anderes Verfahren) ohne schriftliche Genehmigung des
Verlages reproduziert oder unter Verwendung elektronischer
Systeme verarbeitet, vervielfältigt oder verbreitet werden.
Umschlaggestaltung: Barbara Thoben, Köln
Umschlagmotiv: © Isolde Ohlbaum
Gesetzt aus der Minion und der Syntax
Satz: Pinkuin Satz und Datentechnik, Berlin
Druck und Bindung: GGP Media GmbH, Pößneck
ISBN 978-3-462-04197-2

»Ich mag verdammen, was du sagst, aber ich werde mein Leben dafür einsetzen, dass du es sagen darfst.«
VOLTAIRE

Inhalt

Die Wächter des Islam
Ein Gespenst geht um in Europa *11*

Wie sprechen wir über den Islam? 12 – Wer ist Muslim? 13 – »Den Islam« gibt es nicht ... oder doch? 14 – Vom Himmel gefallen? 16 – Deutscher Islam? 18 – Islamismus ist Glaube als Politik 19

Islam als Glaube

Die Himmelsreise
Wie Islam und Koran entstanden und welche Rolle Mohammed dabei spielte *23*

Den Koran gibt es nicht 23 – Gottes Menschenwort 26 – Das Glaubensbekenntnis 27 – Wie der Koran entstand 27 – Aus dem Leben des Propheten 29 – Mekka und seine Göttinnen 31 – Hidjra nach Medina 33 – Durch sieben Himmel 34 – Der »letzte Prophet« 36 – Ghazu – der geistige Diebstahl 37 – Das Unternehmen Islam 40

Die Botschaft des Korans
Woran die Muslime glauben *43*

Das Wesen des Islam 43 – Gott ist einzig 43 – Der Koran ist keine Dichtung 44 – Kritik ist Hochmut 45 – Jesus ist nicht Gottes Sohn 45 – Allah und Mohammed 45 – Gott prüft die Gläubigen 46 – Paradies und Hölle 46 – Die Welt ist Gottes Wille 46 – Es gibt Engel und Djinn 47 – Und es gibt den Teufel 47 – Gott führt in die Irre, wen er will 47 – Der Mensch ist schwach 48 – Die »teuflische« Frau 48 – Allahs Gesetz hilft den Menschen 49 – Allah fordert

7

Hingabe 49 – Gott straft und vergibt 50 – Der Mensch ist Teil der Gemeinschaft 50

Islam im Alltag

Islam – Deutsch, Deutsch – Islam
Wie und worin sich die gelebte islamische Kultur von der europäischen unterscheidet 55

Zeigen Sie Respekt! 55 – Was ist Ehre? 57 – Ansehen durch Gastfreundschaft 59 – Achtung und Liebe 60 – Die Beleidigungskultur 62 – Die Herrschaft der Mütter 63 – Wo die Liebe hinfällt: Schwulsein im Islam 66 – Die Beschneidung 69 – Das Opferfest 70 – Das Schwein als Gräuel 72

Moscheebesuche
Unterwegs in Deutschland 74

Das »Wunder von Marxloh« 75 – »Minarette sind unsere Speere« 77 – Feindliche Übernahme: die Moscheebauinitiative in Alfter 82 – Gebetswecker mit Muezzinruf 84 – Tod einer Schülerin 88 – Wer Allah gehorcht, kann nicht frei sein 91 – Koranlesungen für sündige Frauen 95 – Gebet und Geschäft 96 – Migrantenstadt Rüsselsheim 100 – Missionierung durch Steine 103 – Männerhäuser und Medinas 105

Hidjra ins Land der Ungläubigen
Die islamische Zuwanderung – drei Beispiele 108

Die »Meistererzählung« der Migration 109 – Im Land der »Ungläubigen« 111 – Osman in Almanya 113 – Wie Frau Selime die Ehre der Familie befleckte 120 – Der Onkel holt die Braut vom Pferd 124

Die entschleierte Frau
Die Rolle der Frau in der islamischen Gemeinschaft 128

Himmelfahrtskommando 129 – Eine Zigarette im Café de Flore 131 – Das Tabu der Freiheit 132 – Wurst und Sünde 134 – Eine muslimische

*Erziehung 135 – Die unreine Frau 137 – Gefährlicher als der Satan
selbst 140 – Der Geschlechtsakt als Albtraum 141*

Der Streit ums Kopftuch
Schutzschild, Glaubenszeichen oder politisches Symbol? *146*

*Allahs Religion gehorchen 148 – Der Koran kennt kein Kopftuch 149 –
Hinter dem Schleier 152 – Der Mord von Dresden 153 – Mit dem
Kopftuch in die Scharia 155 – Sexualisierung und soziale Apart-
heid 157 – Entschleiert euch, Frauen! 159*

Islam und Politik

Das islamische Dilemma
Wie die Aufklärung des Islam endete, bevor sie richtig
begann *163*

*Vor dem Wendepunkt: Hildegard von Bingen 164 – Das »Argu-
ment des Islam«: Al-Ghazali 165 – Der muslimische Aufklärer: Ibn
Ruschd 166 – Die Fesselung der Neugier 167 – Kritik der arabischen
Vernunft: Al-Jabri 169 – Die Gedankenmoschee des Fethullah
Gülen 172 – Der »nachahmende Konformismus« 173 – Der Missionar des Kreationismus 175 – Tricky Tariq 176 – Ramadans Reform-
zauber 177 – Islamischer Chauvinismus 181*

Die Deutschen und der Islam
Von »Türkenfurcht« und Islamfreunden *184*

*Kaiser und Kalif 185 – Der weiße Elefant 186 – Karl der Große und
Harun al-Raschid 187 – Die Andersgläubigen 189 – Die Sure vom
Elefanten 190 – Die Glaubenskrieger 192 – Martin Luther und die
»Türkenfrage« 194 – Zwei Reiche: Glaube und Politik 195 – Ein
»schändlich Buch« 196 – Lessing und der »Same der Rebellion« 197 –
Heute Dichter, morgen Königsmörder 198 – Eine Religion ohne
»heilige Hirngespinste« 200 – »Nathan-Kitsch« 202 – Die »türkische
Bibel« 204 – Das Göttliche und das Irdische 206 – Mohammad
aus Schiraz 209 – Die preußischen Mohammedaner 213 – Die*

»Militärmission« 215 – Wilhelm II., der Freund der Muslime 216 –
Die »islamische Karte« 217 – Halbmond und Hakenkreuz 219 – Der
Teufelspakt 221 – Altnazis und Muslimbrüder 223 – Die Muslim-
brüder in München 225 – »Die Spinne« El-Zayat 226

Die Islamverbände
Zwischen Demokratie und Scharia 229

Milli Görüs 230 – Ditib 231 – Zentralrat der Muslime 233 –
Verband der Islamischen Kulturzentren 234 –
Koordinierungsrat der Muslime 235 – Alevitische Gemeinde 235 –
Türkische Gemeinde in Deutschland 236 – Experiment Islam
Konferenz 237 – Worauf berufen sich die Islamverbände? 240 –
Die Islamvereine sind nicht legitimiert 241 –
Menschenrechte gibt es … nicht 243

Wir Muslime
Die Befreiung von den Übervätern 246

Der Weg der Reform 247 – Die große Versammlung der Muslime 248 –
Unsere Verantwortung 249

Danksagung 252

Anmerkungen 253

Literaturverzeichnis 263

Die Wächter des Islam
Ein Gespenst geht um in Europa

»Nennen wir die Dinge beim Namen. Natürlich geht es hier um ›den Islam‹. Die Frage ist nur: Was genau bedeutet das? Schließlich hat religiöser Glaube meist nicht allzu viel mit Theologie zu tun. Die meisten Muslime sind keine tiefgründigen Koran-Exegeten. Für eine riesige Zahl gläubiger Muslime ist ›Islam‹ ein nicht besonders scharf umrissener Begriff, der zudem nicht nur für Gottesfurcht steht – eher die Furcht vor Gott als Liebe zu ihm, so argwöhnt man –, sondern auch für ein Gemenge aus Bräuchen, Meinungen, Vorurteilen.«
SALMAN RUSHDIE

Ein Gespenst geht um in Europa – das Gespenst des Islam. Man kann es gelegentlich auf unseren Straßen sehen – Frauen im schwarzen Tschador, die hinter bärtigen Männern mit Käppis und Pluderhosen herlaufen, Männer, die in Teestuben der Moscheevereine sitzen und mit ihren Gebetsketten spielen, Frauen mit Kopftüchern, die in ihren bodenlangen Mänteln den Kinderwagen durch die Straßen schieben und dabei so unvorteilhaft gekleidet sind, dass selbst die hübscheste Frau verhärmt aussieht. Manchmal trifft man auch auf diese selbstbewussten Islam-Bitches, die ihren Hintern in enge Jeans zwängen und das Ganze mit einem kunstvollen Turban auf dem Kopf krönen, oder auf Jungs, die in Gruppen auf den Straßen herumhängen und Vorübergehende gern mit dem Spruch anrempeln: Was willst du, Opfer?

Alles Klischees, alles falsch, üble Nachrede und ein Ausdruck der krankhaften Angst vor dem Islam? Sind Fremdenfeindlichkeit und »Islamophobie« der europäischen und besonders der deutschen Kultur vielleicht fest eingeschrieben?

Wie sprechen wir über den Islam?

Wir können über den Islam diskutieren, wie der christliche Theologe Hans Küng es vorschlägt: »Heute muss es darum gehen, so gut wir können, *von innen zu verstehen*, warum Muslime Gott und Welt, Gottesdienst und Menschendienst, Politik und Recht und Kunst mit anderen Augen sehen, mit anderen Herzen erleben als etwa Christen.«[1]

Dieses Konzept des »Von-innen-Verstehens« und die Methode des »Nachfühlens« sind im interreligiösen Dialog weitverbreitet, ebenso in der Migrationsforschung und der praktischen Sozialarbeit. Es ist keine analytische, sondern eine therapeutische Methode, sich dem Islam zu nähern, der nicht distanziert »von außen«, »an sich« betrachtet, sondern einfühlend von innen, »in sich« erklärt werden soll. Weil es Küng um die Herausarbeitung der grundlegenden geistlichen Gemeinsamkeiten der Buchreligionen, nicht um die Herausarbeitung ihrer Unterschiede geht, ist er bereit, die Plattform rationaler Erkenntnis zu verlassen: Er will nicht analysieren, sondern glauben.

Was theologisch erlaubt sein mag, ist in einem politischen Diskurs nicht hinnehmbar. Dabei steht Küng mit dieser »empathischen« Herangehensweise nicht allein. Auch viele Islamkundler arbeiten so: Sie wollen »erklären, um zu verstehen«, um dem Islam »das Ankommen« in der deutschen Gesellschaft zu ermöglichen. Nicht Distanz, Analyse und Kritik sind ihre Instrumente, sondern Einfühlung und Werbung um Verständnis. Das hat die Diskussion um den Islam vor allem in Europa und ganz besonders in Deutschland lange Zeit blockiert und die multikulturelle Integrationspolitik scheitern lassen. Kritische Analysen beispielsweise der Gewaltbereitschaft muslimisch sozialisierter Jugendlicher wurden relativiert, an Wissenschaftlern wie dem Bielefelder Konfliktforscher Wilhelm Heitmeyer wurde sich in universitären Kreisen so lange »abgearbeitet«, bis er sich anderen Untersuchungsfeldern, pikanterweise jetzt auch der Islamophobie, zuwandte. Ähnliche Reaktionen erfahre auch ich, denn für viele gilt: »Es kann nicht sein, was nicht sein darf.«

Im harten integrationspolitischen Alltag ist eine solche »verstehende« Haltung faktisch eine Kapitulationserklärung vor jeder Freiheitsenteignung, die sich auf »religiöse Gebote« beruft: Da wird »verstanden«, dass Familien ihre Töchter nicht am Schwimmunterricht teilnehmen lassen, da wird verstanden, wenn Mütter ihre Söhne mitten im Unterricht anrufen – die Familienbindung im Islam ist doch so wichtig! –, da wird verstanden, dass Mädchen im Alter von sechs Jahren Kopftuch tragen oder mit fünfzehn verschwinden, um in der Türkei verheiratet zu werden.

In meinen Augen hat sich diese Art des »Kulturrelativismus« der »verstehenden Soziologie« als verantwortungslos erwiesen. Sie gibt nicht nur Grundrechte des Einzelnen preis, sondern sie ist auch wissenschaftlich nicht haltbar. Schon gar nicht darf sie sich auf den großen Max Weber berufen, den Begründer der verstehenden Soziologie. Denn der lehnte das vage und beliebige »Verstehen« entschieden ab und forderte von der Sozialforschung vielmehr, »soziales Handeln *deutend* (zu) verstehen und dadurch in seinem Ablauf und seinen Wirkungen *ursächlich* (zu) erklären«. Aus dieser Erkenntnis entsteht die soziale Verantwortung des Wissenschaftlers.[2]

Sprechen wir also über die soziale und politische Realität dieser Religion, über ihre Sinn- und Handlungszusammenhänge, über ihr Welt- und Menschenbild. Fragen wir.

Wer ist Muslim?

Ich bin Muslimin, wie man in der Türkei und anderswo zur Muslimin wird – durch einen muslimischen Vater. Oder man wird Muslim, indem man vor zwei Zeugen das Glaubensbekenntnis, die *schahada*, spricht. Obwohl meine Eltern nicht strenggläubig waren, gehörten sie – und damit auch ich – doch nach allgemeinem Verständnis zur Umma, der Gemeinschaft der Gläubigen. Sie wurden in den Wertvorstellungen und Traditionen dieser Religion erzogen.

Es ist zwar nicht klar definiert, wer zu dieser Glaubensgemeinschaft zu zählen ist, doch üblicherweise wird jeder, der einen muslimischen Vater hat, zur Umma gezählt, und so kommt man auf inzwischen 4,3 Millionen Muslime in Deutschland. Das mag man hinnehmen, wenn man den Islam als eine Kultur definiert und eine solche Zuschreibung zur Unterscheidung von kulturellen Prägungen beiträgt. Von dieser Gesamtheit sprechen wir, wenn wir von den Muslimen sprechen. Wenn man den Islam nur als eine Religion beschreibt, dann allerdings dürften wir nur von jenen als »Muslimen« sprechen, die sich ausdrücklich zu dieser Religion bekennen, und das ergibt eine ganz andere Zahl, die irgendwo zwischen einem guten Drittel und höchstens der Hälfte dieser 4,3 Millionen Menschen liegen dürfte. Und fragen wir dann noch weiter, wer von diesen muslimischen Gläubigen den Islamverbänden angehört oder sich durch sie vertreten fühlt, dann dürfte noch nicht einmal jeder achte diese Frage bejahen. Und deren Gesamtzahl wiederum verteilt sich dann noch auf fast ein Dutzend verschiedener Glaubensrichtungen und ethnischer Zusammenschlüsse. Schon deswegen dürfte keine der hierzulande präsenten Organisationen für »den Islam« oder »die Muslime« sprechen können.[3] Eine Glaubensgemeinschaft kann nach deutschem Recht nicht Unbeteiligte zu Mitgliedern erklären und daraus einen Anspruch ableiten, für diese Menschen zu sprechen. Das widerspricht Artikel 4 des Grundgesetzes, der die freie Religionsausübung schützt, aber auch die Freiheit von Religion zusichert.

»Den Islam« gibt es nicht ... oder doch?

»Den Islam« gibt es nicht. Das stimmt und stimmt auch nicht. Einerseits kann ein Muslim seine Beziehung zu Allah selbst definieren, andererseits ist die Gemeinschaft als Autorität eingesetzt zu bestimmen, »was recht ist« und »was verwerflich ist«. Eine Unzahl von Richtungen, Gruppen und Sekten nimmt für sich beides in Anspruch – zu definieren, was der Islam ist, und anderen das Muslimsein zu bestreiten. Aber sich auf diese Weise aus der Verantwortung zu stehlen für das, was im Namen des Islam passiert, hilft nicht. Denn es gibt »den Islam« als soziale Realität, als kulturelle Institution, die Verhalten definiert, einfordert und reproduziert. Weil er eben nicht als Gottes Wort vom Himmel »herabgesandt« wurde, sondern sich mit den Menschen unter unterschiedlichen Bedingungen unterschiedlich entwickelt hat und sich trotzdem auf ein und dasselbe Buch beruft. Der Islam ist *eine* Zivilisation, hat *eine* Geschichte, auch wenn er sich in verschiedenen Identitäten präsentiert. Es gibt den Islam. Er ist das, was im Namen der Religion gelebt wird.

Die Auseinandersetzung mit dem Islam ist deshalb so schwierig, weil der Glaube eben nicht – wie in der säkularen Gesellschaft – ein Teil der Freiheit geworden ist, sondern als Religion auch eine gesellschaftliche Einrichtung darstellt, Glauben soziales Handeln ist, weil der Islam die Trennung von Politik und Religion nicht kennt. Privates wird nicht von gesellschaftlichem, religiöses nicht vom profanen Handeln getrennt. So wird in der Diskussion manches durcheinandergebracht und oft Verwirrung gestiftet. Der Islam kennt keine Theologie im Sinne einer wissenschaftlichen Disziplin und keine verbindliche Lehre. Die Auseinandersetzung mit dieser Religion findet deshalb in der Praxis statt. So besteht das »islamische Dilemma« auch darin, dass im Namen des Islam alles behauptet und alles bestritten werden kann.

Wird das Kopftuch kritisiert, unterstellt man, man würde den Frauen ihren Glauben verbieten wollen. Fragt man nach der Finanzierung von Moscheen, wird befürchtet, man wolle die Religionsfreiheit einschränken. Zitiert man den Koran, wird ein anderslautender Vers gegengehalten oder behauptet, die Sure sei falsch zitiert, falsch übersetzt worden oder anders gemeint. Die Diskussion mutet manchmal an, als solle hier ein Phantom festgehalten werden.

Die Vertreter des politischen Islam befördern diese Verwirrung, sie kommt ihnen gelegen, vermag sie doch davon abzulenken, dass die Ziele ihrer jeweiligen Glaubenspartei mit den spirituellen Bedürfnissen von Gläubigen nicht übereinstimmen. Ich möchte dazu beitragen, diese Verwirrung zu klären. Wir sollten unterscheiden: Islam ist Glaube, Kultur und Politik. Islam ist Religion, Weltanschauung und Ideologie. Und nicht alles, was unter der Fahne des Islam segelt, ist religiös begründet und steht unter dem Schutz unserer Verfassung. Denn Religion ist ein Teil unserer Freiheit, sie steht nicht über ihr. Und deshalb hat die Kritik am Islam nichts mit einem Feindbild oder einer krankhaften Angst, mit einer »Islamophobie« zu tun, sondern ist notwendiger Teil des Diskurses über das gesellschaftliche Miteinander in einer aufgeklärten, säkularen Gesellschaft. Wir müssen diese Diskussion »säkularisieren«,

15

religiöse von profanen Fragen deutlich voneinander unterscheiden. Praktisch bedeutet das: Wir müssen aufmerksam prüfen, ob religiöse Ansprüche die Grundrechte, wie zum Beispiel die Gleichberechtigung oder Selbstbestimmung, beschädigen.

Es gibt akademische Wächter des Islam an deutschen Hochschulen, die sich wie eilfertige Konvertiten gebärden. Die deutsche Kultur pflege seit Jahrhunderten, mindestens seit Luther, das »Feindbild Islam«, sagen sie; und die wenigen Islamkritiker, die sich heute zu Wort melden, so behaupten sie, rührten diese Suppe wieder kräftig auf und bestätigten so nichts als alte Vorurteile. Ja, es gibt eine lange Geschichte der Deutschen mit dem Islam und den Muslimen, aber sie ist anders als meist erzählt, wenngleich nicht weniger spannend. Und sie reicht bis in unsere Gegenwart.

Vieles, worüber wir im Zusammenhang mit dem Islam diskutieren, hat tatsächlich nichts mit Glauben im eigentlichen Sinne – also mit einer spirituellen Beziehung zu einem Gott – zu tun, sondern ist Politik, Herrschaft und Spiel mit der Identität. Wir diskutieren seit Langem darüber, »wie« dieser Glaube gelebt wird, wo Moscheen gebaut, wie Schafe geschlachtet, ob Lehrerinnen Kopftuch tragen oder ob Mädchen schwimmen gehen dürfen. Ein Dialog darüber, »was« der Islam eigentlich ist, woran *geglaubt* wird, was ihn ausmacht und vom Juden- oder Christentum unterscheidet und womit er unsere Gesellschaft bereichern könnte, darüber gibt es keinen Diskurs.

Glauben die Anhänger der monotheistischen Religionen, die Juden, die Christen und die Muslime, die sich alle auf den Urvater Abraham berufen, tatsächlich an denselben Gott? Oder ist das, was sich als die »soziale und kulturelle Institution« Religion herausgebildet hat, trotz eines gemeinsamen Anfangs inzwischen grundverschieden?

Vom Himmel gefallen?

Was ist der Islam? Der Islam ist faktisch eine Weltmacht und dann wieder »nicht zu fassen«. Der Islam ist das, was man daraus macht, sagt der Islamwissenschaftler und Politologe Bassam Tibi. Und der Islam ist im Alltag real.

Ich werde das, was sich in Europa oder speziell in Deutschland als soziale Realität Islam darstellt, näher unter die Lupe nehmen und dabei in mehreren Schritten vorgehen. Zunächst werde ich der Frage nachgehen: »Was ist Religion – und wo kommt sie her?«, denn eins der zentralen Argumente der Wächter des Islam lautet: Die Realität mag ja schrecklich sein, aber mit dem Islam hat das alles nichts zu tun. Für sie ist die *Glaubenslehre* vom Himmel gefallen, unschuldig und rein, mit den Menschen hat sie letztlich nichts zu tun. Dass Religion blutig und machtversessen sein kann, dass ihre Wurzeln ganz tief in der Geschichte und im Menschsein gründen, werde ich herausarbeiten und darstellen, dass der Islam im Gegensatz zu anderen seine archaischen Wurzeln nicht über-wunden hat, kurzum, dass er nicht auf spirituellem Bewusstsein, sondern auf sozialer Kontrolle eines archaisch-patriarchalischen Kollektivs beruht.

Dabei hatte der Islam nach seiner Entstehung und in den ersten Jahrhunderten seiner Geschichte jene Durchlässigkeit, die ihn zum Erfolgsmodell werden ließ, denn die Botschaft des Islam ist einfach. Es ist die direkte Verbindung zu einem Gott, dessen Gebot man sich unterwirft. Es ist der Trost, den man im gemeinsamen oder individuellen Gebet oder in der Andacht findet. Solche spirituellen Beziehungen haben Verschleierungen nicht nötig – alles andere ist Politik. Damals setzten sich die Philosophen der islamischen Welt noch mit dem hellenistischen Erbe auseinander, waren offen und innovativ; damals entstand im Umfeld der islamischen Herrschaft ein kreatives Umfeld, in dem Mathematik, Astronomie, Medizin und Literatur blühten, bis die Wächter des Islam – die Vorbeter und Mystiker um Al-Ghazali (1058–1111) – das Denken im Islam »versiegelten« und die Philosophie abschafften. Dieses islamische Dilemma behindert diesen Glauben seit über tausend Jahren, und noch heute sind einflussreiche Prediger wie Fethullah Gülen und Tariq Ramadan, die sich selbst für »Reformer« halten und auch als solche angesehen werden, im Grunde Fundamentalisten. Sie sind Verfechter einer chauvinistischen Weltanschauung, die im Islam »die Lösung« sehen und die übrige Welt damit beglücken wollen.

Deutscher Islam?

Der Islam ist seit seinem Aufkommen Teil der Debatte um das, was »Europa« ausmacht. Ja, die europäische Gesellschaft hat sich durch das »Andere«, das der Islam war, immer wieder herausgefordert gefühlt, sich ihrer selbst zu vergewissern. Ich mache einen Gang durch die europäisch-deutsche Geschichte und versuche zu ergründen, welche Motive Schriftsteller wie Lessing und Goethe oder Herrscher wie Karl der Große und Wilhelm II. hatten, sich mit dem »Mohammedglauben« auseinanderzusetzen, und zu welchen fatalen Koalitionen es zwischen Deutschen und dem politischen Islam kam.

Trotz aller Beschwörungen, aller Wünsche von Politikern muss man feststellen: Es gibt den Islam in Deutschland, aber keinen eigenständigen deutschen Islam. Der Islam in Deutschland ist eine Religion der Migration, auf die Konsequenzen einer solchen Definition werde ich zu sprechen kommen. Und es gibt auch keinen aufgeklärten, säkularen Islam. Was aus der kritisch-rationalen Beschäftigung an einigen Hochschulen hervorgeht, hat keine praktische Wirkung auf die Gläubigen. Das, was von Gläubigen in Büchern oder im Internet verbreitet wird, ist durchweg konservativ bis fundamentalistisch. Kritische oder auch nur fragende Stimmen wie die von Professor Sven Kalisch in Münster werden ausgegrenzt oder ignoriert.

Der organisierte Islam, repräsentiert durch die Islamverbände, ist nichts anderes als die politische Vertretung einer meist religiös-konservativen Minderheit der Muslime. Sie beanspruchen die religiöse Deutungsmacht, obwohl sie dazu in keiner Weise legitimiert sind. Die Mehrheit der in Deutschland lebenden Muslime fühlt sich von diesen konservativen Verbänden nicht repräsentiert, sie sind meist säkular und bilden eine Art »schweigender Mehrheit«. Da sie sich nicht organisieren – weil sie dem Gruppenzwang endlich entflohen sind –, fehlt ihr politisches Gewicht in der Debatte, und es entsteht der Eindruck, als gäbe es nur eine Handvoll Kritikerinnen, die die Opposition zu den islamischen Männerbünden bilden.

Aber im Land bewegt sich etwas. Nicht mehr alle lassen sich von den »Abis« und den »Ablas«, den Funktionären, bevormunden, die wie ältere Brüder oder Schwestern der Migranten auftreten. Nicht immer, aber immer öfter melden sich in den Veranstaltungen vor allem Frauen zu Wort, die sich nicht mehr gängeln lassen wollen und den Islamwächtern widersprechen. Das ist ein Anfang. Die Islamverbände sind bestens organisiert, sie verfügen über eine große Zahl hauptamtlicher Amtsträger und erhalten Geld aus dem Ausland, über die türkische Regierung oder saudi-arabische oder andere islamische Stiftungen. Allein der Ableger der türkischen Religionsbehörde hat über 800 beamtete Vorbeter nach Deutschland entsandt, und in den insgesamt fast 3000 Moscheen der Milli Görüs, des Verbandes der Islamischen Kulturzentren und des Zentralrats arbeiten Tausende bezahlter und ehrenamtlicher Wächter des Islam.

Islamismus ist Glaube als Politik

Die Trennlinie zwischen Islam als Religion, Kultur, radikaler Ideologie und der *politischen Vertretung,* die ich als Glaubenspartei bezeichne, ist unscharf. Wir haben es in Deutschland mit Islamverbänden zu tun, die sich vom Terrorismus distanzieren, wohl aber der »gerechten Ordnung« – Koran und Sunna als Leitkultur – und damit der Scharia das Wort reden.

Innenminister de Maizière sagte in seinem ersten Interview nach der Amtsübernahme: »Der Islam ist bei uns willkommen, der Islamismus nicht.«[4] Mit »Islamismus« meint er den terroristischen Fundamentalismus, im eigentlichen Sinne ist aber »Islamismus« der politische Islam, der Glaube als Politik. Wenn es gelingen könnte, die Auseinandersetzung um den Islam statt zu einer politischen Machtfrage zu einem Diskurs über den Glauben in einer Bürgergesellschaft zu machen, wäre den Muslimen in diesem Land geholfen. Denn dann könnte man sich den Problemen zuwenden, die der Innenminister gern gelöst wissen würde – der Gleichberechtigung von Männern und Frauen, Jungen und Mädchen oder der Entwicklung einer eigenständigen theologischen Ausbildung religiöser Lehrer an deutschen Hochschulen.

Der Islam ist eine Religion der Zuwanderung, und deshalb ist die Debatte um diese Religion und Weltanschauung ein Thema der Integrationspolitik. Ich habe Dutzende von Moscheen besucht, schildere, wie muslimische Migranten in Deutschland ankommen oder nicht und was muslimisches Leben im Kern von der Mehrheitsgesellschaft unterscheidet. Die kulturelle Dimension des Islam wird in einer anderen Werteorientierung deutlich. Der islamische Common Sense versteht unter Respekt, Ehre, Achtung oder Gastfreundschaft etwas anderes, und die Frage, wer wofür verantwortlich ist, stellt sich einer muslimisch sozialisierten Person anders.

Besonders deutlich wird diese Kulturdifferenz in der Stellung der Frau. Für mich ist der traditionelle Islam eine Kultur der Apartheid. Die meisten der religiösen Vorschriften wurden von Männern erfunden, um die Herrschaft über die Frauen zu legitimieren. Es sind von Patriarchen und Vorbetern erdachte Schikanen zum Zweck des Machterhalts. Dabei haben sie oft noch nicht einmal den Koran auf ihrer Seite, sondern nur ihre jahrhundertealten, aus Macht und Willkür abgeleiteten Traditionen.

Die Islamisierung Europas ist bereits eine »materielle Gewalt« – über 15 Millionen Muslime leben in Europa. Der Islam ist eine demografische Herausforderung: Glaubt man den statistischen Prognosen, könnte sich die europäische Gesellschaft durch die Geburtenraten der muslimischen Zuwanderer islamisieren.

Für die Zukunft Europas wird es von entscheidender Bedeutung sein, ob es gelingt, die Muslime von der Idee der aufgeklärten demokratischen Bürgergesellschaft zu überzeugen, ob Freiheit und Verantwortung auch ihnen als attraktiver erscheinen als die kollektiven Zwänge einer religiösen Weltanschauung. Freiheit kann man lernen und muss man verteidigen. Dieses Buch versucht zu erläutern, worum es bei diesem Streit geht.

ISLAM ALS GLAUBE

Die Himmelsreise
Wie Islam und Koran entstanden und
welche Rolle Mohammed dabei spielte

Noch heute hält der gläubige Muslim den Koran für das unfehl-
bare Wort Gottes, das in reinem Arabisch auf Mohammed herabgesandt wurde. Selbst moderne Muslime behaupten, dass seine
Offenbarungen noch in genau jener Form im Koran erhalten sind,
wie sie der Engel Gabriel dem Propheten einst diktierte, auch wenn
sich dies weder historisch noch philologisch belegen lässt und der
Streit darüber schon fast eintausend Jahre währt.

Mohammed selbst konnte nicht lesen und schreiben – so wird
es überliefert, wohl auch um sicherzustellen, dass er nicht als
»Schriftsteller« oder »Dichter«, als Fantast also, gesehen wird. Mit
der Folge, dass noch heute der Koran nicht »gelesen«, sondern
auswendig rezitiert wird. Lesen und schreiben sind keine Fertigkeiten, die Mohammed vorgelebt hat, deshalb muss man sie auch
nicht nachahmen. Allah selbst und der Erzengel Gabriel teilten
ihm die Offenbarungen mit, die von seinen Begleitern, deren Ver-
trauten oder anderen Gläubigen aufgeschrieben wurden. 552 Ansprachen soll er von seiner Ankunft in Medina bis zu seinem Tod,
immer im Anschluss an die Freitagsgebete, gehalten haben. Keine
davon ist schriftlich überliefert, stattdessen wurden daraus Korantexte, die über lange Zeit als »Wort Gottes« mündlich weitergegeben wurden und deren Wirkung sich vor allem durch Rezitation
entfalten soll.

Den Koran gibt es nicht

Die Quellen des Korans liegen im Dunklen, es gibt kein Manu-
skript, er wird nach Auffassung der Muslime vielmehr »im Him-

mel« aufbewahrt. Die ganze Entstehungsgeschichte des Korans und des Islam beruft sich ausschließlich auf islamische Quellen, und die sind, um es juristisch auszudrücken, nicht wirklich »belastbar«. Muslime haben sich um diese Fragen wenig Gedanken gemacht. Für sie ist eine Überlieferung dann wahr, wenn ein Hadith, eine Überlieferung der Taten des Propheten, lückenlos von Person zu Person bis auf Mohammed zurückgeführt werden kann. Wissenschaftlich ist die Methode etwa so stichhaltig wie das Kinderspiel »Stille Post«, bei dem man einen Satz von Ohr zu Ohr flüstert und sich zum Schluss über das Ergebnis amüsiert. Die Islamgelehrten halten das für ausreichend, weil es ja nach ihrer Auffassung vor der Offenbarung, also während der 23 Jahre, in denen der Koran »herabgesandt« wurde, das Zeitalter der Unwissenheit gab. Das kann man glauben oder nicht. Was aber, wenn die historischen Ereignisse wie die Hidjra von Mekka nach Medina oder die Schlacht von Badr, auf die sich die islamische Geschichtsschreibung bezieht, gar nicht stattgefunden haben?

In der europäischen Islamforschung gibt es seit über hundert Jahren auch Zweifel an islamischen Gewissheiten. Der Orientalist Ignaz Goldziher[5] und in seiner Nachfolge eine Reihe von zeitgenössischen Wissenschaftlern stellen die Quellen infrage und suchen seit Langem nach Belegen, die nicht in der islamischen Legende wurzeln. Sie versuchen, mit kritisch-rationalem und interdisziplinärem Blick die Ursprünge des Islam zu beleuchten. Vor allem die Religionswissenschaftler Günter Lüling[6], Christoph Luxenberg[7] und Karl-Heinz Ohlig[8] haben unter Hinzuziehung von sprachwissenschaftlichen und archäologischen Forschungen[9] Zweifel an der kolportierten Legende von der Entstehung des Islam angemeldet.

Ihnen zufolge ist der Islam eine Variante des syrisch-aramäischen Urchristentums, die sich vor dem Konzil in Nicäa von den aramäischen Vorstellungen getrennt hat, ein Ergebnis einer jahrhundertelangen Entwicklung, auf die auch persische Einflüsse einwirkten. Der Islam ist demnach weder in Mekka noch in Medina entstanden, noch hat es Mohammed als historische Figur gegeben, vielmehr wird damit nur eine andere sprachliche Bezeichnung für »Gottes Sohn«, gemeint ist Jesus, gewählt. Die Legendenbildung um Mohammed entstand als Abgrenzung zu Juden und Christen

24

und als nachträgliche Legitimation. Der Prophet sollte nicht wie Jesus als »Opfer«, sondern als Sieger erscheinen.

Als Betreiber dieser nachträglichen Legendenbildung wird der umayyadische Kalif Abd Al-Malik (685–705) ausgemacht, der Erbauer des Felsendoms in Jerusalem, der zu den Hauptheiligtümern des Islam gehört. Der Koran sei nicht auf Arabisch verfasst, sondern habe eine syro-aramäische Grundlage, was vielen Aussagen des Korans eine ganz andere Bedeutung verleihe. So wird die Aufforderung, die Mohammed vom Erzengel hört – Sure 96, Vers 1: »Trag vor im Namen deines Herrn« –, in der Luxenberg-Interpretation zu »Rufe an den Namen deines Herrn«. Während die von Muslimen gebrauchte Interpretation eine Aufforderung ist, die Offenbarung zu verkünden, ruft die andere zu Gebet und Einkehr auf.

Die Muslime selbst halten solche Fragen für gotteslästerlich, und die Islamwissenschaft schüttelt den Kopf. Der durchaus kritisch mit den Quellen arbeitende Mohammed-Biograf Tilman Nagel meint, es seien »Fantasien«, und verweist auf eine Reihe anderer Quellen, die die Fundamentalkritiker nicht berücksichtigen würden.

Ich selbst kann weder Aramäisch noch Arabisch, ich bin auch keine Islamwissenschaftlerin, mich interessiert in erster Linie die Wirkung dieser Religion. Selbst wenn die Kritiker recht hätten und der Islam tatsächlich auf Sand gebaut wäre, würde das kaum unmittelbare Auswirkungen haben. Zu einer grundsätzlichen Diskussion, gar zu einer Neubewertung der Grundlagen des Glaubens würde es nicht sofort kommen. Selbst wenn der Islam tatsächlich auf einer rückwärtsgewandten Projektion beruhen sollte, werden viele Muslime diese schon aus Selbstschutz aufrechterhalten wollen.

Und doch wird die Umma die Geschichte des Islam nicht auf Dauer für sakrosankt erklären können. Was immer die rationale Forschung zutage fördert, wird auch in dieser Religion Spuren hinterlassen und Gewissheiten infrage stellen. Vielleicht wird dann, wie bei den Juden und Christen, eine Weiterentwicklung des Denkens einsetzen. Bis dahin aber werden wir uns mit den altbekannten Tatsachen der islamischen Lehre und des Lebens auseinanderzusetzen haben, werden immer wieder auf Widersprüche hinweisen müssen, die ihren Ursprung in der Legende haben.

25

Gottes Menschenwort

Der ägyptische Koranwissenschaftler Nasr Hamid Abu Zaid zum Beispiel glaubt an die Offenbarung, spricht aber vom Koran als »Gottes *Menschen*wort«.[10] Er führt eine Reihe von überzeugenden Argumenten an, um nachzuweisen, dass wir es beim Koran mit einem Werk der Literatur zu tun haben. Er zitiert – gleichsam als Motto seiner Arbeit – Sure 18, Vers 109: »Sag: Wenn das Meer Tinte wäre für die Worte meines Herren, würde es noch vor ihnen [den Menschen] zu Ende gehen, selbst wenn wir es an Masse verdoppeln würden.« Das soll heißen: Wenn wir Allah auf einen Text des siebten Jahrhunderts reduzieren, machen wir ihn kleiner, als er tatsächlich als Schöpfer des Universums – und nicht nur des Korans – ist. Er plädiert unter Berufung auf Argumente des Koranexegeten Muhammad Ahmad Khalafallah[11] für einen literaturwissenschaftlichen Diskurs über »Die Kunst in der koranischen Erzählweise«. Khalafallah deutet die Korantexte als »mehrdeutige Verse« oder »Allegorien«, deren historische Authentizität nicht verbürgter sei als Shakespeares Darstellung des Lebens der Kleopatra. Der Koran verzichte »erstens bewusst darauf, nicht nur Ort und Zeit der betreffenden Ereignisse, sondern auch manche der relevanten Personen zu benennen. Zweitens gehe er in einigen Geschichten auf manche Ereignisse ein, während er andere verschweige. Drittens werde häufig die chronologische Reihenfolge der Ereignisse verletzt. Viertens schreibe der Koran manche Taten mal der einen, mal einer anderen Person zu. Fünftens würden Dialoge, wenn eine bestimmte Geschichte in einer anderen Sure noch einmal erzählt werde, nicht immer auf dieselbe Weise wiedergegeben. Sechstens erweitere der Koran manche Geschichten durch bestimmte Ereignisse, die erst später passiert sein können. All das zeige, dass der Koran sich dieselbe Freiheit nehme wie die Autoren literarischer Geschichten über literarische Themen.«[12]

Khalafallah und seine Lehrer wurden heftig kritisiert, er musste widerrufen, und auch Abu Zaid, der uns Bericht davon gibt, wurde in Ägypten verfolgt und mit dem Tode bedroht. Er sollte von seiner Frau zwangsgeschieden werden, verließ das Land und lehrt jetzt in den Niederlanden. Die Debatte um ein literarisches Verständnis des Korans ist und bleibt eine Sache von Dissidenten. In der herrschenden Rechtsmeinung innerhalb des Islam werden solche Fragen nur mit spitzen Fingern aufgegriffen.

Das Glaubensbekenntnis

Ich möchte hier nur ein kleines Beispiel dafür geben, dass Allah, rein aus sprachwissenschaftlicher oder literarischer Sicht, schwerlich der Autor der folgenden Zeilen sein kann: »Im Namen Allahs, des Erbarmers, des Barmherzigen / Lob sei Allah, dem Weltenherren / Dem Erbarmer, der Barmherzigen / Dem König am Tag des Gerichts! / Dir dienen wir, und zu Dir rufen wir um Hilfe; / Leite uns den rechten Pfad / Den Pfad derer, denen du gnädig bist / Nicht derer, denen du zürnst, und nicht der Irrenden.«

Es handelt sich um die erste Sure, *al-Fatiha*, die Eröffnende, das Glaubensbekenntnis. Diese Worte wenden sich eindeutig – »*Dir* dienen wir, und zu *Dir* rufen wir um Hilfe« – in Form eines Gebets an Gott. Es sind Mohammeds an Gott gerichtete Worte, schwerlich Gottes Worte selbst. Der Imperativ »Sprich!«, der diese Aussage entpersonalisieren würde, kommt an anderen Stellen des Korans 350-mal vor, in dieser Sure nicht. Er wurde den Urtexten später hinzugefügt, um ähnliche Verlegenheiten zu umgehen. Auch das personalisierende »Ich« kommt mehrfach vor und ist – so die Linguisten – eindeutig auf Mohammed zu beziehen.

Wie der Koran entstand

Der erste Kalif, Abu Bakr, stellte zwischen 632 und 634 eine erste Version des Buches her, unter Kalif Osman (644–656) entstand dann, mehr als ein Jahrzehnt nach Mohammeds Tod, der Einheitskoran, sagt die islamische Legende. Koranexemplare aus dieser Zeit gibt es nicht. Es sollen auch mehrere Versionen existiert haben. Eine vor einigen Jahren im Jemen aufgefundene Koranschrift datiert aus dem 8. Jahrhundert. Entschlüsselt ist sie noch nicht.

Der Koran liegt in einer kanonischen Ausgabe seit Osman und erst seit 1923 in einer vollgültigen Ausgabe auf Arabisch vor und ist in Kapitel (Suren) und Verse (Ayat) unterteilt. Er besteht aus rund

80000 Wörtern, die in 114 Suren mit insgesamt 6200 Versen, andere zählen 6666 Verse, angeordnet sind. Jede Sure, mit Ausnahme der ersten und der neunten, beginnt mit den Worten »Im Namen Allahs, des Erbarmers, des Barmherzigen«. Wer immer für ihre Anordnung verantwortlich war, stellte die längeren Suren an den Anfang, ohne Rücksicht auf die chronologische Reihenfolge, in der sie Mohammed angeblich offenbart wurden.

Die Suren lassen sich demnach vier Entstehungsperioden zuordnen. Die meist kurzen Suren der *frühmekkanischen* Periode (610–615) gelten der Bekehrung der Ungläubigen; die der *mittelmekkanischen* Periode (615–620) erzählen mehrheitlich von den Propheten der Hebräischen Bibel; die Suren der *spätmekkanischen* Periode (bis 622) sind durch viele rhetorische Wiederholungen gekennzeichnet; die Suren der *medinischen* Periode (622 bis zum Tod Mohammeds 632) wenden sich gegen Vielgötterei wie auch gegen Juden und Christen. Etwa 100 Verse, so haben diverse Islamwissenschaftler inzwischen nachgewiesen, sollen verloren gegangen oder bewusst eliminiert worden sein, nicht nur die berühmten »satanischen Verse«. Andere wurden aus politischen Gründen später hinzugefügt.

In den Anfängen von Mohammeds Erweckung gab es die Vorstellung einer direkten Beziehung des Gläubigen, von Mohammed zu seinem Gott. Die Eingebung, den Gläubigen direkt – ohne Vermittlung eines Priesters, einer Institution – mit Allah in Verbindung treten zu lassen, war revolutionär. Diese »göttliche Sekunde«, die das Einssein mit Allah als Ekstase und rein individuelle Erleuchtung erleben ließ, rief aber selbst in Mohammeds naher Verwandtschaft Verunsicherung hervor und stieß in der mekkanischen Gesellschaft auf Ablehnung. Denn damit tauchte in der kollektiv organisierten Stammesgesellschaft so etwas wie ein »Individuum« auf, der allein Gott verantwortliche Einzelne, dem sein Glaube Tugenden wie Demut und Dankbarkeit abverlangt. Diese Vorstellung einer individuellen Verantwortung fand keinen Widerhall, ja, sie wurde noch in Mekka geradezu in ihr Gegenteil verkehrt, wenn Mohammed im Koran die Menschen als triebhaft und böse erscheinen lässt und Furcht vor dem Einzigen verbreitet.

Diese Widersprüchlichkeit zieht sich durch den Islam: Einerseits gründet er im Kern auf den einfachen Annahmen, dass der Mensch direkt mit Allah in Verbindung steht und dass vor Gott alle Menschen gleich sind. Andererseits schien die Überzeugung zu bestehen, dass Gottes Herrschaft ohne irdischen Führer keinen Bestand haben würde. Nun kam die Umma ins Spiel. Die spirituelle Begeisterung des mekkanischen Mohammed wandelte sich noch in Mekka mit der »Himmelsreise«, seinem Aufstieg in Himmel und Hölle, und der Hidjra, dem Auszug von Mekka nach Medina, in das »System Islam«. Durch »Rechtleitung«, das Wissen über Gut und Böse und die »wahre Religion«, wurde der Einzelne der Herrschaft der Umma unterstellt und die Religion zum Herrschaftssystem. Davon zeugen die Suren der *medinischen* Periode, sie enthalten Gesetze, rituelle Vorschriften und administrative Anweisungen. Sie widersprechen zum Teil den Offenbarungen der mekkanischen Zeit – auch weil Mohammed inzwischen erkennen musste, dass sich weder die Juden noch die Christen zu seinem Glauben bekehren lassen wollten. Manche Ungereimtheiten im Koran mögen sich daraus erklären.

Oft berufen sich die Muslime nicht nur auf den Koran, sondern auf die Sunna, was so viel wie »Weg«, »Benehmen«, »Tradition« heißt, die in dem Heiligen Buch an zehn Stellen als »Sunna Gottes« auftaucht. Darunter werden die Verhaltensweisen des Propheten, seine Aussprüche und die von ihm praktizierten Bräuche verstanden, die in Hadithen[13], den Prophetentraditionen, überliefert sind. Für den islamischen Theologen Al-Ghazali und andere frühe Rechtsgelehrte ist der Koran erste und letzte autoritative Quelle von Gottes Wort, und die Hadithe sind der für den Gläubigen richtige Weg, sich Gottes Willen zu nähern. Denn im Islam geht es nicht um Gottes*erkenntnis*, die Mohammed am eigenen Leib glaubte erfahren zu haben, sondern um bedingungslose Hingabe und die Unterwerfung unter Allahs Willen, die Mohammed nach der »Himmelsreise« predigte.

Aus dem Leben des Propheten

Nehmen wir einmal an, dass Mohammed gelebt hat. Sicher ist das nicht, denn alles, was wir über den Propheten wissen, fußt auf mündlicher Überlieferung und stammt aus zweiter oder dritter

Hand. »Niemand weiß heute genau, welche Erzählungen über Mohammed wahr sind und welche als fromme Erfindung verstanden werden müssen«[14], meint nicht nur der Islamwissenschaftler Hans Jansen aus Utrecht. Der erste Biograf, Ibn Ishaq (704–768), schrieb Mohammeds Leben erst 120 Jahre nach dessen Tod auf und berief sich dabei auf Personen, die jemanden kannten, der wiederum den Propheten noch gekannt haben könnte.[15] Sowohl in der islamischen Welt selbst wie auch unter westlichen Islamwissenschaftlern gibt es denn auch erhebliche Zweifel an der Echtheit der einschlägigen Quellen, und über ihre Deutung wird kontrovers diskutiert. Denn das Leben des »letzten Propheten« wurde überdies mit Mythen und Geschichten aus ganz anderen Traditionen[16] und anderen historischen Zeiten angereichert oder »überschrieben« und dann im Laufe der Zeit islamisch angepasst. Das gilt auch für die »Himmelsreise«, die einen jahrhundertealten persischen Vorläufer hat. Die zarathustrischen Priester erzählten in ihrer heiligen Schrift »Das Buch von Arda Viraf« eine bis in die Dialoge ähnliche Geschichte vom Aufstieg in Himmel und Hölle. Mohammed hätte Allahs endgültige Fassung einer auch in der Bibel stehenden Geschichte übermittelt, wobei Mohammed in der »Himmelsreise« ja selbst Protagonist der Geschichte ist. Dass die zarathustrische Erzählung wie auch die biblischen Geschichten, auf die für bestimmte Stationen von Mohammeds Leben zurückgegriffen wird, in Mekka bekannt waren, ist vielfach belegt.

Aber um eine kritische Überprüfung der Authentizität dessen, was uns aus dem Leben des Propheten und seinen Offenbarungen überliefert ist, geht es mir nicht. Denn unabhängig davon, wie »wahr« die einzelnen Episoden sind, haben sie eine Wirkungsgeschichte hinterlassen, die Realitäten geschaffen hat. Milliarden gläubiger Muslime auf der Welt folgen der islamischen Überlieferung, für sie existiert, woran sie glauben.

»Die nächtliche Reise«, die 17. Sure des Korans, beschreibt eine Begebenheit aus dem Leben Mohammeds im Jahr 620 n.Chr., die als Al-Isra in der Überlieferung der Muslime, der Sunna, fortlebt und Dichter und Maler inspiriert hat. In dieser Geschichte wird erzählt, wie der Erzengel Gabriel den Propheten eines Nachts auf eine Reise führte, zuerst nach Jerusalem, wo Mohammed die anderen Propheten traf, und dann auf die »Himmelsreise« (Al-Miradsch), durch die sieben Himmel zu Allah und ins Paradies.

In den tausend Wörtern dieser Erzählung ist alles enthalten, was den Islam im Folgenden ausmachen wird, seine Abgrenzung zu Juden- und Christentum, sein Weltbild, seine Ökonomie, seine politischen Ambitionen. In dieser Sure wird der Anspruch auf Herrschaft formuliert, den Bekehrten Beute versprochen, mit Allah gefeilscht und ein Rechtssystem aufgestellt, das die Frauen unter die Herrschaft der Männer zwingt.

Der Legende nach hat Mohammed die Vision von dieser Himmelsreise kurz vor seiner Flucht aus Mekka gehabt. Nachdem er mit seinen Bemühungen gescheitert war, Anhänger für seine monotheistische Religion zu gewinnen, entschloss er sich zur Hidjra, der Auswanderung nach Yathrib, das später Medina hieß – ein programmatischer Wendepunkt in der Geschichte des damals noch jungen Islam, der später als Beginn der islamischen Zeitrechnung gefeiert wurde.

Die »Himmelsreise« verdeutlicht vielleicht stärker als manche andere Legende, die sich um das Leben des »letzten Propheten« rankt, wie eng seine überlieferten Lehren mit seinen eigenen Erfahrungen und der wechselvollen politischen Geschichte der damaligen Zeit verbunden sind. Wer ihre Bedeutung verstehen will, muss die Vorgeschichte kennen: die Geschichte von Mohammeds Scheitern in Mekka.

Mekka und seine Göttinnen

Wir schreiben das Jahr 620 nach Christi Geburt. Mohammed, ein Kaufmann, ist fast fünfzig Jahre alt und predigt, beseelt von den ersten Offenbarungen, die er zehn Jahre zuvor empfangen hat, den Mekkanern seinen Glauben an den »einen Gott«. Aber er ist nicht der Einzige, der um die Aufmerksamkeit der Menschen buhlt, denn zu dieser Zeit gibt es in Arabien viele Religionsgemeinschaften, die Hunderte anderer Gottheiten verehren. Neben den »Buchreligionen« der Juden und Christen sind hier auch die Polytheisten vertreten, die männliche und weibliche Götter, Gestirne, heilige Steine und Bäume anbeten, an Geister und Dämonen glauben. Mehrheitlich setzen die in Stämmen organisierten Bewohner Mekkas allerdings auf die drei weiblichen Gottheiten Al-Lat, Al-Manat und Al-Uzza, die drei Schutzgöttinnen der Kaaba, denn sie sind die Hauptattraktion für die vielen Pilger, die in die Oasenstadt kommen. Alle Stämme konkurrieren deshalb um die Kontrolle über die Kultstätte Kaaba. Sie ist das kulturelle, politische und ökonomische Zentrum Mekkas, seine Geschäftsgrundlage.

Mohammed gehört durch die Heirat mit der Kauffrau Chadidscha zwar zu dem einflussreichen Stamm der Quraisch, hat aber, nachdem 619 seine Frau und auch sein Onkel, Pflegevater und Beschützer Abu Talib gestorben sind, keinen wirklichen Rückhalt in seiner Heimatstadt. Die Schar seiner Anhänger ist klein, und nun ist er auch noch ohne anerkannte Fürsprecher, nicht einmal sein eigener Stamm will ihm folgen – eine geradezu lebensgefährliche Situation in einer Gesellschaft, in der Stammesgesetze über Wohl und Wehe des Einzelnen bestimmen. In den Augen der anderen stellt seine monotheistische Lehre von dem »einen Gott« nicht nur »Brauch und Sitte« infrage, er verlangt von jenen, die dem neuen Gott dienen, auch noch, sich betend auf den Boden zu werfen und Almosen zu geben.

Vor allem aber sehen die anderen Stämme ihre Geschäfte bedroht. Ein einziger Gott, so fürchten Händler und Kaufleute, würde den Strom der Pilger ausdünnen, die Handel und Wohlstand in die Stadt bringen. Es kommt zu Auseinandersetzungen, Mohammed ist anfänglich kompromissbereit: Die drei Schutzgöttinnen, so habe ihm eine Offenbarung verkündet, seien ins Haus des Islam als »Töchter Allahs« zu übernehmen. Den Mekkanern scheint das zuzusagen, können sie so doch auch weiterhin ihre Göttinnen verehren. Aber nachdem Mohammed der Erzengel Gabriel erneut erschienen ist und erklärt hat, eine solche Deutung sei des Teufels, es gäbe nur einen Gott und der habe weder Töchter noch Söhne, widerruft Mohammed die »satanischen Verse«, die Göttinnen lässt er auslöschen.[17] Damit stellt er das ganze bisherige Wirtschafts- und Sozialgefüge des Pilgerortes infrage[18] und bringt die mächtigen Vertreter der Stadt gegen sich auf. Sie sehen ihre Interessen verletzt.

Langfristig allerdings wird sich Mohammeds Strategie als erfolgreich erweisen. Als der Prophet Jahre später Mekka zurückerobert, erhebt er die Kaaba zum islamischen Heiligtum, nimmt heidnische Riten in den islamischen Kult auf, erklärt Abraham und seinen Sohn Ismail zu Mekkanern, denen er den Bau der Kaaba zuschreibt, und ernennt die Hadsch, die Pilgerreise nach Mekka, zur Pflicht eines jeden Muslims. Das sollte sich als die beste Geschäftsidee des Kaufmanns Mohammed herausstellen – eine Jahrtausendidee. Auch heute noch ist Mekka mit der Kaaba für Abermillionen Pilger jährlich die größte Attraktion; das Gelände um sie herum wird gerade zur größten Devotionalienhandlung und Shoppingmall der Welt ausgebaut.

Hidjra nach Medina

Im Jahr 620 aber steht Mohammed, geht man den Legenden auf den Grund, vor dem Scherbenhaufen seines bisherigen Wirkens. Man drängt ihn, Mekka zu verlassen. Ein Teil seiner Anhänger siedelt bereits in Yathrib, dem späteren Medina, das nur wenige Tagesreisen von Mekka entfernt ist. Trotz der Gewissheit, von Gott berufen zu sein, sieht Mohammed ein, dass er die Verhältnisse in seiner Heimatstadt nicht ändern kann, und bereitet deshalb seine Auswanderung nach Yathrib vor. Dort hofft er mehr Verbündete gewinnen und größeren Einfluss erringen zu können und verhandelt deshalb mit den dortigen Stammesführern über eine Übersiedlung, denn die suchen gerade nach einem Schiedsmann für die dort lebenden, miteinander rivalisierenden Stämme. Mohammed scheint geeignet, verfügt er doch über Charisma, und außerdem ist seine Anhängerschaft nicht so groß, dass er eigene Herrschaftsansprüche stellen könnte.

Es ist eine schwere Entscheidung, die Mohammed nun zu treffen hat. Mit der Hidjra verlässt er seinen Stamm und damit den damals üblichen Schutzraum. Er kennt die Regel der Wüste: »Wer die Karawane verlässt, geht verloren. Eine Karawane, die auseinanderfällt, geht zugrunde.«[19] Aber er versteht es, aus der Not mangelnden Rückhalts in Mekka durch programmatische Umdeutung eine »Tugend«, eine Offensive zu machen: Nicht mehr der Stamm soll künftig das Ordnungsprinzip sein, das Schutz gewährt, sondern der Glaube,

33

zu dem sich die zunächst lokale, später globale Gemeinschaft der Gläubigen, die Umma, zusammenfindet. Sie wird ermächtigt, nach den Geboten Gottes über Gut und Böse zu richten und die Einhaltung des Gesetzes zu überwachen. Über alle ethnischen Grenzen hinweg sollen von dem *einen* Gott bestimmte Regeln und Gesetze gelten, die notfalls mit dem Schwert durchzusetzen sind.

In dieser schwierigen existenziellen Situation hat Mohammed seine Vision, die wir als »nächtliche Reise« kennen. Ibn Ishaq erzählt von dieser Reise ähnlich, wie sie auch in unterschiedlichen Hadithen kolportiert wird: Mohammed schläft in der Kaaba, andere sagen: im Haus einer Bekannten, als der Erzengel Gabriel zu ihm kommt, ihn weckt, auf ein weißes Reittier mit Flügeln setzt und mit ihm nach Jerusalem reitet: »Der Prophet ritt zusammen mit Gabriel bis nach Jerusalem. Dort fand er Abraham, Moses und Jesus inmitten anderer Propheten. Mohammed trat als Vorbeter vor sie hin und betete mit ihnen. Sodann wurden ihm zwei Gefäße gebracht, das eine mit Wein gefüllt, das andere mit Milch. Der Prophet nahm das Gefäß mit der Milch und trank davon. Das Gefäß mit dem Wein aber ließ er stehen. Da sprach Gabriel zu ihm: ›Rechtgeleitet wurdest du für die Schöpfung und rechtgeleitet wurde dein Volk, oh Mohammed! Der Wein ist euch verboten.‹«

Diese eigentlich triviale Begebenheit – die Entscheidung zwischen Milch und Wein – wird im Verlauf der weiteren islamischen Geschichte zum Abgrenzungsmerkmal der Muslime gegenüber Christen und Juden, gegenüber allen »Ungläubigen« und »Unreinen«. Letztlich begründet die Unterscheidung, wie wir noch sehen werden, den Überlegenheitsanspruch des Islam über die beiden anderen monotheistischen Religionen, mit denen er den abrahamitischen Ursprung gemein hat.

Durch sieben Himmel

Im Anschluss an die nächtliche Reise, so Ibn Ishaq, findet Mohammeds »Himmelsreise« statt, die Nacht, in der der Koran als Ganzes »herabgesandt« (Sure 97) worden sein soll. Nach Ibn Ishaq befindet sich die »Himmelsleiter«, auf die Mohammed steigt, nachdem ihm Gabriel bei den Engeln Einlass verschafft hat, auf dem Tempelberg, in der heiligen Stadt Jerusalem. Auf seiner Reise durch sieben Himmel entwickeln sich grundlegende Elemente der islamischen Lehre.

Im ersten Himmel sieht er Menschen mit Lefzen wie Kamele, andere schlucken Glut. Das seien Männer, die das Vermögen von Waisenkindern veruntreut haben, Wucherer, Huren und Frauen, die ihren Männern außerehelich gezeugte Kinder untergeschoben haben, wird ihm gesagt. Hier werden sie – es ist der einzige Ort, an dem ihm Frauen begegnen – offensichtlich ihrer Bestrafung zugeführt.

Im zweiten Himmel trifft er Jesus und Johannes den Täufer, im *dritten* Josef, im *vierten* Idris, einen vorislamischen Propheten, der der erste gewesen sein soll, der auf einem Pferd ritt und Gewänder nähte. Im *fünften Himmel* begegnet er Aaron, dem älteren Bruder von Moses, dann im *sechsten* Moses selbst.

Im siebten Himmel sieht er einen Mann auf einem Podest, dem Urbild der Kaaba, sitzen, der ihm »ähnlich« ist, so berichtet Mohammed, wie niemand sonst. Es ist Abraham, und Gabriel bestätigt, es sei »der Vater«. Dann wird Mohammed ein Blick ins Paradies gewährt.

Auf dem Abstieg trifft er Moses wieder, der ihn fragt, wie viele Gebete Allah ihm auferlegt habe. »Fünfzig jeden Tag«, bekennt Mohammed, woraufhin Moses zu bedenken gibt, dass das rituelle Gebet doch höchst beschwerlich sei. »Deine Glaubensgemeinschaft aber«, warnt er Mohammed, »ist schwach. Geh zu deinem Herren zurück und bitte ihn um Erleichterung …« Mohammed kehrt um, feilscht mit Allah und handelt die Verpflichtung herunter, erst auf fünfundvierzig, dann auf vierzig usw., bis er schließlich bei fünf Gebeten täglich ist. Moses ist das immer noch zu viel, aber Mohammed akzeptiert und sagt seinen Gläubigen: »Wer unter euch fünf verrichtet, indem er an sie glaubt und sie als fromme Taten für sich anrechnen lässt, dem wird ein Lohn zuteil, als hätte er fünfzig gebetet.«[20] Diese Verpflichtung auf fünf Gebete täglich findet sich erst in den Überlieferungen, im Koran selbst ist nur von drei und vom Freitagsgebet die Rede. Es ist nicht die einzige Veränderung, die der Glaube der Muslime aufgrund veränderter Umstände oder späterer Ergänzungen durchmacht.

Der »letzte Prophet«

Die Himmelsreise stellt einen Wendepunkt dar, an dem Mohammed einige seiner Offenbarungen aus der früheren mekkanischen Periode »überschreibt« und sich, in einem entschlossenen Akt, man könnte sagen: der Verzweiflung, in die jüdische und christliche Mythologie einreiht, um den Schritt vom Prediger zum Propheten, vom Visionär zum politischen Religionsstifter tun zu können. In der Sure 7 wird Mohammeds Prophetentum in der biblischen Erzählung von Adam und Eva über Noah und Moses und in der Geschichte der »Kinder Israels« verortet. Viele Geschichten der Bibel finden sich in ähnlicher Form im Koran, aber indem sie neu und anders erzählt werden, werden sie zugleich umgewertet und mit anderen Bedeutungen unterlegt. Als Strategie, um Anhänger unter den Juden und den Christen zu gewinnen, war es nicht verkehrt, sie bei ihren eigenen Traditionsbeständen »abzuholen«, an das anzuknüpfen, was ihnen vertraut war, und gleichzeitig deutlich zu machen, wie anders der neue Glaube war. Um es noch mal zu betonen: Wir sprechen hier von Legenden der islamischen Überlieferung, nicht von historischen Tatsachen.

In der Himmelsreise stellt sich Mohammed auf Augenhöhe mit Moses, Jesus und anderen »Propheten«. Aber er geht einen Schritt weiter. Er »deklassiert« alle anderen zugleich und formuliert damit die Überlegenheit seines Glaubens. Er ist nicht einer unter vielen, sondern ihr »Vorbeter«. Er ist nicht nur Prophet, sondern der »letzte Prophet«, alle anderen sind seine Vorläufer. Er ist nicht nur, wie Moses oder Jesus, ein Nachfahr Abrahams, sondern niemand ist ihm, Mohammed, »ähnlicher« als Abraham. Denn er, Mohammed, stammt von Abrahams Erstgeborenem Ismail ab, der dereinst mit seiner Mutter Hagar in die Wüste geschickt wurde. Damit tritt Mohammed als einzig legitimer Erbe des Erzvaters auf, die Abkömmlinge von Abrahams Zweitgeborenem Isaak, die Juden und Christen, verweist er auf einen nachgeordneten Rang. Er, der »letzte Prophet«, ist der Vollender des abrahamitischen Kults. Überdies kann er auf dieser Basis Ansprüche geltend machen. »Ich will dich über alle Maßen fruchtbar machen und dich zu Völkern werden lassen«, hatte Gott Abraham versprochen. »Und ich gebe dir und

deinen Nachkommen das ganze Land Kanaan zu ewigem Besitz.«
Auf dieser Verheißung gründen die Juden bis heute ihren Anspruch
auf das Heilige Land. Mohammed macht ihnen – als eigentlicher,
weil erstgeborener Nachfahr von Abraham – diesen Anspruch
streitig.

Ghazu – der geistige Diebstahl

Mohammed vereinnahmt das »mythische Material« von der Genesis über die Thora bis zum Neuen Testament in einem Akt von
ghazu[21] – das arabische Wort für Überfall, Raub –, um die biblische
Geschichte in seinem Sinne nacherzählen und neu werten zu können.[22] Die »Himmelsreise« dokumentiert die Profilschärfung der
islamischen Lehre in Abgrenzung zum Juden- und Christentum
und illustriert wie kein anderer Text den geistigen Diebstahl bei
den »Mitbewerbern« oder, freundlicher gesagt, bei der Tradition,
aus der der Islam stammt. Das lässt sich an mehreren Beispielen
zeigen.

Erstens geht die nächtliche Reise nach Jerusalem, ein Ort, den
Mohammed selbst nie gesehen hat, der aber später für die Muslime eine besondere Bedeutung gewinnt. Vor seiner Auswanderung
nach Medina im Jahr 622 betet Mohammed in Richtung Jerusalem.
Die Änderung der *qibla*, der Gebetsrichtung, nach Mekka erfolgt
erst zwei Jahre später, als Mohammed sich endgültig mit den Juden
überworfen hat. Vor der Hidjra versucht er noch, die Verwandtschaft seiner Religion mit der der Juden und Christen zu betonen,
er wirbt um Anerkennung und Anhänger, macht besonders den
Juden Zugeständnisse in den Riten, betet wie sie dreimal am Tag.

Aber es nützte ihm nichts: Die Juden waren nicht willens, Mohammed in der Umdeutung ihrer Glaubensgeschichte zu folgen;
seine Prophetenschaft lehnten sie ab, sie verspotteten ihn. Mohammed rächte sich und vernichtete mithilfe seiner Anhänger zwei der
drei jüdischen Stämme in Medina – ein weiterer Grund für das bis
heute problematische Verhältnis von Muslimen und Juden.

Später, im Laufe der weiteren islamischen Geschichte, sollte Jerusalem dann allerdings wieder eine neue Bedeutung zuwachsen,
als zwischen den drei abrahamitischen Religionen der Kampf um

die Heilige Stadt ausbrach. Der der Legende zugrunde liegende Koranvers 17,1 lautet: »Gepriesen sei der, der mit seinem Diener bei Nacht von der heiligen Kultstätte nach der fernen Kultstätte, deren Umgebung wir gesegnet haben, reiste, um ihn etwas von unseren Zeichen sehen zu lassen! Er ist der, der hört und sieht!«[23]

Zu Lebzeiten Mohammeds war mit der »fernen Kultstätte« vermutlich ein Ort in der Nähe Mekkas gemeint. Als Ibn Ishaq das Leben Mohammeds aufschrieb, hatten die muslimischen Umayyaden aber bereits Jerusalem erobert und versuchten, die Stadt – gegen alle jüdischen und christlichen Ansprüche – für den Islam zu reklamieren. Nun wurde die »ferne Kultstätte« als Jerusalem definiert, um sie in Verbindung mit der Reise des Propheten zum heiligen Ort der Muslime zu erklären. Mohammeds ehemaliger Sekretär, Mohammed Muawija (603–680), wollte Jerusalem zum Hauptort der islamischen Regentschaft machen.

Zweitens steht Mohammed, wie in der Sure 7 beschrieben, nicht nur auf einer Stufe mit Abraham, Moses und Jesus, sondern wird, da er der eigentliche Erbe Abrahams ist, als deren »Vorbeter« präsentiert. Daraus wurden dann der »letzte Prophet« oder das »Siegel des Propheten« und der Anspruch des Islam, die endgültige Religion zu sein, die über allen anderen Glaubensbekenntnissen steht.

Drittens lehnt Mohammed den angebotenen Wein ab. In den frühen Offenbarungen in Mekka feierte er den Wein noch als einen »Rauschtrunk« für jene, die »Verstand haben« (Sure 16, Vers 67). Mit diesem Lob des Hochprozentigen traf Mohammed damals durchaus den Zeitgeist: Der Wein, der mit den Karawanen aus Syrien oder Persien kam, war den Pilgern willkommenes Elixier, Juden und Christen bauten Wein an, und im ganzen Nahen Osten entstanden Schulen der Wein- und Liebesdichtung, die sich mit dem Islam bis nach Bagdad und ins spanische Sevilla ausbreiteten. Nach seiner Himmelsreise und der Migration nach Medina griff der Prophet zum Mittel der Prohibition und verbot den Wein gänzlich: »Ihr Gläubigen! Wein, das Spiel, Opfersteine und Lospfeile sind ein wahrer Gräuel und des Satans. Meidet es!« (Sure 5, »Der Tisch«, Vers 90)[24]

Inzwischen sah Mohammed, der anfänglich auf eine Verbrüderung mit den Juden gehofft hatte, sie dann aber als seine Gegner

38

betrachtete, die Notwendigkeit, sich von den anderen Religionen stärker abzugrenzen. Das Alkoholverbot ist dieser Politik der Abgrenzung und dem Anspruch auf Überlegenheit des Islam geschuldet.

In der Geschichte »Die Hochzeit zu Kana« aus dem Johannes-Evangelium macht Jesus aus Wasser Wein; wenn der Koran nun den Muslimen den Wein verbietet, dann soll damit zugleich der Gottesdienst der Christen als Verstoß gegen göttliches Gebot diskreditiert werden, denn beim Abendmahl symbolisiert (ist) der Wein Blut und Leib Christi. Auch gegenüber den Juden ist mit dem Weinverbot ein Abgrenzungsmerkmal gefunden, spielt der Rebensaft doch an vielen ihrer Festtage, besonders am Sabbat, dem heiligen Ruhetag, eine große Rolle. Mit dem gefüllten Becher Wein, über den der Segen gesprochen wird, verbindet sich die Hoffnung, dass die kommende Woche Gutes im Überfluss bringen wird. Wenn Mohammed in Gegenwart der jüdischen und christlichen Propheten vom Erzengel dafür gelobt wird, dass er den Wein verschmäht, dann soll dies kenntlich machen, dass Mohammed Gottes Willen nähersteht als die anderen.

Viertens haben Frauen im Himmel keinen Platz – es gibt sie nur als Gattinnen oder als Wesen, die zu bestrafen sind und in der Hölle schmoren. Ob die Jungfrauen, die im Paradies als Lohn für die Märtyrer vorgehalten werden, vorher irdische Frauen waren, wissen wir nicht.[25]

Fünftens wird mit dem Ausspruch des Engels Gabriel, »Rechtgeleitet, wurdest du für die Schöpfung und rechtgeleitet wurde dein Volk, oh Mohammed!«, der Grundstein zum islamischen Recht als Gottesgesetz gelegt, das Mohammeds »Volk« zu befolgen hat.

Mit der Verschmähung des Weins hat Mohammed Gottes Prüfung bestanden – damit ist das Fundament für die Scharia, die religiöse Normensetzung, gelegt: Der Islam ist nun nicht nur Glaube, sondern ein Verhaltenskodex. Fortan darf der Prophet als »Gesandter Gottes« Verhaltensregeln aufstellen: »Mit meiner Strafe treffe ich, wen ich will. Aber meine Barmherzigkeit kennt keine Grenzen. Und ich werde sie denen zukommen lassen, die gottesfürchtig sind und die Almosensteuer geben und die an unsere Zeichen glauben, / die dem heidnischen Propheten folgen, und der ihnen gebietet, was recht ist, verbietet, was verwerflich ist ... / Sag: Ihr Menschen! Ich bin der Gesandte Gottes an euch alle, der die Herrschaft über Himmel und Erde hat« (Sure 7, Vers 156 bis 158).

Sechstens: Als Mohammed nach der nächtlichen Reise am nächsten Morgen zurück in Mekka ist, erzählt er davon. Die Menschen aber glauben ihm nicht; unmöglich könne er in einer einzigen Nacht von Mekka nach Jerusalem und wieder zurückgereist sein. Sie bitten seinen väterlichen Freund Abu Bakr, ihn zur Vernunft zu bringen. Der aber schiebt alle Zweifel beiseite und steht fest zu Mohammed: »Du hast die Wahrheit gesprochen! Ich bezeuge, dass du der Gesandte Gottes bist!« Abu Bakrs Tochter Aisha, Mohammeds Ehefrau, hingegen versucht, die Geschichte etwas zurechtzurücken, indem sie sagt: »Der Körper des Propheten wurde in jener Nacht nicht vermisst, sondern Gott ließ nur seinen Geist die Nachtreise machen.« Für Abu Bakr, der als erster »rechtgeleiteter Kalif« auf Mohammed folgte, spricht aus Mohammeds Worten Allah selbst – Zweifel daran erklärt er zum Verrat. Das Prinzip einer Religion ohne Zweifel, die damit in striktem Gegensatz zu dem rabbinischen Judentum steht, das eine Streit- und Debattenkultur pflegt, wurde Jahrhunderte später zur alles »versiegelnden« Norm.

Das Unternehmen Islam

Aus diesen in der »Himmelsreise« versammelten Bausteinen setzt sich die Gründungsgeschichte einer neuen Religion zusammen. Aber Mohammed erwies sich nicht nur als erfolgreicher Religionsstifter, er schuf zugleich auch die Grundlagen für das »Unternehmen Islam«. Das gelang ihm, indem er innerhalb der arabischen Stammesgesellschaften einen Paradigmenwechsel herbeiführte: Er setzte der herrschenden Vielgötterei einen Monotheismus entgegen, der sich auf *einen* Gott, auf *einen* Propheten und auf *ein* Buch bezog – »Es gibt keinen Gott außer Gott, und Mohammed ist sein Prophet«. Ein solches Bekenntnis war für die damalige Zeit revolutionär, es schuf Klarheit in der religiösen Botschaft, mit dem Koran eine einigende und tragende Weltanschauung, mit dem Arabisch des Korans eine einheitliche Sprache für alle Muslime; und zugleich verhinderte Mohammed damit – zumindest solange er lebte – weitere Machtkämpfe um die Führung.

Mohammed wurde der charismatische und unbestrittene Führer der arabischen Stämme, der politische und militärische Macht mit göttlicher Legitimation verband. Das machte ihn unangreifbar. Nach den ersten Widerständen, die ihm von den Vertretern anderer Stämme und Kulte entgegengebracht worden waren, nach Schlachten, Raubzügen und militärischen Strafaktionen erschien der »letzte Prophet« nun als der Vollender, der Gottes Willen näherstand als alle anderen Propheten. Er war der Gesandte Allahs, das Sprachrohr Gottes. Mit den direkt von Allah kommenden Offenbarungen verkündete Mohammed der Menschheit endgültige Worte; somit sprach, wenn der Prophet sprach, nicht er selbst – durch ihn sprach Allah. Eine bis heute funktionierende Projektion: Allah steht über den Menschen – deshalb widerspricht man ihm auch nicht. Die Muslime zogen daraus die Gewissheit: Allah und seinen Propheten kann man *nicht besiegen*, sondern *nur verraten*. Die bislang konkurrierenden Stämme in Mekka und aus der Wüste folgten dem Propheten und seinem Islam, die Zahl seiner Anhänger vervielfachte sich in kürzester Zeit. Intrigen und Händel schienen sich zu verflüchtigen, weil alle sich einem größeren Ganzen unterordneten.

Das Streben nach Einheit und einer einigenden Ideologie war eine Antwort auf die wirtschaftlichen und »zivilisatorischen« Defizite des siebten Jahrhunderts in der arabischen Wüste. Die von Handel und Raub lebenden zerstreuten Wüstenstämme waren der Konkurrenz anderer regionaler Mächte nicht mehr gewachsen. Eine gemeinsame Sprache, verbindliche Regelungen auf den Märkten, gebündelte militärische Anstrengungen waren das Gebot der Stunde. Das erkannte Mohammed, und er begründete so nicht nur die Anfänge eines arabischen Staates, sondern legte zugleich das Fundament für eine mögliche Weltmacht.

Der Anspruch auf Monopolisierung aller Lebensbereiche durch den als Glauben vermittelten Verhaltenskodex war für die damalige Zeit ein schlüssiges Geschäfts- und Gesellschaftsprinzip, das der neuen Ordnung auch enorme wirtschaftliche Vorteile eintrug und für Konvertiten Anreize schaffte. Denn wer Muslim war, wurde an der Kriegsbeute beteiligt und erhielt Steuern von den *dhimmis*, den

Ungläubigen, die sowohl mit einer Kopfsteuer, *jizya*, sowie einer Grundsteuer, *haraj*, belegt wurden. Wer zum Islam übertrat, hatte nur die Ertragssteuer, den Zehnten, zu zahlen.

Die Stärke des Islam speiste sich lange Zeit aus seinen merkantilen Erfolgen und aus seinen militärischen Eroberungen. Der *djihad*, der die Kriege als Glaubenskämpfe legitimierte, und die *dhimmitude*, die der Apartheid und Ausbeutung der Ungläubigen den religiösen Segen gab, erwiesen sich als überaus erfolgreich und machten den Islam nach seiner Gründung für fast dreihundert Jahre zur expansivsten Macht nicht nur im Orient.

Die Hidjra, Mohammeds Auszug im Jahr 622 von Mekka nach Medina, markierte die Zäsur, die 16 Jahre später vom zweiten Kalifen Ibn al-Chattab als Beginn der islamischen Zeitrechnung proklamiert wurde. Der Islam löste sich damit aus der Zeit wie aus seiner bisherigen Geschichte. Und er proklamierte gleichsam das »Ende der Geschichte«. Er wollte einzigartig, unvergleichlich sein – nicht überholbar durch die weitere geschichtliche Entwicklung. Die Anhänger Mohammeds nannten ihren Wüstenort Yathrib in Medina um, was im Arabischen so viel wie »Zivilisation« bedeutet. Die Umma, die Gemeinschaft der Muslime, wurde zum Idealzustand der Gesellschaft erklärt. Überall sollten Verhältnisse wie in Medina herrschen. Das Ideal, nach dem im Islam künftig gestrebt wurde, lag in der Vergangenheit.

Man machte einen neuen Anfang, indem man Mohammed zum Vollender, zum »Siegel« der Propheten erklärte – unerreichbar für einen Sterblichen, ganz anders als im Christentum, wo Jesus zum sündigen Menschen wurde. Man versuchte, die Zeit anzuhalten, indem man Mohammeds persönliche Lebensform zum Vorbild erhob. Seine Offenbarungen und auch seine Worte und Taten wurden gesammelt und – so würde man heute sagen – zu »best practices« erklärt.

Die Botschaft des Korans
Woran die Muslime glauben

Trotz aller Widersprüche, die im Koran durch den Kunstgriff der »Abrogation«, der »Überschreibung« eines früheren Verses durch eine spätere Sure[26], entstanden sind, wird in den wichtigsten Glaubenssätzen, die ich auf den folgenden Seiten zusammengestellt habe, ein aufeinander abgestimmtes System von Vorschriften, Normen und Gesetzen erkennbar, mit dem das Leben der Gläubigen geregelt und der Muslim auf Hingabe, Gehorsam und Demut verpflichtet wird. Viele der heute von Strenggläubigen als beispielhaft angeführten Inhalte und Skurrilitäten im Koran und damit der Glaubenswelt der Muslime sind der Zeit seiner Entstehung geschuldet – eben dem 7. Jahrhundert unserer Zeitrechnung.

Das Wesen des Islam

Um das Wesen des Islam zu begreifen, ist es wichtig, sich die im Koran versammelten Ge- und Verbote für das Verhalten der Muslime zusammenhängend zu vergegenwärtigen. Die hier folgende Zusammenfassung kann Aussage für Aussage mit Koranversen belegt werden, ich habe um der Lesbarkeit willen auf die Nennung der einzelnen Verse verzichtet. Ich stütze mich bei dieser Darstellung auf die autoritativen Texte des Islam und die Arbeiten ausgewiesener Koran-, Islam- und Religionsgelehrter, allen voran Adel Theodor Khoury, Tilman Nagel, Hans Küng und Peter Heine.

Gott ist einzig

Muslime glauben an den einen, einzigen Gott, den sie wie die Araber »Allah« nennen. »Es gibt keinen Gott außer Gott«, so sprechen sie im Glaubensbekenntnis. Man darf ihn nicht mit anderen Göttern vergleichen und sich auch kein Bild von ihm machen.

Jeder ist frei, den Islam anzunehmen, nicht aber, ihn auch wieder abzulegen. Wer sich vom Islam abkehrt, den trifft der Zorn Gottes. Die Gemeinschaft wird aufgefordert, ihn zu ergreifen und zu bestrafen.

Für Muslime gibt es keine Religionsfreiheit: Wer sich von seiner Religion abkehrt, den tötet, sagt der Koran. Es gibt keinen Zwang im Glauben, beschwichtigen dagegen Muslime aller Richtungen die Andersgläubigen. Das ist eine sinnentstellende Interpretation des Textes und wird von anderen Stellen im Koran nicht gedeckt. Tilman Nagel zufolge lautet die betreffende Passage gemäß autoritativer Auslegung: »In der Glaubenspraxis (arabisch *ad-din*) gibt es keinen Zwang.«[27] Das bedeutet, dass der Gläubige seinen religiösen Pflichten freiwillig nachkommen soll. Die Menschheit wird erst dann befriedet sein, wenn alle den Islam angenommen haben – das ist mit dem Spruch »Islam ist Frieden« gemeint.

Der Koran ist keine Dichtung

In über sechzig Versen beschwört der Koran, dass Mohammed kein Wahrsager, kein Dichter, kein Zauberer, kein Besessener, sondern ein gewöhnlicher Mensch und Gottes Gesandter ist, der nicht unter der Einwirkung des Teufels steht. Mohammed geriet vor allem in Mekka unter Verdacht, ein Scharlatan zu sein. Die Diskussion um die Lesart des Korans – ob er das Wort Gottes oder Menschenwort und damit Literatur ist – hält bis heute an.

Mohammed ist der letzte in der Reihe aller ihm vorangegangenen Propheten, das »Siegel« der Propheten. Der Koran ist eine von Gott gesandte Offenbarung – wenn jemand glaubt, das Heilige Buch sei Menschenwort, dann soll er zum Beweis doch ein ähnliches Werk schaffen, polemisiert der Koran. Der Koran steht zwar in der Reihenfolge der früheren Botschaften Gottes wie Thora und Evangelium, schafft aber endgültige Klarheit über strittige Fragen, soweit Gott es will. Er löst damit alle vorherigen Religionen ab. Er ist die letzte Religion, die Gott näher ist als alle anderen Religionen und diesen damit zugleich »überlegen«. Mit dieser Argumentation suchen sich die Schriftgelehrten aller inneren Widersprüche zu entledigen.

Kritik ist Hochmut

Im Koran werden zahlreiche »Gottesbeweise« angeführt, um den Gläubigen zu versichern, dass alles so offenbart wurde, wie es hier festgehalten ist; die Kritik von Juden und Christen an dem Heiligen Buch sei nichts als Hochmut. Juden manipulierten angeblich die Schrift, und Christen glaubten fälschlicherweise an die Dreifaltigkeit. Die Dreifaltigkeit halten Muslime für eine spezielle Art der Vielgötterei. Da sich Juden und Christen von Mohammed aber nicht haben überzeugen lassen, sollten Muslime jedweden engeren Kontakt mit ihnen meiden.

Jesus ist nicht Gottes Sohn

Nach dem Koran ist Maria eine Jungfrau, der Gott seinen Geist »einblies«, wodurch sie Jesus empfing. Es war eine auch bei manchen Christen jener Zeit verbreitete Vorstellung, dass Gottes Wort in Marias Ohr den Zeugungsakt eingeleitet hat.[28] Während Jesus den Christen als der Mensch gewordene Sohn Gottes und als der Menschheit Heiland gilt, ist er nach muslimischer Auffassung nicht Gottes Sohn, denn Gott hat keine Kinder. Wohl aber ist Jesus ein Prophet und ein Gesandter Gottes, weil er, wie Adam, von Gott direkt erschaffen wurde. Wie jeder Mensch war Jesus sterblich. Aber nicht er starb am Kreuz, so der Koran, sondern ein anderer für ihn. Christi Himmelfahrt wurde dann durch Mohammeds nächtliche Reise getoppt: Mohammed sprach mit Allah und kam zurück.

Allah und Mohammed

Gott und sein Gesandter sind immer einer Meinung, sie entscheiden gemeinsam, auf Erden hat der Erwählte als Geschäftsführer Allahs das letzte Wort. Die besondere Nähe Allahs zu Mohammed wird in der Himmelsreise deutlich, wo er ihn gegenüber den anderen Propheten auszeichnet, indem er ihn direkt anspricht.

Dass Widersprüche im Koran bestehen, wird auch von Mohammed eingestanden. Es stehe ihm aber nicht zu, sagt er, dies zu ändern; er gäbe nur wieder, was ihm offenbart worden sei. Diese Sowohl-als-auch-Argumentation erlaubt den Islamgelehrten bis heute, den Koran mal wörtlich, mal im historischen Kontext, mal dem Sinn nach, auf jeden Fall ganz nach Belieben oder Interesse zu deuten.

Gott prüft die Gläubigen

Gott bestimmt im Leben des Menschen nicht nur über das Gute und das Glück, sondern auch über das Leiden, das Unglück und den Tod. Leiden ist für den Muslim eine verdiente Strafe für begangene Sünden und eine Prüfung durch Gott. Dieser prüfte Abraham, als er von ihm verlangte, seinen Sohn zu opfern – wer solche Prüfungen nicht besteht, verliert das Diesseits und das Jenseits. Wer aber glaubt und Allahs Willen befolgt, ist ein guter Muslim, er wird am Jüngsten Tag in Allah einen milden Richter finden und vielleicht auf das Paradies hoffen dürfen.

Paradies und Hölle

Das Paradies ist ein Ort, der alles bietet, was die Seele begehrt. Gott allein entscheidet am Jüngsten Tag anhand eines Buches, in dem die guten und bösen Taten eines jeden verzeichnet sind, ob er in die Hölle kommt oder Paradieswonnen erfahren darf. Das Paradies ist ein Ort für Männer, die dort alles bekommen, wovon sie auf Erden nur kosten dürfen oder was verboten ist, Wein, Weib und Knaben. Die Hölle hingegen ein Ort der Verdammnis, in der Sünder und Ungläubige, Männer wie Frauen, brennen. Frauen dürfen ins Paradies, aber dort nur in den Schatten und auch nur als Ehefrauen.

Die Welt ist Gottes Wille

Der Gott des Islam hat die Welt geschaffen, indem er Himmel und Erde trennte, den Erdkreis schuf und sich dann auf den Thron setzte, um die Menschen zu leiten. Gott formte die Menschen aus Ton und Worten. Die Schöpfung ist nicht beendet, mit jeder Zeugung wird sie wiederholt. Die Welt ist der Wille Gottes, es gibt keine andere Vernunft als Gottes freien Willen. Deshalb ist es auch müßig, die Naturgesetze erforschen zu wollen. Alle Erscheinungen sind nur Ausdruck von Gottes Allmacht und Willen, das heißt: Gott kann tun, was er will. Das macht auch heute noch die Grenzen des geistigen Horizonts des Islam aus.

Es gibt Engel und Djinn

Gott hat Diener, das sind die Engel. Gabriel brachte Mohammed den Koran; Michael und einige andere Engel, beispielsweise der Todesengel, werden im Heiligen Buch erwähnt. Engel sind die Wächter der Hölle, verhören und strafen die Ungläubigen. Djinn sind mal gute, mal böse Geister. Westliche Leser kennen einen Djinn vielleicht aus dem Märchen »Aladins Wunderlampe«. Djinns sind Luftwesen und werden für unerklärliche Phänomene verantwortlich gemacht.

Und es gibt den Teufel

Der Teufel heißt Iblis und ist die Versuchung schlechthin. Er war die Schlange, die Adam und Eva verführte und ihre Vertreibung aus dem Paradies bewirkte. Er flüsterte Mohammed die satanischen Verse ein und warb damit für die Vielgötterei. Was ihn aber erst zu einem bösen Wesen macht, ist seine Weigerung, sich Gott zu unterwerfen.

Gott führt in die Irre, wen er will

Gott bestimmt alles; aber das Böse, das Unrecht, selbst der Unglaube der Menschen ist Ihm nicht anzulasten. In anderen Worten: Gott bestimmt zwar alles, ist aber nicht für alles verantwortlich. Ob damit nun alles vorherbestimmt ist, wird auch im Koran nicht eindeutig geklärt. Die Heilige Schrift bedient sich darum oft des Konjunktivs: Wer will, möge glauben, wer will, möge ungläubig sein. Im Koran steht: Denn Gott führt irre, wen Er will, und Er leitet recht, wen Er will. Aber: Alles, was der Mensch hat und was er ist, hat er Gott zu verdanken und nicht eigenem Tun. Der in der arabischen Welt verbreitete Fatalismus und die mangelnde Neugier auf das Diesseits und dessen Erforschung haben in solchen Versen ihr religiöses Fundament.

Der Mensch ist schwach

Bereits Adam und Eva, die ersten Menschen, ließen sich vom Teufel verführen und übertraten Gottes Gebote. Gott vergab ihnen, aber, so die Folgerung des Korans, der Mensch ist offensichtlich schwach, unbeständig, unzuverlässig, mutlos, ungeduldig, unwissend, ungerecht und streitsüchtig – für jedes dieser Attribute gibt es einen Koranvers. Zusammenfassend stellt der Koran fest: »Die Seele gebietet mit Nachdruck das Böse.« Die Vorstellung einer Erbsünde gibt es ebenso wenig wie die der Nächstenliebe, die den Christen im Galaterbrief des Neuen Testaments – »Einer trage des anderen Last, so werdet ihr das Gesetz Christi erfüllen« – empfohlen wird, auch die Vorstellung der Erlösung gibt es nicht.

Die »teuflische« Frau

Dass Mädchen aus Gründen der »Ehre« bei ihrer Heirat Jungfrauen sein müssen, führt in allen islamischen Ländern dazu, Mädchen möglichst früh zu verheiraten, im Iran bereits ab neun Jahren – das Alter, in dem auch Aisha mit Mohammed verheiratet wurde –, um sie etwaigen Gefährdungen zu entziehen. Die Frau unterliegt, besonders solange sie unverheiratet ist, einer Kultur des Misstrauens: Nach islamischer Vorstellung ist sie verführerisch und teuflisch; sie stellt eine Gefährdung, eine Versuchung für die Männer dar.

Sexualität wird vom Koran befürwortet, Geschlechtsverkehr ist allerdings nur unter Eheleuten gestattet, wobei die Frau das »Saatfeld« des Mannes ist. Männer können Konkubinen haben und bis zu vier Ehefrauen, sofern sie diese versorgen und alle gleich behandeln. Frauen sind gleich*wertig*, aber nicht gleich*berechtigt*. »Verheiratet die Ledigen«, fordert der Koran und konstituiert so den Zwang zur Ehe. Die Ehe ist die natürliche Bestimmung eines gottgefälligen Lebens. Sexualität außerhalb der Ehe ist verboten, ist *zina*, also Unzucht. »Diejenigen, die keine Möglichkeit zum Heiraten finden, sollen keusch bleiben, bis Gott sie durch seine Huld reich macht.« Laut Koran hat die Frau nicht die gleichen Rechte wie ein Mann, sondern nur die gleiche Würde vor Gott. Sie erhält einen begrenzten Status als Rechtssubjekt, das heißt, sie kann erben, wird aber gleichzeitig zum Besitz des Mannes.

Allahs Gesetz hilft den Menschen

Da Gott von den Schwächen der Menschen weiß und barmherzig ist, hat er bestimmt, dass die Menschen durch sein Gesetz, die Scharia, rechtgeleitet werden. Alles Handeln im persönlichen wie gesellschaftlichen Leben soll sich nach diesen Normen richten. Was die Thora für die Juden und das Evangelium für die Christen ist, soll der Koran für die Muslime sein: der Leitfaden eines gottgefälligen Lebens. Das Wort »Scharia« selbst kommt im Koran nur einmal vor.

Allah fordert Hingabe

Das Gesetz hilft den Menschen, zwischen Gut und Böse zu unterscheiden, über seine Einhaltung wacht die muslimische Gemeinschaft. Aber der Gläubige soll die Gesetze Gottes nicht nur annehmen, sondern sich ihrer Erfüllung dankbar hingeben. Dementsprechend gibt es *gebotene* Handlungen, die den Menschen Pflichten auferlegen, wie sie in den fünf Säulen des Islam festgehalten sind: Bekenntnis, Gebet, Fasten, Almosen und Pilgerfahrt. Darüber hinaus gibt es empfohlene, erlaubte, missbilligte und verbotene Handlungen. Für manche Pflichten, beispielsweise beim Geschlechtsverkehr, beim Fasten oder beim Djihad, gewährt Allah Erleichterungen, so wie er von Reisenden oder Kranken keine pünktlichen Pflichtgebete erwartet, denn Allah fordert von niemandem mehr, als der Einzelne zu geben vermag.

Gott straft und vergibt

Unter Gerechtigkeit verstehen die Muslime, jedem das zu geben, was ihm zusteht. Wer stiehlt, wird bestraft, dem Dieb wird z. B. die Hand abgehackt; der Straßenräuber gesteinigt, gekreuzigt oder aus dem Land gejagt. Das Rechtsprinzip gründet im Kern auf dem archaischen Prinzip der Vergeltung. Der Koran verbietet den Mord, setzt den Mörder aber der Vergeltung durch die Verwandten des Opfers aus. Er erlaubt die Blutrache, empfiehlt allerdings, Gnade walten zu lassen, wie Gott es tut, und stattdessen Blutgeld zu akzeptieren. Es gibt kein Gebot »Du sollst nicht töten«, sondern es wird relativiert: »Und tötet nicht den Menschen, den Gott für unantastbar erklärt hat, es sei denn bei vorliegender Berechtigung.« Das Prinzip der Vergeltung gilt auch für die Ermordung von Muslimen: »Und wer einen Gläubigen vorsätzlich tötet, dessen Lohn ist die Hölle; darin wird er ewig weilen.«

Unzucht ist unverzeihlich, kann nicht »vergolten« werden und wird mit hundert Peitschenhieben bestraft, wenn vier Zeugen beigebracht werden. Wer jemanden fälschlicherweise der Unzucht beschuldigt, wird ebenfalls ausgepeitscht. Die Folge: Wie sollen Frauen Vergewaltigungen anzeigen; wer hat dafür schon vier Zeugen?

Der Mensch ist Teil der Gemeinschaft

Mohammed bezeichnet die islamische Gemeinde, die Umma, als die beste Gemeinschaft, die Menschen je hervorgebracht haben; sie sei deshalb auch berechtigt, nach den Gesetzen und Geboten Gottes über Gut und Böse zu richten. Der Mensch wird nicht als Individuum gesehen, sondern als Teil der Gemeinschaft. Er ist ein Sozialwesen, das seine Pflichten gegenüber Gott, der Gemeinschaft, den Älteren, den Eltern zu erfüllen hat.

Aus dem Koran und den Prophetentraditionen bildete sich in der Nachfolge Mohammeds die Einheit von Glaube und Politik, von Lebensweise, Kultur, Religion, Herrschaftsform heraus. Der Islam war nie Glaube allein, er war immer gleichzeitig Weltanschauung oder, wenn man so will, Ideologie. Er war auch nie eine Sache des Individuums, sondern immer auf die Gemeinschaft und deren Herrschaft bezogen. Individualisierungen gab es nur bei den Sufis und den Mystikern, deren Wurzeln aber eher jenseits der islamischen Fundamente zu suchen sind. Bei der Vereinnahmung des Schamanismus für den Volksislam, bei der Integration der Derwisch-Kultur zeigte sich der Glaube aufnahmefähig, während er sich gegenüber den Anforderungen der Aufklärung als äußerst resistent erwies, schließlich würde die damit eingeleitete Individualisierung den Grundprinzipien des Islam und der Vorherrschaft der Umma, der »besten aller Gemeinschaften«, widersprechen.

ISLAM IM ALLTAG

Islam–Deutsch, Deutsch–Islam
Wie und worin sich die gelebte islamische Kultur von
der europäischen unterscheidet

Der Islam ist soziale Realität: In der Zusammenschau stellen sich
die vom Koran geforderten Verhaltensmuster und Anweisungen als
ein in sich geschlossenes System dar, das beansprucht, das Leben
der Menschen zu regeln. Bei genauerem Hinsehen beschreibt der
Koran eine archaische Gesellschaft im Zustand der Apartheid:
Frauen und Ungläubige, Juden und Christen sind schlechter gestellt
als Muslime. Der Islam ist Kultur, Politik und Glaube. Der Glaube
ist dabei aber so sehr marginalisiert worden, dass man, auch ohne
an Allah zu glauben, als Muslim »funktionieren« kann.

Der Islam ist eine Leitkultur mit einer eigenen Werteorientierung,
die zu einem anderen als in der deutschen Mehrheitsgesellschaft
üblichen Verhalten führt. Zentral sind Begriffe wie Respekt, Ehre,
Anstand oder auch religiös-rituelle Handlungen wie die Beschneidung von Jungen oder das Opferfest. Wir können diese Differenzen
als gegeben hinnehmen, wir können uns mit ihnen auseinandersetzen oder sie infrage stellen. Bevor wir das aber tun können, müssen
wir sie benennen und genau beschreiben, damit wir wissen, worin
die Unterschiede zwischen den Kulturen bestehen. Die aus Stam-
meskultur und familiären Traditionen entstandene und durch den
Islam als Sunna legitimierte Wertorientierung möchte ich an den
Begriffen »Respekt«, »Ehre«, »Schande« usw. verdeutlichen.

Zeigen Sie Respekt!

Im türkisch-muslimischen Wertekanon spielt der Begriff »Respekt« eine große Rolle. Man hat der gottgegebenen Ordnung »Respekt zu erweisen«. Der ältere Bruder beruft sich auf Gott, wenn er

der Schwester Vorschriften macht, die Mutter auf diese Ordnung, wenn sie die Tochter verheiratet.

Respekt hat man dem Älteren, dem Stärkeren, der Religion, der Türkei, Vater, Onkel, Bruder zu erweisen. Wenn ein Abi, ein älterer Bruder, von einem Jüngeren oder Fremden »Respekt« einfordert, fordert er eine Demutsgeste ein. Auch erwachsene Söhne reden oder rauchen zum Beispiel in Gegenwart ihrer Väter oder Onkel nicht unaufgefordert, sie ordnen sich unter, erweisen so dem Älteren »Respekt«. Es ist der zentrale Begriff für die abverlangte Orientierung auf den hierarchisch Höherstehenden, auf ein patriarchalisches System.

»Respekt« bedeutet deshalb nichts anderes als Unterwerfung – wie auch das Wort »Islam« im Wortsinn »Unterwerfung« und »Hingabe« bedeutet. »Respekt haben« beinhaltet, die gegebenen Machtverhältnisse anzuerkennen, folglich auch das Prinzip dieser Religion zu akzeptieren. Die Mitglieder der Gruppe, der Familie, des Clans usw. sind nicht auf gleiche Weise, sondern, abgestuft nach Geschlecht, Alter und Rang, zu respektieren. Gegen einen Älteren aufzubegehren ist in diesem religiös-kulturellen System deshalb dasselbe wie gegen die göttliche Ordnung aufzubegehren.

Seine Meinung zu sagen ist für ein Mädchen gegenüber einer Älteren oder gar gegenüber einem Mann nicht erwünscht. Die Unterordnung der Frauen infrage zu stellen ist nicht möglich. Die Hierarchie ergibt sich nicht aus einer natürlichen Autorität, sondern ist gottgegeben.

Auch gegenüber dem Propheten und der Religion muss man »Respekt« zeigen und darf keine Kritik üben oder z.B. Karikaturen zeichnen, weil man als Muslim – und erst recht als Ungläubiger – kein Recht hat, die göttliche Ordnung infrage zu stellen. Man hat auch kein Recht, überhaupt Fragen zu stellen. Kritische Fragen zu stellen bedeutet zu zweifeln. Und Zweifel ist Gotteslästerung. Der türkische Ministerpräsident Tayyip Erdogan gebrauchte in diesem Sinne in einem Interview die Formel: »Unsere Religion ist ohne Fehler.«

Wenn im Westen von Respekt gesprochen wird, meint man damit Hochachtung, Rücksicht und auch »gelten lassen«. Man muss sich den »Respekt verdienen«. Der amerikanische Soziologe

56

Richard Sennett beschreibt Respekt als soziales Instrument gegenseitiger Rücksichtnahme, das sich im Verhalten, in Ritualen und nicht zuletzt in Gesetzen manifestiert, und als »die Achtung der Bedürfnisse von Menschen, die einem nicht gleichgestellt sind«.[29] Jürgen Habermas beschreibt Respekt als Achtung abweichender Meinungen, die anderen Interessen entspringen.

Sennett formuliert drei Leitgedanken, wie man den Respekt anderer gewinnt: durch die Entwicklung der eigenen Fähigkeiten und Fertigkeiten; durch die Sorge um sich selbst; durch das Bestreben, den anderen etwas zurückzugeben. Oder prägnanter ausgedrückt: Mach etwas aus dir! Sorge für dich selbst! Hilf anderen! Eine solche Selbstverantwortung ist den als Kollektivwesen sozialisierten Muslimen verdächtig.

Sie stellen die Errungenschaften der europäischen Kultur nicht durch einen anderen Glauben oder besondere Formen der Spiritualität infrage, sondern durch ein anderes politisches und gesellschaftliches Ideal, durch ein differentes Welt- und Menschenbild, das nicht tolerant ist, sondern Toleranz einklagt, um sich selbst zu entfalten. Dort, wo es die Mehrheit hat oder Muslime bestimmend auftreten, können wir beobachten, wie Freiheiten Schritt um Schritt verschwinden.

Was ist Ehre?

Als Europäer erwirbt man sich Ehre durch Leistung – man hat vielleicht einen großartigen Roman geschrieben, eine physikalische Entdeckung gemacht, Zivilcourage gezeigt oder von Abschiebung bedrohten Flüchtlingen geholfen. Dann wird jemand hier »geehrt«, man hat Ehre erworben. In den archaisch-muslimischen Gesellschaften kann man sie höchstens verlieren. Denn sie ist ein Besitz der Familie, sie besteht, wie die Autorin Farideh Akashe-Böhme schrieb, »in dem Ansehen, das die Familie in der Öffentlichkeit genießt. Der Einzelne partizipiert an diesem Ansehen, insofern er Mitglied der Familie ist. Er muss sein Verhalten in der Öffentlichkeit so einrichten, dass er das Ansehen der Familie nicht beschädigt. Die Ehre ist deshalb ein Besitz, der stets gefährdet ist.«[30]

Der Kulturanthropologe Werner Schiffauer interpretiert »Ehre«

in den vom Islam und von dörflichen Strukturen geprägten Gesellschaften als die »Integrität, die Unantastbarkeit und Unbescholtenheit eines Haushaltes«. Wer ein Mitglied der Familie angreift oder eine der Frauen beleidigt, verletzt die »Ehre« der Familie. Sie wird aber auch verletzt, »wenn sich ein Familienmitglied ›unehrenhaft‹ verhält, d. h. als Mann in den Ruf eines ›Feiglings‹, als Frau in den Ruf einer ›Hure‹ gerät. In beiden Fällen sind alle anderen Familienmitglieder mit betroffen: Von ihnen wird verlangt, die ›befleckte‹ Familienehre zu ›reinigen‹.«[31]

Die muslimische Gesellschaft trennt die Gemeinschaft vertikal in Männer und Frauen. Männer, das ist die Öffentlichkeit, d. h. alles, was außerhalb des Hauses liegt. Die Frauen sind demgegenüber die Privatheit des Mannes. Er wacht über sein Haus und über seine Frauen. Die muslimische Gesellschaft ist patriarchalisch und patrilinear ausgerichtet. Somit gehören auch die Kinder ihm, und im Falle einer Verstoßung der Frau bleiben sie in seinem Haus. Ein Mann verliert seine Ehre erst dann, wenn er auf die Herausforderung eines Mannes nicht reagiert. Auf Beleidigungen oder üble Nachreden gegenüber den Frauen seiner Sippe, seiner Familie muss ein Mann reagieren und die »Ehre« aktiv verteidigen.

So hat sich – um die »Verletzung der Ehre« herum – eine Beleidigungskultur entwickelt. Ein fremder Mann überschreitet bei einer Beleidigung die Grenze zum Privaten des muslimischen Bruders, wenn er verbal die Frauen sexuell belästigt. Wenn er seinem Gegenüber beispielsweise sagt, dass er es dessen Mutter »besorgen« wird – *anani yaparim* –, müsste der Beleidigte, um ein Gleichgewicht herzustellen, seinem Gegner zur Antwort geben, dass er es dessen Frau ebenso »geben« wird – *avradini yaparim.*

Ein Vater verliert sein »Gesicht«, wenn er nach den Maßstäben seiner traditionellen Kultur nicht in der Lage ist, seine Töchter, sprich: seine »Ehre«, zu kontrollieren – zum Beispiel, wenn eine Frau aus dem Clan ausbricht, um ihren eigenen Weg zu gehen. Der Ungehorsam gegen den Mann oder den Vater kann als *fitna*, Unzucht, angesehen werden. Auch »Ehrenmord« wird damit begründet. Nach dem Koran soll die Frau, die »Unzucht« betrieben hat, im Haus eingesperrt werden, »bis der Tod sie abberuft oder Gott ihr einen Ausweg schafft« (Sure 4, Vers 15) – was nichts anderes ist

58

als eine Umschreibung für die Aufforderung zum Suizid. Nach den Maßstäben der Scharia muss eine solche Tat vergolten werden, weil sie im islamischen Sinne ein »Grenzvergehen« ist, ein Vergehen gegen Gott. Sie kann nicht, wie Mord und Totschlag, mit Wiedervergeltung – durch ein »Blutgeld« – wiedergutgemacht werden.

Ansehen durch Gastfreundschaft

Will das Familienoberhaupt Ansehen, Würde, Prestige – der türkische Begriff dafür lautet *seref* – in seiner muslimischen Gemeinde genießen, kann er das durch Großzügigkeit, Hilfsbereitschaft, Höflichkeit, Freundlichkeit gegenüber anderen erlangen. Eine übliche Form, zu Ansehen zu kommen, ist die Gastfreundschaft. Wer gern teilt, ist ein gutes Mitglied der muslimischen Gemeinschaft. Die Großzügigkeit zeigt sich in der Üppigkeit der Mahlzeiten, wenn Gäste zum Essen kommen, die Frauen gut kochen und der Hausherr das Essen seinen Gästen »würdevoll« präsentiert.

In einer traditionellen muslimischen Familie essen Männer und Frauen getrennt. Die Hausfrau bereitet die Speisen vor, und der Hausherr trägt sie ins Wohnzimmer, *selamlik* – Empfangsraum – genannt, während die Frauen und Töchter in der Küche essen, aber oft erst dann, wenn die Männer fertig sind und ihren Tee zum Abschluss des Essens bekommen haben. Auch in modernen Familien, wo beide Eltern mit den Gästen an einem Tisch sitzen, kommt es vor, dass die Töchter, die die Gäste bedienen, zum Essen in der Küche bleiben.

Sich gegenseitig einzuladen, basiert auf dem Gabentausch. Die Gäste stehen durch die Einladung und das Essen in der Schuld des Gastgebers. Sie werden durch eine Gegeneinladung, die möglichst ein wenig aufwendiger oder origineller ist, die Schuld zu tilgen suchen. Je nach Üppigkeit und Großzügigkeit der Speisen steigt das Ansehen des Vaters und derjenigen, die zu seinem Haushalt gehören.

Verlieren kann der Mann sein Ansehen bei anderen Männern nur, wenn er geizig ist oder seine Brüder betrügt. Seine »Ehre« verliert er, wenn seine Frau ihn verlässt oder er nicht auf seine Töchter aufpassen kann. Ist ein Familienoberhaupt aber ein Despot oder ein schlechter Gastgeber, schmälert das nicht unbedingt sein Ansehen. Man bedauert die anderen Mitglieder der Familie zwar, nimmt ihr Schicksal aber als *kismet (Schicksal, Vorherbestimmung)* oder als Pech hin. Es ist sogar paradox: Erst mit dem Leiden und Ertragen der Macken des eigenen Mannes steigt das Ansehen einer Frau gegenüber anderen Frauen. Sie tauschen sich darüber aus, wie sie behandelt werden, und wer am meisten ertragen kann, gewinnt an Ansehen. Ein Ventil sind dann die Flüche und Verwünschungen, die sie gemeinsam gegen ihre Männer loslassen: »Allah möge ihm seine Augen verblenden, damit er mich anbetteln muss für ein Stück Brot«, oder, besonders häufig: »Ich überlasse ihn Allah, er wird wissen, warum er mich ihm gegeben hat, vor ihm soll er sich rechtfertigen, nicht vor mir.«

Es gilt nur das, was nach außen bekannt wird. Was der Patriarch innerhalb seines Hauses, seiner Familie macht, geht niemanden etwas an. Niemand wird sich einmischen, wenn er seine Frau oder Kinder schlägt. Sie haben keine Rechte, es gilt das Recht des Älteren, des Vaters. Die Familie ist ein Kollektiv, und in diesem Kollektiv ist der Älteste der Souverän oder Diktator. Er bestimmt die Regeln.

Das ist auch ein Grund, warum sich niemand in »fremde Angelegenheiten« einmischt. Es ist schwer vorstellbar, dass eine Familie eine andere muslimische Familie anzeigt, nicht einmal im Fall eines Missbrauchs. Auch darum gab es möglicherweise aus dem türkischen Umfeld des Anfang 2009 in Paderborn ermordeten Mädchens Kardelen keine Hinweise auf den Täter, obwohl es ein Nachbar war. Nicht weil man gegenüber den Deutschen nichts sagen wollte, sondern weil man sich nicht in die Angelegenheiten anderer einmischt.

Achtung und Liebe

Die Begriffe Achtung, *saygi,* und Liebe, *sevgi,* sind miteinander verbunden und bedingen sich gegenseitig. Den Älteren und Fremden gegenüber begegnet man mit Achtung, dafür wird man von Älteren »geliebt«, d. h. beschützt. Aber nicht aufgrund von Weisheit oder Güte erwirbt der Ältere Achtung, nicht weil man ihm mit Anstand und Höflichkeit begegnen will, sondern der Ältere hat, besonders innerhalb der Familiengemeinschaft, ein hierarchisch verbürgtes *Recht* auf *saygi* vonseiten der Jüngeren. Insbesondere den Männern begegnet man mit Achtung, da sie als Beschützer und Hüter der Familienehre gelten.

Die Jüngeren, die den älteren Bruder aus Gründen der Achtung nicht mit seinem Namen ansprechen dürfen, sondern »Abi« zu ihm sagen, begegnen ihm mit *saygi*, d.h., sie widersprechen ihm nicht, geben ihm Geld, wenn er es verlangt, oder unterstützen ihn in seiner Arbeit. Sie bemühen sich, ihm seine Wünsche zu erfüllen, erwarten von ihm dafür aber Schutz vor Fremden. Wird der Jüngere auf dem Schulhof von einem Fremden angegriffen oder beleidigt, hat er Anspruch darauf, dass der Abi ihn gegen den Fremden verteidigt. Der Abi muss dies tun, gleich ob sein Bruder im Recht oder Unrecht ist. Macht er es nicht, könnte er sein Ansehen in der Familie und damit seine Autorität verlieren. Das ist wichtig zu wissen, wenn man Auseinandersetzungen mit Muslimen zu bestehen hat. Die Schuldfrage ist unwichtig, nur die Zusammengehörigkeit der Gruppe zählt. In einer Gruppe von Jugendlichen ist dann immer jemand der Abi oder sind plötzlich alle Abis, die Respekt und Achtung einfordern.

Die Familienangehörigen haben Anspruch auf *saygi* nach ihrem jeweiligen Titel. Der ältere Bruder von den jüngeren Geschwistern, die ältere Schwester bekommt *saygi* von den jüngeren Geschwistern, wenn sie ihre Rolle als *kücük anne* erfüllt hat, d.h. die »kleine Mutter« in der Familie war. Tante, *teyze*, ist die Schwester mütterlicherseits, Onkel, *dayi*, der Bruder der Mutter, Tante, *hala*, die Schwester vom Vater, Onkel, *amca*, ist der Bruder vom Vater – jeder von ihnen hat das Recht auf *saygi* von den jeweils Jüngeren. Stirbt der Vater, so hat der *amca* das Vorrecht, die Familie seines Bruders zu übernehmen und seine Kinder mit zu versorgen.

Auf Achtung haben auch Lehrer oder Imame ein Recht. Sie werden nicht mit dem Namen oder Titel angesprochen, sondern mit *Hodscham*, mein Meister. So zeigt der Lernende seine Untertänigkeit.

Im Beisein Älterer dürfen Jüngere nicht laut lachen und erst dann reden, wenn der Ältere den Jüngeren dazu auffordert. Meist wird der Ältere dann aus Gründen des Anstands bestätigt, Widerspruch oder eine eigene Meinung ist dem Jüngeren nicht erlaubt. Achtung erweisen heißt für Frauen und jüngere Männer, dafür zu sorgen, dass zum Beispiel die Älteren nicht aufstehen müssen, um sich vielleicht ein Glas Wasser zu holen. Das geht so weit, dass Mädchen dazu angehalten werden zu lernen, die Wünsche der Männer zu erahnen und sie zu erfüllen, ohne dass sie ausgesprochen werden.

Die Beleidigungskultur

Männer verbringen einen großen Teil ihres Lebens mit anderen Männern im Kartenhaus, in der Moschee oder im Teehaus. Hier entscheidet sich, welches Ansehen sie genießen. Ihre »Fürsorge« für ihre Frauen und ihre Familie besteht darin, darauf zu achten, dass niemand schlecht von ihnen spricht oder die Frauen des Hausherrn gar beleidigt.

Das gilt auch für die größere Einheit der muslimischen Community, die Umma. Werden der Prophet oder der Islam durch Karikaturen »verunglimpft«, sind alle Mitglieder der Umma gehalten, die Ehre aktiv zu verteidigen. Weder Zweifel noch Kritik oder Ironie sind erlaubt – sie werden gleichgesetzt mit Gotteslästerung. So hat sich eine Beleidigungskultur entwickelt, in deren Zentrum die Verletzung der »Ehre« steht. Sie ist ein Besitz, der ständig gefährdet ist, den man verlieren und damit das »Ansehen« in der muslimischen Community einbüßen kann. Welche gewalttätigen Ausschreitungen das oft nach sich zieht, wissen wir inzwischen zur Genüge.

Fünfzig Prozent ihrer muslimischen Patientinnen, sagte mir eine türkische Frauenärztin, die in einer deutschen Großstadt praktiziert, »haben Gewalt erlebt«. Körperliche oder sexuelle Gewalt auszuüben, so glauben viele Musliminnen, sei ein Recht der Männer. Die Aufklärung und der Schutz dieser Frauen stecken noch in den Anfängen, weil in diesen Gemeinschaften eine »Schweigekultur« vorherrscht, die nichts nach außen dringen lässt. Eine Frau, die über diese Dinge spricht, bringt sich in Gefahr.

Auch bei Missbrauch wird der Mann nicht zur Verantwortung gezogen. Selten erfahren Außenstehende davon, lieber würde sich das Kind das Leben nehmen, als sich jemandem anzuvertrauen. Meist wird ein solcher Missbrauch, so haben es mir türkische Ärztinnen berichtet, anal vollzogen, damit die Töchter als »Jung-

62

frauen« verehelicht werden könnten. Denn sind sie das nicht mehr, ist der Vater und somit auch die Familie entehrt.

Die Herrschaft der Mütter

Für Faruk, meinen muslimischen Studenten, wurde der Muttertag zum schrecklichsten Tag des Jahres. Er war verliebt und wollte mit seiner Freundin in eine gemeinsame Wohnung ziehen und sie vielleicht einmal heiraten – zum Entsetzen seiner Eltern. Sein Vater erklärte kategorisch: »Wenn du das tust, bist du nicht mehr mein Sohn.« Faruk kümmerte das nicht sonderlich, denn von seinem Vater hatte er nichts anderes erwartet. Aber die Reaktion seiner Mutter erschütterte ihn. Als sie erfuhr, dass er ausziehen wollte, und dann noch wegen einer Deutschen und Christin, warf sie sich auf die Knie und schlug ihren Kopf vor ihm auf den Boden. Sie schrie: »Hätte ich doch Steine geboren statt deiner, hättest du Gift gesäugt statt meine Milch. Allah möge dir keinen Tag Freude schenken. Wenn du das wirklich tust, werde ich dich und deine Kinder bis ans Ende aller Tage verfluchen.«

Die bildreiche türkische Umgangssprache ist oft martialisch, und nicht immer ist ein Fluch nur so dahingesagt. Ein türkischer Psychiater meinte einmal zu mir, wenn die Flüche, die sich die Muslime jeden Tag an den Kopf werfen, Realität würden, gäbe es bald keinen Muslim mehr.

Faruk fragte mich, was er tun solle. Ich riet ihm, bei seinem Vorhaben zu bleiben, er sei für sich und sein Glück selbst verantwortlich.

Ein anderer junger Mann spielte mir in seiner Studentenbude Tonbandkassetten vor, die er von seiner Mutter zum Muttertag geschickt bekommen hatte. Darauf waren stundenlanges Weinen und Klagen zu hören. Um es gleich zu betonen – das sind Extreme. Nicht jede muslimische Mutter reagiert so, wenn die Kinder ihren eigenen Weg gehen, statt sich in die von der Familie geplante Zukunft zu fügen. Aber solche Geschichten sagen etwas aus über die Beziehungen zwischen Eltern und Kindern; vor allem das Verhältnis zur Mutter hat in der muslimischen Gemeinschaft eine ganz besondere Bedeutung. Und mit ihm der Muttertag, der erst seit 1953 auch in der Türkei gefeiert wird.

Als Mädchen von 14 Jahren war ich – weil ich Deutsch lesen, schreiben und sprechen konnte – in der kleinen niedersächsischen Kleinstadt, wo wir lebten, die Übersetzerin, Antragstellerin für die türkischen Frauen, für Verwandte und Bekannte. Ich ging mit den Frauen zum Arzt und berichtete ihm von ihren Leiden, teilte den Frauen seine Diagnosen mit und erklärte ihnen, wie viele Tabletten sie einnehmen sollten. Ich reichte bei Behörden Anträge ein, stellte Überweisungen auf der Sparkasse aus, formulierte Entschuldigungen für die Schule und las den Frauen Briefe vor. Ich war für diese Frauen *kizim*, meine Tochter. Das bedeutete, dass ich nicht nur eine eigene Mutter hatte, sondern viele Mütter, denen ich den gleichen Respekt und die gleiche Aufmerksamkeit schenken sollte wie meiner eigenen Mutter.

Zum Muttertag ging ich bei jeder meiner vielen Mütter vorbei, überbrachte kleine Geschenke und Glückwünsche. Als ich bei einer Tante zu spät auftauchte, hagelte es eine Strafpredigt, ich hatte mich respektlos gezeigt, weil ich sie zwei Stunden hatte warten lassen. Ich war, wie jedes Mädchen in der Gemeinschaft, das kollektive Mädchen, das der kollektiven Mutter zu dienen hatte.

So hat die Mutter, wie auch in anderen Weltreligionen, in der muslimischen Gesellschaft eine große Bedeutung. Und doch ist ihre Rolle im Vergleich besonders. »Der Schlüssel zum Paradies liegt zu Füßen der Mütter«, predigte Mohammed, der selbst als Kind bei einer Amme aufwuchs und nur als sechsjähriger Junge eine kurze Reise mit seiner leiblichen Mutter unternahm, bevor sie starb. Wo immer Mütter im Koran erwähnt werden, treten sie als geheiligte Wesen auf. Dem Sohn, der der Mutter gegenüber Ungehorsam zeigt, drohen Höllenqualen – wer seine Mutter zum Weinen bringt, so hörte ich einen Imam in einer Hamburger Moschee predigen, wird ertrinken.

Die absolute Verehrung der Mutter ist bis heute eine Säule des islamischen Lebens, und das Verhältnis von Söhnen zu ihren Müttern grenzt in muslimischen Familien gelegentlich an Heldenverehrung – mit den entsprechenden Folgen für die Psyche der Jungen und die Institution der Ehe. Die Bindung zwischen Mutter und Sohn wird nie beendet. Nicht einmal verändert. »Im Gegenteil«, schreibt die marokkanische Religionswissenschaftlerin Fatima

Mernissi: »Die Hochzeit – in den meisten Gesellschaften eine Art Initiationsritual, das es dem Sohn ermöglicht, sich von der Mutter zu lösen – ist in der Tradition der islamischen Gesellschaft ein Ritual, das den Einfluss der Mutter auf den Sohn noch verstärkt. Mit der Hochzeit wird die Trennung zwischen Liebe und Sexualität im Leben des Mannes institutionalisiert; dadurch wird er gerade noch darin bestärkt, eine Frau zu lieben, mit der er keinen Geschlechtsverkehr haben kann: seine Mutter.«

Die angeheiratete Frau bleibt dagegen ein Leben lang die Fremde, die *gelin*, wie es auf Türkisch heißt. Die Liebe ist der Mutter und Allah vorbehalten. Liebe zwischen Mann und Frau ist nicht vorgesehen, und so überraschen mich auch die neuen afghanischen Gesetzesentwürfe nicht, die vorschreiben wollen, wie oft die Frau dem Mann zur Verfügung zu stehen hat. Nach den Auffassungen der muslimischen Männergesellschaft ist die Ehe ein Vertrag und die Frau ein Besitz.

Atatürk hat versucht, die türkische Gesellschaft zu revolutionieren, auch indem er den Frauen gleiche Rechte und besondere Aufgaben in der von ihm favorisierten Kleinfamilie zuwies und viele Maßnahmen einleitete, um den Frauen eine Berufstätigkeit zu ermöglichen. Aber er blieb dem alten Pathos verhaftet, indem er verkündete: »Die wichtigste Aufgabe einer Frau ist das Muttersein«, auch wenn er gleichzeitig die Schulen für Mädchen öffnete. Aber er konnte seine emanzipatorischen Vorstellungen nicht in Anatolien durchsetzen, und seine Nachfolger kassierten nach und nach die Rechte der Frauen und Mädchen, sodass heute in ländlichen Gebieten der Türkei die Analphabetenrate gerade bei Frauen immer noch besonders hoch ist. Seit die AKP regiert und Erdogan wieder die Rolle der Frau als Mutter in den Mittelpunkt der Frauenpolitik stellt, ist die Beschäftigungsrate von Frauen in bezahlten Tätigkeiten dramatisch zurückgegangen. Heute ist nur noch jede vierte Frau berufstätig, vor dem Jahr 2000 war es jede dritte. Der Fortschritt einer Gesellschaft aber bemisst sich an der Stellung der Frauen.

Frauen kommt mit ihrer auf Kinder und Haushalt reduzierten Rolle eine entscheidende Bedeutung für die Verfasstheit der muslimischen Gesellschaft zu. Sie machen die Jungen zu »Prinzen«, verwöhnen sie und lassen sie nicht erwachsen werden. Sie weisen den

Mädchen die Rolle als dienende Wesen zu. Sie, die selbst in dem patriarchalischen System gefangen sind, erfinden es immer wieder neu, sind die Hüter des Hauses. Tatsächlich leben die muslimischen Männer und Frauen aber ein getrenntes Leben.

Dass sie den jungen Menschen nicht die Entscheidung über ihr eigenes Leben zugesteht, sondern immer noch versucht, den Kindern eine Art »Daseinsschuld« aufzuerlegen, die sie moralisch drängt, die Schuld gegenüber den Müttern ein Leben lang abzutragen, macht der muslimischen Gemeinschaft in der modernen Gesellschaft Probleme. Eine Veränderung dieser alten Tradition können die jungen Frauen und Männer nur selbst in die Hand nehmen. Sie müssen sich durchsetzen und ihre Partner selbst aussuchen, damit eine partnerschaftliche Ehe oder Beziehung möglich wird. Sie müssen Verantwortung für das eigene Leben übernehmen. Wenn es nicht anders geht, müssen sie die Mutter verlassen. Das ist kein Verrat, sondern gelebte Selbstverantwortung.

Faruk hat es geschafft. Er schreibt heute seiner Mutter freundliche Karten zum Muttertag. Er sagt, sie sei zwar immer noch beleidigt, würde aber vor Rührung weinen.

Wo die Liebe hinfällt: Schwulsein im Islam

Dass Ahmed schwul war, war selbst für Blinde zu erkennen. Er verhielt sich, wie man so sagt, wie eine »Tunte«. Er sprach und bewegte sich geziert, fand rosa Deckchen, Handtaschen und anderen Frauenklimbim todschick. Trotzdem hatten seine Tanten kein anderes Thema, als sich darüber den Mund zu zerreißen, warum der gut aussehende Mann, der auch sonst eine gute Partie sei – schließlich hatte er eine Anstellung in einem Museum –, nicht heiratete. Ahmed verdrehte dann nur die Augen und ließ die Tanten reden. Am Wochenende fuhr er meist zu Freunden und entzog sich der Familie.

Homosexualität ist in islamischen Gesellschaften ein Tabu, weil Allah nach Auffassung der Muslime mit dem Mann einen anderen Plan hat. Alles ist in dieser Religion auf die Geschlechterdifferenz ausgerichtet, der Mann muss seine Triebe befriedigen und sich fortpflanzen können. Der Koran geht davon aus, dass ein Mann dies mit einer Frau tun will, und bereitet dafür den Weg, auch wenn er für seine Triebbefriedigung mehrere Frauen braucht. Und so ist nach dieser Auffassung nicht derjenige schwul, der den anderen penetriert, sondern der, der es zulässt. Als aktiver Teil Sex mit einem Mann zu haben, ist deshalb ein Kavaliersdelikt, schließlich muss der Mann sich »entleeren«.

Sich zu einer schwulen Beziehung zu bekennen, ist jedoch etwas ganz anderes. Es beschädigt die Ehre der Familie, denn ein Vater verliert durch das »Coming-out« seines Sohnes sein Gesicht. Es ist ein Unterschied, ob man innerhalb der Familie weiß, wie jemand veranlagt ist, oder ob das auch in der Öffentlichkeit bekannt ist. Ein Mädchen kann als »Ehre der Familie« die Gemeinschaft nicht verlassen, ein Mann kann in eine andere Stadt ziehen. Er kann auch sagen, dass er mit Freunden zusammenlebt. Erst wenn er sich öffentlich zum Schwulsein bekennt, gibt es ein Problem. Viele Familien tun deshalb so, als wüssten sie nicht von der Neigung ihres Sohnes, dann müssen sie auch nicht handeln. Wird es aber doch bekannt, wird der junge Mann verstoßen, weil er dem Vater das »Gesicht« genommen hat. Oder man versucht, ihn umzubringen, wie vor einiger Zeit in Istanbul geschehen.

Auf einer Fahrt von Berlin nach Mecklenburg-Vorpommern traf ich im Zug einen jungen Türken. Wir kamen ins Gespräch. Er hatte ein Buch von mir gelesen und meinte, es habe ihm geholfen zu begreifen, welches Unrecht ihm angetan worden sei. Er erzählte mir seine Geschichte: In der Pubertät habe er gemerkt, dass er schwul sei. Ein Onkel habe ihn dann eines Abends küssend mit seinem Freund gesehen und alles dem Vater erzählt. Der wollte seinem Sohn diese »Krankheit« austreiben, schleifte ihn in den Keller und sperrte ihn dort bei Wasser und Brot und ohne Toilette ein.

Zuerst akzeptierte der Sohn die »Strafe«, er glaubte, sein Vater habe das Recht, das zu tun. Drei Monate verbrachte er im Keller, bis seine Schwestern ihn befreiten. Er sei sofort weggelaufen und habe den Kontakt zur Familie abgebrochen. Jetzt wohne er mit seinem Freund in einer Plattenbausiedlung einer kleinen Stadt im Osten und arbeite als Kellner in einer Pizzeria. Er und sein Freund seien weit und breit das einzige schwule Paar unter lauter »Glatzen«. »Hier bin ich sicher«, sagte mir meine Zugbekanntschaft, »denn hierher trauen sich meine Verwandten nicht.«

Die erstaunten Worte des Korans über die homosexuellen Männer: »Ihr gebt euch in Sinnenlust wahrhaftig mit Männern ab statt
mit Frauen« und die »ewig jungen Knaben«, die laut Koran im Paradies »die Runde machen«, lassen auf den ersten Blick vermuten,
dass Homosexualität für Mohammed kein großes Problem dar-
stellte. Und auch die Strafen für homosexuelle Handlungen sind
im Vergleich zur Unzucht von und mit Frauen relativ milde: »Und
diejenigen, die es von euch [Männern] begehen, strafet beide. Und
so sie bereuen und sich bessern, so lasset von ihnen ab« (Sure 4,
Vers 16).

Trotz dieser eher maßvollen Worte herrscht unter den Muslimen
ein absolut bigottes Verhältnis zum Schwulsein. Homosexualität
wird meist geleugnet, Schwule werden verachtet, Künstler wie der
schwule türkische Sänger Zeki Müren hingegen vergöttert – wenn
er als Diva verkleidet auftritt, stellt das den Höhepunkt seiner Show
dar.

Der Bauchtänzer auf dem Ausflugsdampfer zu den Prinzeninseln
im Marmarameer, von dem ich in meinem Buch »Bittersüße Heimat« erzähle; die Transen in den Straßen von Beyoglu in Istanbul;
die Berichte über den Hof Harun-al Raschids, an dem man junge Männer so erregend empfand, dass man selbst junge Frauen in
Männerkleider steckte; die Wein- und Liebeslieder Hafis, in denen
junge Männer wie Frauen zur Lust beitragen; die Geschichten von
den Derwischen, die den zarten Knaben zugeneigt waren; die lesbi-
schen Spiele im türkischen Bad, dem Hamam – dem Ort, von dem
der Teufel sagte: »Ich erbat von Allah eine Bleibe, und er erschuf
den Hamam« –; die schwulen Väter, die es sich in den Büschen im
Berliner Tiergarten von jungen Strichern besorgen lassen; die ver-
zweifelten Bräutigame, die ihre Cousinen heiraten müssen, obwohl
sie andere Männer lieben; die islamistischen Jungs mit den Laptops
in Bagdad, die nach schwulen Kontakten im Internet suchen, um
die beim Treff ahnungslos Auftauchenden hinterrücks zu ermor-
den[32]; islamische Vorbeter, die durch deutsche Moscheen ziehen
und Schwule und Lesben am liebsten mit der Peitsche züchtigen
würden – sie alle sind ein Zeugnis eines gespaltenen – homophil
und homophob zugleich –, verklemmten und gewalttätigen Ver-
hältnisses zur Sexualität. Es hat in der muslimischen Community

nie auch nur die Andeutung einer sexuellen Revolte gegeben. Über Sexualität wird überhaupt nicht offen gesprochen, deshalb beherrscht sie auch die Köpfe der Menschen.

Im Iran steht, wie in vielen anderen islamischen Ländern, auf Homosexualität die Todesstrafe; seit der islamischen Revolution 1979 wurden 4000 Homosexuelle hingerichtet. All das ergibt das Bild einer Religion, die es ihren Gläubigen nicht beigebracht hat, zivilisiert mit der menschlichen Natur umzugehen. Die wenigen Türken oder Muslime, die sich zu ihrem Schwulsein bekennen, können dies nur außerhalb der muslimischen Community und im Schutz der Zivilgesellschaft tun. Dass sie sich beispielsweise in Berlin inzwischen nicht mehr verstecken, sondern sich trauen, offensiv für ihre Rechte einzutreten und gegen Schwulenfeindlichkeit in den Moscheen vorzugehen, verdient Unterstützung.

Ahmed hat es nicht ausgehalten und dann doch geheiratet. Keine der Cousinen, die ihm ständig angeboten wurden, sondern eine fast gleichaltrige Frau. Den Tanten war auch das nicht recht, denn wie sollte eine solche Frau, ein *kartalos*, ein altes Suppenhuhn von dreißig Jahren, noch Kinder bekommen. Aber, so seufzten sie, wo die Liebe hinfällt.

Die Beschneidung

Nicht als Verhaltensnorm, sondern als identitätsstiftende Tradition wird die Beschneidung der Vorhaut von Jungen auch hierzulande – anders als die Genitalverstümmelung von Mädchen[33] – als »religiöse Tradition« geduldet. Eingefordert wird sie von den Muslimen gemäß einem Hadith unter Berufung auf Abraham: »Abraham vollzog für sich die Beschneidung, als er im Alter von achtzig Jahren war, und bediente sich dazu der Axt.« Dabei kann sich kein Muslim bei diesem Gebot auf den Koran berufen. Im Koran, Sure 95, Vers 4, heißt es: »Wir haben den Menschen in schönstem Ebenmaß erschaffen.« Warum sollte der Mensch vom schönsten Ebenmaß etwas abschneiden? In keiner Sure findet sich ein Hinweis auf das Beschneidungsgebot. Es gehört zur Sunna, ist eine nachzuahmende Gewohnheit; die Beschneidung ist »Pflicht und Voraussetzung für die Gültigkeit des Umkreisens der Kaaba bei der Pilgerfahrt und der Wallfahrt«. Die Muslime übernahmen hier, wie in vielen anderen Fällen, Sitten und Riten der vorislamischen Zeit, führten sie fort und legitimieren sie als »Prophetentradition«.

Die Geschichte der Beschneidung ist lang und auch nicht auf den Islam beschränkt. Die Ägypter beschnitten ihre Sklaven, um sie herabzuwürdigen und als Sklaven kenntlich zu machen. Auch für die Juden gilt die Beschneidung der Jungen bis zum achten Tag nach der Geburt als »Zeichen des Bundes« mit Gott. Der Apostel Paulus, als Jude selbst beschnitten, lehnte sie nach seiner Konvertierung zum Christentum als Demütigung ab.

Bei den Muslimen wird die schmerzhafte Erfahrung der Beschneidung zur Eintrittskarte in die Gemeinschaft, die Umma, der jeder Junge mit diesem Akt zugleich unterworfen wird. Die Beschneidung ist ein Brauch wie der Bart oder das Kopftuch, mit dem man sich von den Ungläubigen abgrenzt. Sie dient vor allem der immer wieder erneuerten Festigung der kollektiven Gemeinschaft, gerade auch in der Migration.

Ein unbeschnittener Mann dürfte keine muslimische Frau heiraten. Er würde sie nach der Auffassung der traditionellen Muslime beschmutzen. Gott habe den Männern die Beschneidung als Prüfung auferlegt, hat mir einst eine meiner Studentinnen erklärt; »wer sich weigert, dieses Opfer zu bringen, fügt sich auch sonst nicht Gottes Willen«. Muslime sind der festen Überzeugung, Allah selbst lege den Männern diese Prüfung auf, in der es um alles oder nichts – Mann oder Nichtmann, rein oder schmutzig, Muslim oder Nichtmuslim, Gläubiger oder Ungläubiger – gehe. Wer sie besteht, dem wird bedeutet: Du bist anders, du bist besser als die Ungläubigen. Die Kastrationsängste, die Schmerzen und das Ausgeliefertsein, das die Jungen bei der Beschneidung erleben, traumatisieren Kinder, sie sind zudem medizinisch schädlich. Es widerspricht der Würde des Menschen, einem Kind ein solches Blutopfer abzuverlangen.[34]

Das Opferfest

Zu den Übernahmen alttestamentarischer Traditionsbestände gehört auch ein anderes Blutopfer. Die Versuchung Abrahams ist der religiöse Ursprung des Opferfestes, *kurban bayram*, das die Muslime jeweils zwei Mondphasen nach Abschluss des Ramadan, der Fastenzeit, feiern. Die Opferung gehört zu den Ritualen auf der Pilgerfahrt nach Mekka. Im Tal von Mina werfen die Gläubigen am zehnten Tag der großen Pilgerfahrt jeweils sieben Steine nach den drei Säulen von Mina, die den Teufel symbolisieren. Für die Muslime ist dieses Ritual die symbolische Absage Abrahams an den Teufel, der ihn an der Erfüllung der von Gott auferlegten Pflicht hindern wollte.

Von der »Prüfung Abrahams« berichtet auch die hebräische Bibel. Abrahams Bereitwilligkeit, Gottes Befehl zu folgen und seinen Sohn Isaak zu opfern, gilt als Beispiel für die Bereitschaft, das eigene Leben oder das einem Liebste der Heiligung Gottes hinzugeben. Da aber gebietet Gott ihm Einhalt: »Strecke nicht deine Hand nach dem Knaben aus und tue ihm nicht das Geringste«, spricht Er zu Abraham. Ein Widder wird anstelle von Isaak geopfert. Die göttliche Stimme verschmäht das Kindesopfer als Beweis unbedingten Glaubens, und damit beendet sie einen bislang unhinterfragten und vielfach praktizierten religiösen Brauch. Es ist die Geburtsstunde einer neuen Ethik: Die Unschuld des Opfers wird anerkannt, und der unbedingte Glaube an Gott – wenn man so will: die innere Stimme, die später als Stimme des Gewissens den moralischen Geboten Gottes folgt – macht den Akt der Opferung überflüssig.

Im alten Israel wurde der »Sündenbock«, ein Widder, in die Wüste gejagt. Heute sprechen die Juden am Neujahrsfest nur noch Gottes Worte an Abraham nach – eine Mahnung, den Glauben an den Allmächtigen nie aufzugeben, aber auch eine Erinnerung und ein Dank an Abraham, der die Prüfung bestanden und damit die Ablösung des Blutopfers möglich gemacht hat.

Im Christentum hat Jesus, »Gottes Lamm, welches der Welt Sünde trägt« (Johannes 1,29), die Sünden aller Menschen auf sich genommen. Indem Gott seinen eigenen, seinen »unschuldigen« Sohn opferte, hat er mit den Menschen gleichsam einen neuen Bund geschlossen. Stellvertretend für alle Sünder hat Jesus »das Kreuz auf sich genommen«, um jetzt und für alle Zeiten die Vergebung aller Sünden zu erwirken. Ein größeres Opfer als seinen Tod gibt es nicht – jedwedes »Blutopfer« ist den Menschen damit erlassen.

Der Koran hingegen stellt Jesus' Kreuzigung infrage – niemals sei Jesus Gottes Sohn gewesen und er sei auch nicht am Kreuz gestorben. Eine »Generalvergebung«, eine »Erlösung« gibt es deshalb auch nicht. Auch auf das Blutopfer, das immer, so der französische Religionsphilosoph René Girard, »auf Gewalt und gewalttätigem Handeln« beruhe, können gläubige Muslime nicht verzichten – im Gegenteil: Es muss rituell immer wieder erneuert werden. Zum Opferfest werden überall in der Welt Millionen Tiere – Schafe, Ziegen, Rinder und Kamele – in Schlachthäusern und auf Straßen, in Badezimmern und auf Balkonen von Muslimen nach islamischem Ritus geschächtet, um Gott geopfert zu werden.

In den Sechzigerjahren, als meine Familie noch in Istanbul lebte, wurde das Opferfest anders begangen: Man besuchte die Nachbarn, feierte gemeinsam und spendete für die Armen. Den Armen von dem eigenen Reichtum abzugeben, das galt als »Opfer«. Niemand wäre auf den Gedanken gekommen, zu diesem Anlass ein Tier zu schlachten.

Das Schwein als Gräuel

Nicht nur das Opferfest löst jedes Jahr ein Blutbad aus. Zuweilen führen auch die muslimischen Speisegesetze zu einer mörderischen Hysterie: Als im Mai 2009 in Mexiko der Virus H1N1 auftauchte, Auslöser der sogenannten Schweinegrippe, der auch Menschen infizieren kann, führte die Berichterstattung in Ägypten, wo keine Infektion mit diesem Virus festgestellt werden konnte, zu brutalen Massakern an Schweinen. Als die Hatz auf die Tiere begann, soll es etwa 350 000 Tiere in Ägypten gegeben haben. Die Regierung befahl, sie alle zu keulen, und diese Maßnahme wurde mit einer solchen Brutalität umgesetzt, dass selbst islamische Geistliche dies als unislamisch verurteilten.[35] Den Kopten, einer seit Jahrhunderten unter der muslimischen Mehrheit lebenden frühchristlichen Gemeinde, raubte es die Lebensgrundlage. Unter ihnen gibt es die Gemeinschaft der Zabbalin, die als Müllsammler den Abfall aus Kairo verwerten – sie trennen Plastik von Metall, recyceln die Rohstoffe und verfüttern die Speisereste an ihre Schweine.

Muslime sehen den Genuss von Schweinefleisch als »bedeutende Unreinheit« an und begründen ihre Abneigung mit dem Koran,

Sure 4, Vers 3: »Verboten ist euch der Genuss von Fleisch von verendeten Tieren, Blut, Schweinefleisch und dem, worüber beim Schlachten ein anderes Wesen als Gott angerufen worden ist.« So wenig wie die fünf Säulen des Islam verhandelbar sind, so wenig kann dieses Speisegesetz infrage gestellt werden.

Auch die Juden meiden Schweinefleisch. Auch ihnen gilt es als nicht »koscher«. Im 3. Buch Mose heißt es: »Alles, was gespaltene Hufe, und zwar ganz gespaltene Hufe hat, und wiederkäut unter den Tieren, das sollt ihr essen.« Das Schwein habe zwar gespaltene Hufe, »aber es wiederkäut nicht: Unrein soll es euch sein«.

Das Neue Testament hat sich von solchen Vorstellungen gelöst. Jesus hielt alles für Gottes Gabe: »Vernehmet ihr noch nicht, dass alles, was außen ist, und in den Menschen gehet, das kann nicht gemein machen? / Denn es gehet nicht in sein Herz, sondern in den Bauch, und gehet aus durch den natürlichen Gang, der alle Speise ausfeget. / Und er sprach: Was aus den Menschen gehet, das macht den Menschen gemein. / Denn von innen, aus den Herzen der Menschen, gehen heraus böse Gedanken: Ehebruch, Hurerei, Mord ...« (Markus 7,18–21).

Mohammed konnte das Schwein folgenlos zum »Gräuel« erklären, weil es in der arabischen Wüste gar nicht heimisch war. Nur für die »Ungläubigen« im Norden war es von Bedeutung. Es war somit tauglich als Mittel der Abgrenzung – und das ist es bis heute. Jeder akzeptiert, dass Muslime aus religiösen Gründen auf den Verzehr von Schweinefleisch verzichten, so wie man akzeptiert, dass manche Menschen überhaupt kein Fleisch, andere keine tierischen Produkte verzehren mögen. Aber wenn Muslime Schweinefleischesser als »unrein«, sich selbst als »rein« definieren, dann hat das nichts mit Religion oder religiösen Gefühlen zu tun, vielmehr ist es eine gewollte Diskriminierung Andersgläubiger.

Die Abgrenzung gegenüber anderen – durch das Kopftuch, das Verheiraten der Söhne oder Töchter mit Partnern aus der »reinen« Heimat, die Verunglimpfung all jener, die Bier trinken und Schweinefleisch essen, die blutigen Traditionen der Beschneidung und des Opferfestes –, all das wird zur Demonstration einer »kollektiven Selbstvergewisserung«. Es ist die Absage der Muslime an die aufgeklärte Gesellschaft.

Moscheebesuche
Unterwegs in Deutschland

Meine Auseinandersetzung mit dem Islam begann in der Moschee. Dabei war ich weder in der Koranschule, noch haben mich meine Eltern jemals auch nur in die Nähe einer Moschee gelassen. Und in der niedersächsischen Kleinstadt, in der ich als Jugendliche lebte, gab es noch keine Moschee – heute gibt es dort drei. Aber als Studentin und später, im Rahmen einer Fortbildung für Justizbeamte, habe ich in Hamburg als »Moscheeführerin« die Einrichtungen vorgestellt und auf die Weise teilnehmende Beobachtung betrieben.

In einer dieser Moscheen, in der ich öfter war, sprach mich eines Tages der Hodscha an: Einige Frauen würden gern einmal mit mir reden. Wir vereinbarten ein Treffen, und zum Termin war der Raum, der als Koranschule genutzt wurde, voller Frauen. Wir sprachen über ihre Sorgen, ich erzählte ihnen von der Welt »da draußen«, und aus diesen Begegnungen entstanden Gespräche, Interviews und schließlich das Buch »Die fremde Braut«, in dem ich von den türkischen Importbräuten in Deutschland berichte.

Nur zu gern hätte ich diese Moschee in einem ehemaligen Autohaus, einem hässlichen Bau aus den Siebzigerjahren, wieder einmal besucht, aber es gibt sie nicht mehr. Obwohl damals zum Freitagsgebet immer zwei- bis dreihundert Männer kamen, wurde die Moschee nach einem mysteriösen Brand »mangels Bedarf« geschlossen. Der Vereinsvorsitzende der Ditib-Moschee wurde abgesetzt. Hinter vorgehaltener Hand wurde mir gesagt, der Religionsattaché habe sich darüber geärgert, dass der Vorsitzende die Vorstellung meines Buches in diesem Haus erlaubt hatte.

In Deutschland sind in den letzten Jahren nur wenige Moscheen geschlossen, aber viele gebaut worden. Inzwischen gibt es hier-

74

zulande fast dreitausend, darunter so große und repräsentative wie in Duisburg-Marxloh und demnächst in Köln-Ehrenfeld oder kleinere wie im oberbayerischen Penzberg.

Von vielen wird diese Entwicklung als Ausdruck des »gewachsenen Selbstbewusstseins« und als Zeichen der »Teilhabe« der Muslime an dieser Gesellschaft begrüßt – endlich kämen sie aus den »Hinterhöfen« der Parallelgesellschaft hervor; überdies ließen sich an die Moscheen Einrichtungen anschließen, die die »interreligiöse Integration« beförderten. Zuweilen ist damit auch die Hoffnung verbunden, dass sich durch die neuen repräsentativen Bauten ein Stadtteil aufwerten und reanimieren lässt, der in den letzten Jahren durch den sozioökonomischen Strukturwandel ins Abseits geraten ist. So fließen in die neuen Bauten gelegentlich auch Fördergelder der Bundesländer und der Europäischen Union.

Ich wollte genauer wissen, ob diese Politik der Integration durch Steine und Beton sich auszahlt und wie offen diese als »Orte der Begegnung von islamischer Tradition und moderner Zivilgesellschaft« gefeierten Moscheen wirklich sind. Meine erste Station war Duisburg, wo 2008 die größte Moschee der Bundesrepublik entstanden ist.

Das »Wunder von Marxloh«

Im Oktober 2008 wurde im Beisein von viel Prominenz – des katholischen Bischofs von Essen, des Präses der Evangelischen Kirche im Rheinland, des nordrhein-westfälischen Ministerpräsidenten und, vonseiten der türkischen Regierung, des Präsidenten des Amtes für religiöse Angelegenheiten Diyanet – die Merkez-Moschee in Duisburg-Marxloh eingeweiht. Dass dieser Bau ohne Konflikte, ja, mit ausdrücklicher Zustimmung auch der einheimischen Nichtmuslime geplant und errichtet werden konnte, wird als »Wunder von Marxloh« bejubelt. Das, so heißt es, sei der rechtzeitigen Unterrichtung und der umfassenden Informationspolitik des örtlichen Ditib-Moscheevereins, der guten Zusammenarbeit mit den christlichen Kirchen vor Ort und der integrierenden Kraft der derzeitigen Leiterin der Moschee zu verdanken.

Gute Nachrichten hat der ehemalige Bergarbeiterort auch dringend nötig. Von den 17 000 Einwohnern haben 56 Prozent einen »Migrationshintergrund«, die meisten sind Muslime. Marxloh gilt als »Stadtteil mit besonderem Erneuerungsbedarf«, die Auseinandersetzungen zwischen Kurden, Türken, Libanesen machen der Polizei hier zunehmend zu schaffen, wo die Uniform oft nicht Schutz ist, sondern zur Zielscheibe gerät.[36]

Ohne politische und vor allem finanzielle Unterstützung des Landes Nordrhein-Westfalen und der Europäischen Union aber hätte die Moschee nicht realisiert werden können. Sie trugen die Hälfte der über 7,7 Millionen Euro Baukosten, weil die Moschee durch die angeschlossene Bibliothek und Begegnungsstätte als »Modellprojekt für die interreligiöse Integration« ausgewiesen werden konnte. So ist der rund 750 Mitglieder zählende Verein zu einer der größten Moscheen in Deutschland gekommen, die 1500 Betende fasst. Ich bin neugierig geworden und mache mich auf den Weg.

Der Duisburger Hauptbahnhof hat zweifellos schon bessere Tage gesehen. Drei nicht mehr ganz junge Männer folgen mir auf Schritt und Tritt. Irritiert drehe ich mich um, frage, ob wir uns kennen und was sie von mir wollen. Ich bin in solchen Situationen immer laut und direkt. »Nur mit der Ruhe, gute Frau, wir wollten ihnen nur behilflich sein«, sagt einer der Männer mit russischem Akzent.

Ich lasse die hilfsbereiten Herren hinter mir und steige in die voll besetzte S-Bahn ein. Je näher wir Marxloh kommen, desto mehr leeren sich die Waggons, bis fast nur noch türkischstämmige Fahrgäste auf den Bänken sitzen.

Zwei pubertierende türkische Jungs vor mir unterhalten sich, jeder zweite Satz lautet: *Anani sikerim, ulan,* auf Deutsch: »Ich fick deine Mutter, du Schwuchtel.« Als wir aussteigen, spreche ich die beiden auf Türkisch an: »Warum benutzt ihr so schreckliche Wörter und nehmt keine Rücksicht auf andere?« Die beiden sind völlig verdutzt, sie entschuldigen sich und stammeln immer wieder: »Abla, große Schwester, wir wussten ja nicht, dass Sie uns verstehen.« Es sei ihnen inzwischen zur Gewohnheit geworden, auf der Straße so »offen« zu sprechen, von den Deutschen verstünde sie ja doch keiner. Dann sind sie verschwunden. Später höre ich von

Menschen, mit denen ich spreche, dass die türkischen Jugendlichen hier auf der Straße das Heft in der Hand haben und kontrollieren, was geschieht.

Ich stehe an der Hauptstraße und schaue mich um. Deutsch sind hier nur noch die alten Häuser. Jede zweite Frau trägt die bei gläubigen Musliminnen so beliebten langen Mäntel und Kopftücher. Ich frage zwei türkische Frauen nach dem Weg zur Moschee. Ihre Augen leuchten, als sie mir den Weg beschreiben. Ich solle immer die Straße hinunterlaufen und dann nach rechts, sagen sie.

Auf dem Weg treffe ich dann doch zwei deutsche Frauen. Ob sie für den Bau der Moschee gewesen seien, möchte ich wissen. Das habe doch niemanden interessiert, antworten sie. Sie seien froh, dass das Leben hier friedlich sei; was die Muslime machten, sei schließlich nicht ihre Welt, sie gingen nicht einmal in die Kirche.

Auf meinem Weg komme ich an großen Läden vorbei, die die gesamte Ausstattung für die großen türkischen Feste in den Schaufenstern feilbieten: Kinderuniformen für die Beschneidung der Jungen, schwarze und silberne *Damat*-Bräutigam-Anzüge, Brautkleider mit und ohne Kopfschleier, gedeckte Kostüme für die Schwiegermütter. Das Geschäft mit der Heirat hat hier Hochkonjunktur: Es ist Europas größte Hochzeitsmeile entstanden, über 60 Geschäfte bieten alles rund um die »Hochzeit alla turca« – eine Wachstumsbranche. Blumenläden bieten fertige Brautsträuße und Dekorationen für Brautwagen an. Daneben gibt es türkisches Spielzeug, in einer Auslage sehe ich eine blonde Puppe, der man ein Kopftuch über die Haare gebunden hat. Als ich mir in einem türkischen Restaurant ein Börek, eine gefüllte Teigtasche, kaufen will, treffe ich im Gastraum ausschließlich Männer an.

»Minarette sind unsere Speere«

Am Ende der Straße wird die Moschee sichtbar. In der grauen Ruhrgebiets-Vorstadt wirkt sie mit ihren im osmanischen Stil errichteten Haupt- und Seitenkuppeln aus schimmerndem Zinkblech, mit ihren Rundbogenfenstern und dem Minarett, das einer Mondrakete gleich in den Himmel ragt, wie ein türkisches Ufo, das geradewegs aus Ankara oder Bursa hier gelandet ist. *Marxloh schechrine hoschgeldiniz,* die türkische Begrüßungsformel kommt mir in den Sinn – willkommen in der Stadt Marxloh.

Ein Minarett wie hier in Marxloh, das jetzt bei vielen in Deutschland neu errichteten repräsentativen Bauten zu finden ist, gehörte früher nicht zur Moschee. »Minarett«, so vermutet man, könnte von dem Wort »Manara«, Ort des Lichts, abgeleitet sein, vielleicht weil solche erhöhten Orte anfänglich Leuchttürme waren, die den Karawanen den Weg wiesen oder Nachrichten übermittelten. Erst als der Islam expandierte und auf seinen Eroberungszügen auch christliche Kirchen »islamisierte«, wie beispielsweise die Johannis-Kirche im syrischen Damaskus oder später die Hagia Sophia im damaligen Konstantinopel, dem heutigen Istanbul, wurden die Minarette zu Symbolen osmanischer Herrschaft, zu »Siegeszeichen in einem vom Islam neu eroberten Gebiet«, schrieb selbst die Islamwissenschaftlerin Annemarie Schimmel.

Aggressiver formulierte es 1997 der damalige Bürgermeister von Istanbul, Tayyip Erdogan, als er ein bekanntes Gedicht rezitierte: »Die Demokratie ist nur der Zug, auf den wir aufspringen, die Moscheen sind unsere Kasernen, die Minarette unsere Speere, die Gläubigen unsere Soldaten.«[37] Die »Speere« werden inzwischen immer länger: 34 Meter hoch ist das Marxloher Minarett, über 50 Meter sollen es bei der in Köln geplanten Moschee werden.[38]

Direkt neben der Moschee steht eine alte Stadtvilla, im Garten wild wuchernde Pflanzen, Wege aus rotem Backstein, die gerade von einer Dame ohne »Migrationshintergrund« gefegt werden. Ich frage sie, ob es ihr gefalle, in so unmittelbarer Nähe einer Moschee zu wohnen. Sie will meinen Namen wissen, sie hat von mir gehört und bittet mich zum Tee ins Haus. Ihre Freundin setzt sich zu uns. Die beiden sind Lehrerinnen und servieren türkischen Tee in Tassen mit Rosenmuster, dazu gibt es *lokum,* türkische Süßspeise mit Rosenaroma. Und dann erzählen sie begeistert von »ihrer« Moschee, die sie rundherum befürworten.

Als Nachbarschaftsvertreterinnen im Stadtbeirat haben sie mit den Muslimen, den Kirchen und Parteienvertretern sprechen und die Entstehung der Moschee begleiten können und sich dieses Projekt zu eigen gemacht. »Die Moschee gehört uns allen«, sagen sie; dieses »Schmuckstück« habe den Stadtteil vor dem Absturz in die Resignation bewahrt und ihm neues Leben eingehaucht: »Mit der Moschee kamen auch andere Ideen, die wir noch verwirklichen wollen, um Marxloh von dem negativen Image zu befreien.« Einen Rosengarten wollen sie auf der benachbarten Brache anlegen, der 2010 erblühen soll, wenn die Region Kulturhauptstadt Europas ist. Dazu haben sie eine Bürgerinitiative *Gülhane Elise – Rosengarten für Marxloh* gegründet.

Sie wollen mich jetzt zu »ihrer« Moschee begleiten, telefonieren mit der Leiterin und melden uns an. Dass die Vereinsvorsitzende, eine engagierte Türkin, für interkulturelle Begegnung offen ist, darauf sind sie besonders stolz. Frau M. kommt im Hof der Moschee auf uns zu. Für eine Frau in diesem Amt ist sie ungewöhnlich modisch gekleidet – ein schickes körperbetontes Kostüm, Pumps, kein Kopftuch und geschminkt. Sie ist stolz, mir die Moschee zu zeigen und zu demonstrieren, wie lebendig und offen diese Einrichtung ist.

Draußen stehen bereits zahlreiche Besucher. Ein doppelstöckiger Bus aus Dortmund hält gerade vor der Moschee. Männer und Frauen sitzen darin getrennt. Alle Frauen, die aus dem Bus aussteigen, sind verschleiert, laufen an uns vorbei und folgen ihrem voraneilenden Vorbeter in den großen Gebetsraum. Der Ansturm von Muslimen aus allen Teilen Deutschlands sei sehr groß, erzählt Frau M. Von weit her kämen inzwischen die Besucher – nicht nur Muslime, sondern auch SPD-Ortsvereine und evangelische Seniorenklubs –, um sich das »Wunder von Marxloh« anzusehen. Die »Ungläubigen« werden freundlich eingeladen, bei einem Glas Tee den Islam kennenzulernen.

Im Innern der Moschee sieht es aus, wie man es von türkischen Gebetsräumen kennt, höchstens dass Zierrat und Dekoration hier noch opulenter ausfallen. Die islamische Kunst kennt keine figürlichen Darstellungen, Skulpturen waren dem Propheten Machwerke der Ungläubigen, von denen er die Kaaba säuberte. Der Gestaltungsanspruch islamischer Künstler konzentrierte sich deshalb auf die Ornamente und Arabesken aus feingliedrigen Mustern, die mit ihren Formen und ihrer Farbensprache die Unendlichkeit Gottes ausdrücken sollen. In der Merkez-Moschee ist mit dieser Art von Kunst regelrecht gewuchert worden. Die Muster und die kalligrafischen Bänder über den Leuchtern entsprechen so ganz den traditionellen Vorstellungen des Volksislam. Dass sich an diesem Ort der Islam mit der modernen Zivilgesellschaft verbündet, ist zumindest ästhetisch nicht auszumachen.

Auch in dieser Moschee ist der Frauen- vom Männerbereich getrennt. Die Männer besetzen den Hauptraum, die Frauen sind auf der Empore zugelassen, falls sie an einem Gebet teilnehmen wollen. In anderen Moscheen ist der Frauenbereich komplett abgetrennt, in Hamburg-Altona durch eine Lkw-Plane, in der Hamburger Zentrumsmoschee gibt es für Frauen Räume in anderen Etagen, in die Ansprachen des Imam per Lautsprecher übertragen werden können.

Die Moscheen sind für Freitagsgebete gebaut, zu denen nur Männer zugelassen sind; nur zum Ramadan, dem Fastenmonat, dürfen auch Frauen zu den täglichen Abendgebeten nach dem *iftar*, dem Fastenbrechen, kommen und, getrennt von den Männern, an Koranrezitationen teilnehmen. An den 28 Tagen des Monats Ramadan wird traditionell nach dem Abendgebet der gesamte Koran rezitiert.

Der Vorbeter aus dem Bus ist in den Moscheeraum geeilt und hat sich ein Mikrofon gegriffen. Den Wortfetzen nach zu urteilen, die an unsere Ohren dringen, scheint er seiner Gruppe eine Predigt zu halten. Als die Leiterin der Moschee bemerkt, was da vor sich geht, entschuldigt sie sich und geht zu der Gruppe. Sie untersagt dem Vorbeter die Predigt, erklärt ihm, Führungen würde sie selbst übernehmen, nur nach Absprache und Anmeldung dürfe er das Mikrofon nutzen.

Die Moscheevereine, die von überall hierherkämen, würden sich manchmal aufführen, als wollten sie die Moschee okkupieren, stöhnt Frau M., als sie wieder bei uns ist. Noch könne sie sich gegen solche Ansprüche wehren, aber sie sei sich nicht sicher, ob das Konzept einer offenen Moschee auf Dauer realisierbar sei. Anders als die meisten Moscheen, die oft von der Umwelt isolierte Geschäftsinseln sind, die die Gläubigen mit allem versorgen, was sie brauchen, bietet die »offene« Marxloher Moschee Tagungsräume für Gruppen, verfügt über eine Küche, um die Verpflegung sicherzustellen, und hat den Frauen aus dem Stadtteil eigene Räume zu-

80

gesprochen, um ihnen einen interreligiösen Austausch mit anderen Frauen zu ermöglichen. Sie ist nicht wie an vielen anderen Orten das Zentrum einer Gegengesellschaft mit lauter Geschäften – vom Friseur, über den Helal-Lebensmittelladen und das Reisebüro bis zum Beerdigungsinstitut; sie ist keine Enklave, sondern Mittelpunkt des muslimischen Lebens in Marxloh.

Die Merkez-Moschee ist ein – wenn auch besonders teures – Vorzeigeobjekt, sie ist ein Touristenmagnet, eine exotische Attraktion in einem sozial und kulturell sonst eher hoffnungslosen Umfeld. Es ist ein Moscheetourismus entstanden, der die Fata Morgana der Integration bewundert. Denn dazu oder, dramatischer, zu einem Desaster scheint sich das Projekt inzwischen zu entwickeln. Kaum waren die offiziellen Lobgesänge verklungen, formierten sich hinter den Kulissen die Konservativen, stellten mit ihren Mehrheiten den neuen Vorstand des Moscheevereins und setzten die für Offenheit stehenden Gründer des Projekts so lange unter Druck, bis die entnervt aufgaben. Begegnungsstätte und Moscheeverein, obwohl beide der Ditib zugehörig, gehen inzwischen eigene Wege. Die Ditib-Zentrale in Köln versucht mit allen Mitteln einen offenen Konflikt zu vermeiden und zu verhindern, dass der Krach öffentlich wird.

Auch die Duisburger Stadtverwaltung ist hellhörig geworden. Über die öffentlichen Mittel, die in die Begegnungsstätte investiert wurden, hat sie ein gewisses Mitspracherecht. Oberbürgermeister Adolf Sauerland, CDU, sagt: »Wir wissen, was da abläuft«, und formuliert es so: »Wir akzeptieren den demokratischen Prozess der Vorstandswahl, werden aber darauf achten, dass die Begegnungsstätte, die mit Landes- und EU-Mitteln gebaut worden ist, in ihrer eigenständigen Struktur erhalten bleibt.«[39] So hört sich kein hoffnungsfroher, sondern ein ernüchterter Politiker an. »Wunder« scheint es auch in Marxloh nicht zu geben, auch mit viel Geld wird man nichts bewirken, wenn die Bereitschaft zum Dialog fehlt. So bitter es ist, der Islamverein scheint seine größte Chance zu verspielen.

Auch die Rosen im »Gülhane Elise« werden wohl noch etwas brauchen, bis sie blühen, denn Ende 2009 hatte man noch nicht einmal das Gelände gekauft, auf dem sie später einmal gepflanzt werden sollen.[40]

Feindliche Übernahme: die Moscheebauinitiative in Alfter

Die Gemeinde Alfter hat rund 23 000 Einwohner, besteht aus mehreren Ortsteilen am westlichen Rand von Bonn und ist ländlich geprägt. Hier wohnen viele Pendler, die im Köln-Bonner Raum arbeiten. Im Ortsteil Witterschlick produziert ein Werk Keramik und Fliesen. Dort sind seit Jahrzehnten viele türkische Arbeiter beschäftigt. Trotz offenbar intensiver Versuche der Kirchengemeinden und Sportvereine ist das Zusammenleben eher ein Neben- denn ein Miteinander geblieben. Witterschlick weist viele Elemente einer Parallelgesellschaft auf – Geschäfte, in denen fast ausschließlich Türken kaufen, viele Döner-Buden etc. sowie eine »Hinterhofmoschee« in einem gemischten Wohnviertel. Viele der türkischstämmigen Mitbürger sprechen auch nach Jahrzehnten nur schlecht Deutsch und besitzen noch die türkische Staatsangehörigkeit.

Vor etwa zwei Jahren ist der Ditib-Moscheeverein an die Gemeinde mit dem Wunsch nach einem Grundstück für einen Moscheeneubau herangetreten. In den Nachbargemeinden war er abschlägig beschieden worden, auch weil es in der näheren Umgebung schon zwei Moscheen gibt. Nach einigem Hin und Her wurde der Moscheegemeinde ein Grundstück in einem Gewerbegebiet verkauft, mit der Auflage, nur ein »stilles Gewerbe« zu betreiben, sprich keinen Muezzinruf zuzulassen. Die deutschen Nachbarn störten sich aber an der Höhe des auf 15 Meter geplanten Minaretts.

Der Pfarrer der evangelischen Gemeinde lud zu einem Diskussionsabend ein, bei dem sich der Vorstand des Moscheevereins den Fragen der Nachbarn stellte. Die rhetorisch wenig geschulten Vereinsvertreter waren auf kritische Einwürfe nicht vorbereitet und gaben ein ziemlich klägliches Bild ab. Bei einer weiteren Bürgerversammlung, zu der die Bürgermeisterin einlud, schickte die Kölner Ditib deshalb Frau K., eine Vertreterin aus der Vorstandsetage. Deren Auftritt war, wie mir Teilnehmer berichteten, rhetorisch perfekt, sorgte jedoch bei den Bürgern für ziemlichen Unmut, weil Frau K. sehr aggressiv argumentierte und Kritikern der Ditib in der Gesprächsrunde sogar mit dem Anwalt drohte – nach dem Motto: Was geht es Sie an, was wir mit unserem Geld machen? Frau K. trägt Kopftuch und vertritt gelegentlich den Islamverband im Fernsehen, auch in der Islam Konferenz tauchte sie auf. Sie gehört zu den »neuen« Islamfunktionärinnen, die, um es spöttisch zu sagen, teflonbeschichtete Kopftücher tragen, an denen jeder Gedanke, jede Kritik, jedes Argument abperlt, weil sie die Verschleierung, das Leugnen, Relativieren, Ablenken und Schönreden beherrschen. In ihrer Rede ist dann Zwangsheirat »nicht schön«, Kopftuch gleich Freiheit, Schwimmen eine Sache von Gerichten und Gewalt in der Ehe ein falsch verstandener Koranvers. Frau K. gelingt es, die Verhältnisse zu verharmlosen und die soziale Realität nicht zur Kenntnis nehmen, darin ist sie geschickter als die meisten Vorstandmitglieder der Ditib, zumal sie gut Deutsch spricht. Und manche Vertreter der Grünen freuen sich, weil endlich einmal eine Kopftuchträgerin selbstbewusst auftritt. Sie halten das für einen Wert an sich.

An einer späteren Diskussionsveranstaltung der lokalen Tageszeitung zur Bauhöhe des Minaretts nahm die Moscheegemeinde nicht mehr teil. Es sei jetzt alles gesagt. Seitdem, so wird berichtet, hat sich die Moscheegemeinde immer weiter zurückgezogen und auch ein seit Jahren etabliertes deutsch-türkisches Frauenfrühstück auslaufen lassen.

Die Zahl der (jungen) Kopftuchträgerinnen im Straßenbild von Alfter nimmt nach dem subjektiven Eindruck der Nachbarn zu. Für leer stehende Immobilien in der Nähe der Moschee interessieren sich plötzlich türkische Makler. Von Aleviten in Witterschlick ist zu erfahren, dass der soziale Druck in der türkischen Gemeinde auf Nichtorthodoxe zunimmt. Säkulare türkische Muslime ergreifen die Flucht und ziehen weg.

Mit diesen Informationen von den Veranstaltern ausgestattet, fahre ich nach Alfter. Eine Bürgerinitiative hat mich eingeladen. Die Bewohner befürchten, dass sich der Ort verändern wird. Es ist ja nicht nur ein sakraler Raum geplant, sondern ein islamisches Geschäftszentrum mit den üblichen Versorgungseinrichtungen, mit Schlachter, Friseur, Anwalt, Beerdigungsverein usw. Dass sich die Bürger selbst organisieren, scheint die örtlichen Vertreter von Grünen und SPD zu irritieren. Sie erscheinen auf der Veranstaltung und versuchen in der kontroversen Debatte abzuwiegeln. Die Kommunalpolitiker spielen sich oft als Wächter des Islam auf; Ver-

treter der Ditib oder Muslime aus dem Ort sind nicht erschienen.
»Wollen Sie einer Milliarde Menschen die Ausübung ihrer Religion
absprechen?«, fragt ein Herr von den Grünen, und als ich die Frage
nach der Finanzierung der Moschee stelle, kommt wiederholt das
Argument: »Wir bezahlen ja nicht, also können wir uns auch nicht
einmischen.« Der politische Druck durch den Moscheeverein
wirkt.

Wenn Politiker nur ihre eigenen Vorstellungen durchsetzen und
nicht auf die Sorgen der Menschen reagieren, müssen sie sich nicht
wundern, wenn die irgendwann nicht mehr mitspielen, weil sie sich
von ihren eigenen Volksvertretern verlassen fühlen. Von Offenheit
und Nachbarschaft ist dort nicht mehr die Rede, sondern nur noch
davon, was den Muslimen zusteht. Und Alfter ist kein Einzelfall.

Gebetswecker mit Muezzinruf

Eine Moschee, die sich ebenfalls ihrer Offenheit rühmt, ist die Sehitlik-Moschee in Berlin-Neukölln, die ich im September 2008 mit
einem Filmteam besuche.

»Şehit« bedeutet im Türkischen »Märtyrertum« oder »Ehren-
friedhof«. Den Namen hat die 1983 entstandene Moschee vom
alten islamischen Friedhof, der vor der Moschee liegt und schon
1863 für Diplomaten angelegt wurde. Auf den wenigen erhaltenen
Grabsteinen sind noch die Namen von Verstorbenen zu lesen. Die
Moschee, die im Stil der osmanischen Architektur des 16. und 17.
Jahrhunderts erbaut und in den letzten Jahren erweitert wurde, ist
mit ihrer Kuppel und den zwei Minaretten weithin sichtbar. Hier
finden die meisten Totenzeremonien der islamischen Gemeinde
Berlins statt. Die Leichen werden anschließend auf den Land-
schaftsfriedhof Gatow oder in die Heimat der Verstorbenen über-
führt, da auf dem kleinen Friedhof vor der Moschee niemand mehr
beerdigt werden kann.

Auf dem Weg dorthin machen wir in Kreuzberg Station, schlen-
dern durch die Oranienstraße Richtung Kottbusser Tor, wo mindestens jedes zweite Geschäft in türkischer Hand ist. Auf der Straße
hört man Türkisch, Arabisch und Deutsch – was die Häufigkeit an-
geht, in dieser Reihenfolge.

In meinem Lieblingsimbiss, wo wir uns mit einem Döner stärken wollen, kennt man mich schon.

Eine türkisch-deutsche Mädchengruppe aus einer hessischen Kleinstadt ist auch gerade da. Die türkischen Schülerinnen sind stolz auf Kreuzberg: »Hier ist alles ächt rischtig türkisch«, schwärmt eine in perfektem Hessisch ihren deutschen Klassenkameradinnen vor. »Hier haben wir es geschafft, rischtig anzukomme!« Als eine Schülerin mich erkennt, wollen alle ein Autogramm. Im Sozialkundeunterricht hätten sie mein Buch »Die fremde Braut« gelesen. Nicht alle seien von der Lektüre begeistert gewesen, aber der Text habe sie lange beschäftigt. In diesem Jahr machen sie Abitur, alle wollen unbedingt studieren oder ins Ausland gehen. Wir sind keine »unterdrückten Türkenmädels«, sagen sie mir stolz und bitten mich, auch das zu schreiben. Ich verspreche es.

Es ist Freitag, später Vormittag. Der Wochenmarkt am Maybachufer kann es mit jedem Basar in einer türkischen Stadt aufnehmen – für die Filmleute der richtige Ort, um Atmosphärisches einzufangen. Viele Händler bieten hier neben Obst und Gemüse fast alles an orientalischen Spezialitäten an, was auch auf einem Markt in Kayseri oder in Ankara zu kaufen ist – etliche Sorten Schafskäse, Oliven, Blätterteig, Weinblätter, aber auch Stoffe, Schuhe, Süßigkeiten aus der Türkei, Kopftücher und die langen islamischen Mäntel. Die meisten Kunden sind Frauen. Ihren Hackenporsche hinter sich herziehend, feilschen sie mit den Händlern um den Preis für Weißkohl oder eingelegte Weinblätter. Mitten in Berlin ist hier ein kleiner orientalischer Basar entstanden.

Ich stelle mich zu zwei türkischen Frauen, die sich, kopfschüttelnd und »wah, wah«- und »uff, uff«-Laute ausstoßend, auf Türkisch unterhalten.

»Na, mal schauen, ob das im Sommer was wird. Wir haben alles vorbereitet mit dem, was Allah uns gegeben hat. Ihr Zimmer ist eingerichtet vom Hausschuh bis zum Nachthemd. Alles neu. Sie könnte bei meinem Sohn nur glücklich sein. Aber soweit ich von ihrer Tante gehört habe, reicht ihnen das Brautgeld nicht. Da kann ich nur sagen: Soll sie doch in Anatolien versauern. Was wir der Familie bereits an Geschenken übergeben haben, können wir natürlich vergessen – da hätten wir die Sachen auch direkt in den

Müll werfen können. Ja, so undankbar können sie sein, die lieben Verwandten. Sie haben es doch nur auf unser Geld abgesehen.«

»Allah möge Geduld geben, mehr kann ich nicht sagen, nur er kennt den Weg«, sagt ihre Nachbarin und entscheidet sich dann, gleich zwei Kilo Weinblätter zu nehmen, weil – man kann ja nie wissen – bestimmt Besuch kommt.

Islamisches, türkisches Leben ist Alltag in Berlin.

Es ist bereits Mittagszeit. Wir machen uns auf den Weg in die Moschee, die sich, als wir ankommen, schon zum Freitagsgebet füllt. Auf der Straße ist kaum noch Platz, sie ist mit großen Autos nahezu zugeparkt. Als wir mit dem Kamerateam im Hof erscheinen, reagiert der Vereinsvorsitzende verärgert.

»Nein, nein«, sagt er, will keine Drehgenehmigung geben und hält seine Hand vor die Kamera. Erst als er hört, dass das Team für 3sat, einen öffentlich-rechtlichen Sender, arbeitet, willigt er ein, dass wenigstens ein Interview mit mir vor der Moschee gefilmt werden darf. Die anderen Sender würden nur schlecht über Moscheen berichten, das wolle er verhindern. »In diesem Land sind alle gegen uns, wir haben nirgendwo einen Platz, wo wir nach unseren Vorstellungen in Ruhe leben können«, beschwert er sich.

Dabei stehen wir auf dem Hof einer sehr schönen Moschee, der Eingang ist mit Kacheln aus Kütahya, dem Keramikzentrum der Türkei, geschmückt, der Gebetsraum, in dem sich vor allem die Gläubigen aus Neukölln und Kreuzberg versammeln, mit anatolischen Teppichen und orientalischen Kronleuchtern ausgestattet. Niemand hindert ihn daran, hier seinem Glauben nachzukommen. Der Prophet Mohammed selbst war da bescheidener, für ihn war die ganze Welt ein Gebetsraum.

Bis zum Gebetsruf ist noch etwas Zeit. Im Hof stehen Männer gruppenweise zusammen, plaudern, ziehen an ihren Gebetsketten. Frauen sind nicht zu sehen. Gespräche oder Interviews mit den Gläubigen dürfen wir nicht führen. Mich darf das Kamerateam nur im Hof filmen, einige Männer stehen um uns herum.

»Verräter sollten wir sofort zur Hölle schicken, mithilfe von Allah«, sagt ein Bärtiger laut auf Türkisch zu seinen Glaubensbrüdern. »Ganz besonders die aus unseren eigenen Reihen, das sind die eigentlichen Feinde unseres Glaubens«, fügt er hinzu und schaut mich dabei verächtlich an. Die anderen grinsen: Nun weiß sie Bescheid, dass wir wissen, wer sie ist. Ich lächle sie an und gehe an ihnen vorbei zu einem Bücherstand, der vor dem Männercafé aufgebaut ist.

Es sind diverse religiöse Bücher auf Arabisch und Türkisch, die hier ausgelegt sind, meist Geschichten von Mohammed und von irgendwelchen Märtyrern. Die Sultane der osmanischen Zeit werden als große Welteroberer dargestellt und ihre Siege in Comics gefeiert – Sultan Selim beispielsweise thront auf einem aufsteigenden Pferd, mit der einen Hand hält er die Zügel des Pferdes, das auf den Hinterhufen steht, mit der anderen ein Schwert in die Höhe, bereit zum Angriff auf die Ungläubigen.

»Sind das Bücher für Kinder oder Erwachsene?«, frage ich.

»Für alle, die lesen können und an unseren Mohammed glauben«, antwortet der Verkäufer.

Es gibt auch andere Devotionalien, zum Beispiel die Kaaba, diverse Souvenirs wie Tücher und Gebetsketten aus dem heiligen Mekka oder eine Moschee mit Muezzinruf als Gebetswecker.

Während die Glocken christlicher Kirchen und Klöster zu Gebet und Andacht rufen[41], hat der schrille Muezzinruf, der heute, von blechernen und fast immer übersteuerten Lautsprechern verstärkt, über das Land und durch die Straßen der muslimischen Welt schallt, eine andere Funktion. Er ist kein Ruf zur Andacht, sondern ein auf Arabisch fünfmal am Tag öffentlich verkündetes Glaubensbekenntnis: »Allah ist groß. (…) Ich bezeuge, es gibt keinen Gott außer Allah. (…) Ich bezeuge, Muhammed ist sein Prophet … Auf zum Gebet … Auf zur Seligkeit … Es gibt keinen Gott außer Allah.«

Der Muezzinruf gehörte einst ebenso wenig zur Ausstattung von Moscheen wie die Minarette. In Medina rief man früher mit einer Rassel zum Gebet, dann mit einem Horn. Das aber erinnerte zu sehr an das Widderhorn der Juden. So kam der Muezzin auf, der zunächst einfach von einer erhöhten Stelle aus zum Gebet rief. Kirch- und Wachtürme waren die ersten »Minarette«. Von da hatte man den besten Überblick, wusste, wer sich nähert, und wurde gehört. Muezzin wurde allerdings nur, wer eine musikalische, eine besonders wohlklingende weittragende Stimme hatte. Damit sollte das Signal gegeben werden, die profane Zeit zu verlassen und in den Raum der heiligen Zeit, der Stille, einzutreten. Inzwischen aber ist der Muezzinruf zum ostentativen öffentlichen Bekenntnis geworden, das jede Rücksicht auf ästhetische Harmonie vermissen lässt.

Drei Moscheen stehen in Hörweite der Wohnung meiner Cousine im türkischen Kayseri. Die Muezzine haben sich offenbar abgesprochen, ihren Ruf nicht gleichzeitig, sondern nacheinander auszusenden. Morgens um fünf Uhr hört man als Erstes ein Knacken, wenn der Lautsprecher eingeschaltet wird, dann ein Rauschen, danach räuspert sich der Rufer, und kurz darauf ist ein dröhnendes »Allahu akbar« in der Stadt zu hören. Vier oder fünf Minuten lang wird es wiederholt. Dann kommt der nächste Rufer, dann dessen Nachbar. Nach dieser ohrenbetäubenden Beschallung ist die Stadt garantiert wach.

Als ich bei meinem letzten Besuch meine Cousine fragte, warum sie sich nicht beim Bürgermeister über die Ruhestörung beschwerte, sah sie mich an, als hätte ich die Absicht geäußert, sie geradewegs ins Verderben zu stürzen.

Eine »laute Rezitation des Korans« wie der Muezzinruf, kritisiert der türkische Islamgelehrte Yasar Nuri Öztürk, sei ein »Ausdruck von Renitenz«, eine Missachtung von Kranken, Alten, Babys, Schichtarbeitern, die aus dem Schlaf gerissen werden, und all jener »Menschen, die nicht beten«.[42] Er plädiert dafür, auf Minarette als »ideologische Demonstrationen« zu verzichten und den Muezzin bestenfalls zu Festtagen, dann aber ohne Lautsprecher, rufen zu lassen.

Bisher haben die islamischen Vereine in Deutschland, bis auf wenige Ausnahmen, auf das vom Turm gerufene Glaubensbekenntnis verzichtet. Bis jetzt, aber nicht grundsätzlich. Sicherlich wollen die meisten von ihnen den Muezzin am liebsten rufen lassen, sie ahnen aber, dass sie damit Widerstand hervorrufen und damit die Akzeptanz von Moscheebauten gefährden würden.

Tod einer Schülerin

Am Tor vor der Sehitlik-Moschee steht eine ältere blonde Dame mit einem Blumenstrauß in der Hand und schaut verunsichert in den eingezäunten Hof. Ich gehe zu ihr und frage, ob sie auf jemanden warte. Ja, sagt sie, auf ihre Klasse. Gemeinsam mit ihren Schülern wolle sie zu der Trauerfeier, die gleich hier stattfinden soll. Eine ihrer libanesischen Schülerinnen habe sich kürzlich das Leben genommen, 16 Jahre alt sei das Mädchen gewesen. Dann kommt ihre Klasse, eine Gruppe von Jugendlichen, fast alle muslimisch. Die Mädchen, es sind acht oder neun, gehen auf den Moscheehof und setzen sich an den Zaun. Als ich auf sie zugehe, raunzt mich einer der muslimischen Jungen von der Seite an. Was ich von den Mädchen wolle, will er wissen.

»Das würde ich gern mit den Mädchen selbst besprechen«, erwidere ich höflich und versuche, ihn einfach zu ignorieren. Er aber bleibt mir auf den Fersen. »Was ist mit dem Mädchen passiert?«, frage ich die Schülerinnen.

»Wissen wir nicht«, antwortet leise ein Mädchen, »plötzlich war sie tot, Herzschlag oder so …«

Die jungen Männer drängen mich zur Seite. »Halt den Mund«, schreit mein Verfolger das Mädchen an. Sie sei krank gewesen und sei eben gestorben, ruft ein anderer.

Das tote Mädchen werde in die Heimat, den Libanon, geflogen und dort beerdigt, erfahre ich von ihrer Lehrerin, die die ganze Szene fassungslos macht. »Sie ist doch in Berlin geboren, eine Berliner Göre. Warum lassen sie sie nicht wenigstens hier begraben, wenn sie schon nicht leben durfte«, flüstert sie vor sich hin. Ob aus der Familie der Toten noch jemand da ist, kann ich nicht sehen, ihre Mutter, Tanten oder Schwestern werden nicht gekommen sein, das verstieße gegen die islamische Tradition.

Als der Leichenwagen vor der Moschee hält, fangen die Mädchen an, laut zu schreien und zu weinen. Ihre Lehrerin versucht, sie zu trösten. Inzwischen hat sich der Moscheehof mit Hunderten von Männern gefüllt, die zum Freitagsgebet gekommen sind. Traditionell werden die Toten nach dem Mittagsgebet ausgesegnet und dann bestattet. Der Sarg wird auf den Leichenstein vor der Moschee abgesetzt. Dann versammelt sich die Gemeinde davor, der Imam stellt sich bei Frauen an das Fußende der Leiche, bei Männern an das Kopfende, spricht viermal »Gott ist groß«, dann das Glaubensbekenntnis. Er betet für die Toten und die Anwesenden.

Persönliche Dinge kommen bei einer islamischen Trauerfeier nicht zur Sprache; die Männer der Gemeinde gewähren den Toten einen Erlass von weltlichen Schulden gegenüber der Umma. Dann wird der Sarg zum Flughafen gebracht, im Libanon wird man eine ähnliche Zeremonie für das tote Mädchen veranstalten.

Die Klassenkameradinnen der unbekannten Toten und ich konnten der jungen Frau nicht die letzte Ehre erweisen. Die Männer, die angeblich »nirgendwo einen Platz« haben, wo sie nach »ihren Vorstellungen in Ruhe leben« können, drängten uns vom Hof. Selbst als Tote sind die Frauen ihr Besitz.

Auf dem Leichenstein in Berlin-Neukölln, auf dem der Sarg der toten Schülerin abgesetzt wurde, hat auch Hatun Sürücü vor einigen Jahren gelegen, die von ihrem Bruder mit drei Kopfschüssen ermordet wurde. Ich weiß nicht, was den Tod der jungen Libanesin herbeigeführt hat, niemand wollte darüber offen sprechen. Und einige der muslimischen Jungen führten sich sofort wieder als Wächter auf, was viele junge Musliminnen in die Verzweiflung treibt. Tatsache ist, dass Selbstmorde unter jungen Migrantinnen die häufigste Todesursache sind. Sie zerbrechen an den Entscheidungen ihrer Väter und Mütter, das Haus nicht verlassen, nicht mehr zur Schule gehen, einen Beruf erlernen zu dürfen oder einen von ihren Eltern ausgesuchten Cousin heiraten zu müssen. Auch wenn diese Situation nicht zum Selbstmord führt, sind die Verhältnisse für junge Mädchen, die in traditionellen Familien leben, oft bedrückend.

Vor einiger Zeit ist der Brief eines jungen Mädchens bekannt geworden, die ihren Lehrer flehentlich darum bat, versetzt zu werden, andernfalls drohe ihr Schreckliches.[43] Das hübsche Mädchen war von ihren Eltern und Verwandten unter ein Kopftuch gezwängt und so lange gefüttert worden, »bis ich den ungläubigen Jungen nicht mehr gefalle«. Samira wehrte sich nicht, sie wollte damit »ganz allein fertigwerden«. Ihre Hoffnung war, auf der Schule zu bleiben, obwohl sie schlechte Leistungen brachte, was wenig verwunderlich war, hing an Samira doch die Erledigung der Hausarbeit für die Familie – damit sie, wie ihre Mutter meinte, lerne, was ihre spätere Schwiegermutter von ihr erwarten würde. Samira hat das alles akzeptiert, ihre Mutter und ihren Vater verteidigt und sich ihnen gefügt. Sie wurde nicht versetzt, sondern in den nächsten Ferien in die Türkei gebracht.

Immerhin einige Hundert junge Frauen flüchten jedes Jahr aus solchen Verhältnissen und suchen Hilfe. Wenn sie Glück haben, erfahren sie Unterstützung von Vereinen wie »Papatya« oder »peri«, die jungen Menschen in Not eine erste Unterkunft, psychologische Hilfe und, wenn nötig, eine neue Identität besorgen.

Wer Allah gehorcht, kann nicht frei sein

Im Frühjahr 2009 bin ich von einer Frauengruppe zu einer Veranstaltung in Paderborn eingeladen, wo ich einen Vortrag über »Freiheit und Verantwortung« und über das muslimische Leben in Deutschland halte. Über zweihundert statt der erwarteten hundert Personen drängen sich in den Stuhlreihen und auf der Empore der gymnasialen Aula.

Der Ansturm gilt nicht mir: Einige Wochen vorher war die kleine Kardelen, ein achtjähriges türkisches Mädchen, verschleppt, missbraucht und ermordet worden – wie sich später herausstellte, von einem türkischen Nachbarn. Von keiner der 69 Familien der Siedlung, in der Kardelen mit ihrer Familie lebte, hatte die Polizei einen Hinweis erhalten. Ein Interview der Frauenrechtlerin Serap Çileli, das noch vor der Aufklärung der Tat erschienen war, hatte unter den Türken einen Sturm der Entrüstung ausgelöst, hatte Çileli doch nicht ausschließen wollen, dass der Täter auch ein Türke sein könne. »Nur einmal angenommen«, so hatte sie gesagt, »eine Türkin hätte gesehen, dass Kardelen zu einem türkischen Mann ins Auto gestiegen ist, dann würde diese Frau allenfalls ihren Ehemann informieren. Und der würde ihr verbieten, mit der Polizei zu sprechen.« Denn eine solche Zeugenaussage würde Schande über die Familie des Täters und die Zeugin in Gefahr bringen. Die Polizei dürfe nicht erwarten, bei der Befragung der Bewohner der Siedlung »ehrliche Antworten zu bekommen«.[44]

Die Journalistin Hatice Akgün, die sich mit Schmonzetten aus dem lustigen Migrantenstadel als Ulknudel der Integration profiliert, warf Çileli in der türkischen Zeitung *Sabah* vor, sie wolle Deutsche gegen Türken aufbringen und sich wichtigmachen. Und das Sprachrohr der Islamszene, die Tageszeitung *Zaman*, schrieb einen offenen Brief an die Integrationsbeauftragte Maria Böhmer, um gegen solche »Vorurteile« zu protestieren. Selbst Kardelens Vater schimpfte in der türkischen Presse: »Çileli will sich mit unserem Leid profilieren.«

Nachdem der mutmaßliche Täter, ein arbeitsloser türkischer Nachbar, offenbar ein 2001 nach Deutschland geholter »Importbräutigam«, in die Türkei geflüchtet, dort aber gefasst worden war, streuten die Blamierten nicht Asche auf ihr Haupt, sondern gingen zur Tagesordnung über. Niemand von ihnen wird sich bei Serap Çileli entschuldigt haben.

Die Menschen in Paderborn hat das Verbrechen sehr erschüttert. Etwa jeder Fünfte der 140 000 Einwohner der ostwestfälischen Stadt hat einen sogenannten Migrationshintergrund. Tausende gingen mit Lichtern für Kardelen auf die Straße.

Als ich die Aula betrete, ist die aufgeheizte Stimmung spürbar. Schon vor der Veranstaltung sind Flugblätter verteilt worden, die gegen mich mobilisieren. Junge Männer mit Bart und junge Frauen in Kopftüchern warnten die Teilnehmer, ich würde gegen ihren Islam sprechen und Unwahrheiten verbreiten.

Zwei dieser Islamwächter sitzen bereits in der ersten Reihe. Als ein älterer Türke mit langem weißen Bart in Begleitung von zwei Kopftuchträgerinnen hereinkommt, räumen die muslimischen Jungen ihre vorderen Plätze und zischen mir zu: »Bei uns nennt man das Respekt.« Sie gesellen sich zu ihren in der letzten Reihe stehenden Brüdern.

Die Veranstalterin begrüßt die Gäste, unter denen auch der Landrat und der Integrationsbeauftragte sind. Der alte muslimische Herr steht ungefragt auf und stellt sich selbst vor: Er sei islamischer Geistlicher. Nach meinem Vortrag meldet er sich auch als Erster zu Wort: Wer Allah gehorchen möchte, kann nicht frei sein, sagt er, daher habe mein Begriff von Freiheit nichts mit Religion zu tun, schon gar nicht mit dem Islam. Besser hätte er den politischen Anspruch seiner Religion, den ich als undemokratisch bekämpfe, gar nicht benennen können.

Als ich den Einfluss der Islamverbände auf das Leben der Gläubigen kritisiere, ruft er dazwischen, dazu hätten sie auch das Recht:

»Das nennt das Grundgesetz Religionsfreiheit.« Dass ich den Verbänden und Vereinen jede Legitimation abspreche, Sprachrohr der Muslime zu sein, und dass ich jedes religiöse Gebot für das Kopftuch bestreite, verfange vielleicht bei den deutschen Zuhörern, nicht aber bei seinen muslimischen Brüdern und Schwestern, die sich auch nach der Veranstaltung nur schwer wieder beruhigen.

Am nächsten Morgen gehe ich in die Straße, wo Kardelen ermordet wurde, und lege an dem Baum, unter dem sie oft gespielt hat, einen Blumenstrauß nieder, zünde eine Kerze an und stelle sie zu den anderen. Die Straße sieht ordentlich und sauber aus. Die Häuser, wahrscheinlich in den Sechzigerjahren gebaut, haben kleine Balkone. Ich sehe auch die Wohnung des Mädchens und schräg gegenüber die des Täters.

Mitten im Viertel befindet sich eine Moschee. Als ich, begleitet von zwei deutschen Frauen, klopfe, wird mir sofort aufgemacht. Der Hodscha, den ich dort antreffe, lebt seit dreißig Jahren in Deutschland. Die deutsche Sprache beherrscht er nicht. Auf meine Frage hin sagt er, ja, er sei bereits mehrmals in Mekka gewesen.

Es gibt einen großen Betraum, der mit Teppichen ausgelegt ist, daneben einen Raum für den Koranunterricht. Der Hodscha verweist auf »über hundert Jungen, die nach der Schule zum Unterricht kommen«. Schon die Kinder in den Koranschulen lernen das Heilige Buch auswendig, um es rezitieren zu können. Erklärt wird ihnen nichts von dem, was sie da nachsprechen. In einem Artikel für die »KinderZeit«, eine Rubrik der Wochenzeitung *Die Zeit*, darf die Autorin Özlem Topcu diese in Koranschulen übliche Praxis loben:

»›Die Schülerinnen verstehen das, was sie lesen sollen, gar nicht. Sie kennen die Bedeutung der Wörter nicht. Das ist doch komisch – oder?‹ – ›Auf den ersten Blick, ja. Aber wir erklären den Kindern jeden Abschnitt so genau wie möglich, bis sie es vielleicht irgendwann selbst verstehen‹, sagt die Lehrerin, die selbst viele Suren auswendig kann. ›Auswendiglernen ist im Islam ein Wert an sich‹, erklärt sie. Damit sammelten Muslime Pluspunkte bei ihrem Gott, bei Allah.«[45]

Das ist historisch richtig, denn über lange Zeit wurde der Koran nur mündlich weitergegeben, und die Rezitation war die angemessene Form, den Islam zu verbreiten. Aber es stellt sich doch die Frage, ob diese der Zeit und den Umständen geschuldete Methode heute den Kindern ein zeitgemäßes Bild von der Religion vermittelt oder sie nur zu unreflektierter Nachahmung abrichtet.

Was diese Moschee von anderen unterscheide, möchte ich von dem Hodscha wissen. »Wir spielen hier kein Pingpong wie in vielen anderen Moscheen«, erläutert er. »Wir mischen uns auch politisch ein. Meine Jungs wissen, was zu tun ist, wenn es mal so weit ist.«

»Was meinen Sie damit?«, frage ich nach.

»Ich bitte Sie«, sagt er, »wir leben hier inmitten von Ungläubigen. Meine Jungs sind bereit, für unsere Religion auch zu kämpfen.«

Ich frage lieber nicht weiter.

Einige Straßen weiter gibt es eine zweite Moschee. Es ist Zeit für das Mittagsgebet, und die Moschee ist voll mit Männern. Die meisten wirken älter, viele tragen einen Bart. Meine beiden Begleiterinnen und ich warten, bis das Gebet vorbei ist. Als einer der Männer nach dem Gebet zu uns kommt, hat er Bleistift und einen Block dabei. Wir sollen unsere Namen, Adresse und unser Vorhaben aufschreiben. Erst, wenn der Islam-Attaché des türkischen Konsulats alles überprüft hat, könnten wir uns die Moschee ansehen und mit ihm reden. Sie hätten schlechte Erfahrungen mit der Presse gemacht. Die würde schreiben, was sie wolle, und lauter Lügengeschichten erfinden. Ihr Islam-Attaché sei jetzt vorsichtiger geworden.

»Aber so schaffen Sie doch keine Transparenz und kein Vertrauen bei den Bürgern«, wende ich ein.

»Wir sind ja nicht für die Deutschen da«, meint er, »sondern für unsere muslimischen Landsleute, und die haben Vertrauen zu uns.«

Wir gehen in die angeschlossene Teestube, dort sitzen die Männer, die vorhin gebetet haben, und schauen auf einem modernen Flachbildschirm-Fernseher Nachrichten aus der Türkei. Sie sind freundlich. Einer zeigt uns nun doch die große Küche der Teestube. Sie würden auch Tischtennisturniere, also das verspottete »Pingpong«, veranstalten oder Fußball gucken, Deutschkurse anbieten und feiern, erzählt er.

Auf die Frage, ob sie auch mit den deutschen Nachbarn Kontakt hätten, antwortet er, manchmal schon, besonders am Tag der offenen Tür, aber letztlich lebten die »doch ganz anders als wir«.

Im Obergeschoss befinden sich die Unterrichtsräume. An der Wochentafel ist der tägliche Koranunterricht ausgewiesen. Hier in dieser Moschee, sagt unser Begleiter, sei der Samstag für Mädchen und Frauen reserviert. Auch die Mütter lernten den Koran, erzählt er stolz.

Koranlesungen für sündige Frauen

In der Hamburger Moschee, in der ich vor einigen Jahren mit den Importbräuten sprach, von denen »Die fremde Braut« berichtet, trafen sich die Frauen zweimal in der Woche, um den ganzen auf Arabisch verfassten Koran zu lesen – Vers für Vers, Sure für Sure. Die Frauen hören die Worte und, obwohl die meisten kein Wort verstehen, sprechen sie jeden Satz der Vorbeterin nach, zwei Stunden lang.

Am Kottbusser Tor in Berlin hat ein muslimischer Verein, den ich jüngst aufsuchte, einen Keller gemietet, in dem die Frauen jeden Montag und Freitag bei Baklava und Börek, der allgegenwärtigen türkischen Grundnahrung, zum »Yasin-Treff« zusammenkommen. Auch hier liest eine arabischkundige Vorbeterin bei dem »*Yasin okumak/getirmek*« (d.h. im Gedenken an den Propheten) die einzelnen Suren vor, die anderen sprechen sie nach und rufen dabei »Allahu akbar«.

Während zahlreiche Frauen, ihre kleinen Kinder an der Hand, mit voll beladenen *tepsis*, Tabletts, auf dem Kopf durch den Eingang strömen, erklärt mir die Vorbeterin, dass die Frauen hier zusammenkommen, um im Koran zu lesen und Bittgebete für ihre Familien wie für ihr körperliches Wohlbefinden zu sprechen. Sie erklärt mir auch, wie notwendig das sei: »Wir sind von morgens bis abends dabei, uns zu versündigen, wir lesen die Worte Allahs und bitten um Verzeihung, aber ich sage den Frauen immer wieder: Selbst wenn wir bis zu unserem Tod diesen Keller nicht verlassen und für die Vergebung unserer Sünden bitten würden – es würde doch nicht für alle unsere Verfehlungen reichen.«

Es sei gut, dass die Frauen nicht in die Moschee gingen, so blieben sie unter sich und würden nicht von den Männern gestört. Zum Yasin-Treff dürften sie auch mit Erlaubnis der Männer kommen. Zeit zum gemeinsamen Essen und Schwatzen bliebe auch, das täte vielen Frauen einfach gut. So erfüllten sie ihre Pflichten in der Gemeinschaft und gegenüber Allah und könnten zumindest in dieser Zeit keine weiteren Sünden begehen. Das gelte besonders für junge Mädchen und Bräute, meint sie, die seien schließlich am meisten gefährdet. Dann verabschiedet sie sich eilig. Das Yasin soll beginnen.

Als ich kürzlich meine Mutter in der kleinen Stadt in Niedersachsen besuchte, wo sie wohnt, erfuhr ich, dass auch dort diese neue Sitte eingezogen ist. Einmal in der Woche treffen sich die Frauen und Kinder in einer Wohnung und halten »Yasin«. Bei Geburtstagen, Geburten oder Traueranlässen gehört es inzwischen in den türkischen Gemeinden zum guten Ton. Früher trafen sich die bürgerlichen »Atatürk«-Frauen einmal im Monat zum Fünfuhrtee, zum »Gün almak«. Dieses »Klubleben« ist von den Kopftuchfrauen in ein religiöses Ritual verwandelt worden. Während die Frauen ihre Koranlesungen halten, sitzen ihre Männer in der Moschee, um zu beten.

Gebet und Geschäft

Moscheen sind die Orte, an denen man sich vor Allah niederwirft, aber sie sind keine heiligen Stätten, sondern Plätze, an denen sich die Männer der Gemeinde zu Gebet *und* Geschäft versammeln. Aber, so mahnt der Koran: »Ihr Gläubigen! Wenn am Freitag zum Gebet gerufen wird, dann wendet euch mit Eifer dem Gedenken Gottes zu und lasst das Kaufgeschäft so lange ruhen! Das ist besser für euch, so ihr Bescheid wisst!« (Sure 62, Vers 9)

Der Heiligen Schrift zufolge kann gebetet werden, wenn drei Gläubige *beiderlei* Geschlechts anwesend sind. Der Koran schließt die Frauen nicht vom Gebet in der Moschee aus, das ist – wie so manche patriarchalisch diktierte, die Frauen diskriminierende Tradition – erst später entstanden, mit der Begründung, die Anwesenheit von Frauen würde nur Unruhe stiften.

Und so sieht man an jedem Freitag in jeder Moschee der Welt

nur Männer der Gemeinde in Reih und Glied, Schulter an Schulter stehen und den Blick gen Mekka richten. Der Vorbeter spricht das Gebet, hebt die Hände und öffnet sich Gott, indem er mit den Daumen an die Ohrläppchen greift und »Allahu Akbar« ausruft. »Gepriesen seist du, mein Gott, und Lob sei dir! Gebenedeit sei dein Name, und erhaben deine Herrlichkeit! Es gibt keinen Allah außer dir!« Und bevor er dann die Glaubensformel spricht, sagt er noch: »Ich suche meine Zuflucht bei dir vor dem gesteinigten Satan.«

Die Männer verbeugen sich, legen die Hände auf die Knie und sprechen: »Allah ist größer, Allah erhöht den, der ihn lobt. Allah, unser Herr, Lob sei dir!« Dann geht die Gemeinde in die Knie, und die Männer berühren als Zeichen der Hingabe mit der Stirn den Boden, um sich dann auf die Fersen zu setzen und Gott mehrfach um Vergebung zu bitten: »Mein Gott, vergib mir.« Diese *reka*, Verbeugungen, werden, je nach Tageszeit, zwei- bis fünfmal wiederholt. Am Schluss wird noch einmal in einer längeren Gebetsformel bezeugt: »Es gibt keinen Gott außer Gott, und Mohammed ist sein Prophet.« Dann wird nach rechts, nach links gegrüßt und der Abschlusssatz gesprochen: »Der Friede sei über euch und die Barmherzigkeit Gottes!« Damit ist das Gebet beendet.

Jeder Gläubige soll es – nach einer rituellen Reinigung – fünfmal am Tag für sich verrichten, am Freitag in der Gemeinschaft. Das Morgengebet besteht aus zwei, das Abendgebet aus drei, Mittags-, Nachmittags- und Nachtgebet bestehen aus vier Einheiten. Ein gläubiger Muslim hat also die Pflicht, 13-mal am Tag, 91-mal die Woche, 4732-mal im Jahr die Gebetsformeln zu wiederholen; erfüllt er diese, hat er sich bis zur Rente über 200 000-mal verbeugt. Mit einem geregelten Arbeitsleben dürfte dieser Gebetsrhythmus kaum kompatibel sein.

Diese Art des Betens, die sich durch Einförmigkeit und Wiederholung von den unterschiedlichen Inhalten und Formen christlicher oder jüdischer Gebete unterscheidet, hat einen stark suggestiven Charakter.

Hinzu kommt beim islamischen Ritualgebet die Verbindung von Körperbewegung mit der gesprochenen Formel.

Für die Zahl an Wiederholungen gibt es im Koran wiederum gar keinen Beleg. *Salat*, das im Koran für das Pflichtgebet verwendete

Wort, schreibt weder eine bestimmte Form des Gebets vor noch diese hohe Zahl. Nur drei Gebete am Tag werden im Koran erwähnt – vor Sonnenaufgang, mittags und nach Sonnenuntergang soll man beten. Bei Krankheit kann man aussetzen, wer auf Reisen, bei der Arbeit, in der Schule ist, kann seine Gebete abends nachholen. Die irdischen Pflichten gehen vor, jedenfalls könne man die Schrift so interpretieren, sagen einige Gelehrte. Auch von etwaigen Strafen, sollte man dieser Pflicht nicht nachkommen, ist in der Heiligen Schrift nicht die Rede.

In Detmold frage ich mich nach der Ditib-Moschee durch. Als ich an der angegebenen Adresse ankomme, stehe ich vor einem türkischen Gemüseladen. Ich erkundige mich nach der Moschee. »Ja, Sie sind hier richtig, die Moschee ist hinten«, sagt der Gemüsehändler.

Diese Verquickung von Geschäft und Religion hat Tradition im Islam, auch wenn die Muslime in Deutschland oft klagen, dass ihre Gebetsräume in stillgelegten Gewerbeeinheiten liegen. Dabei ist dies durchaus nicht unmuslimisch oder diskriminierend. Auch in Ankara muss man sich erst durch die Hosen- und Hemdenabteilung eines Kaufhauses in einem Einkaufszentrum wühlen, wenn man die größte Moschee der Stadt, die Kocatepe Camii, besichtigen will. Das riesige Gebäude, das inzwischen auch im Stadtwappen verewigt ist, ruht auf einem Geschäft. Apart ist auch die Moschee in einem anderen Stadtteil der türkischen Hauptstadt, in deren Erdgeschoss die berühmten »cek-yat« (Zieh-und-leg-dich)-Schlafsofas angeboten werden. Der Basar hat immer eine große Rolle gespielt; Mohammed war schließlich Kaufmann, der selbst bei seiner Begegnung mit Gott das Feilschen nicht lassen konnte, wie wir von der »Himmelsreise« wissen.

An der Klingeltafel des einfachen dreistöckigen Hauses, vor dem ich stehe, lese ich die Namen türkischer Familien. Ich läute ganz unten und frage, ob jemand mir die Moschee zeigen könne. Eine junge Männerstimme sagt, der Hodscha sei unterwegs, aber zum Abendgebet, gegen sechs, werde er wieder da sein. Ich schaue durchs Fenster und sehe einen großen Raum mit Teppichen. Ein Mann kommt aus dem Keller nach oben. Unten gäbe es sogar eine Küche. »So arm sind wir nun auch nicht«, sagt er.

In diesem Moment hält ein Mercedes-Coupé vor dem Haus, ein junger Mann steigt aus und kommt auf mich zu. »Kann ich Ihnen behilflich sein?«, fragt er höflich.

»Ich warte auf den Hodscha«, sage ich. Er erzählt, dass er auch in die Moschee ginge, aber nur zum Freitagsgebet, dass er aber viel für die Moschee gespendet habe. »Sie sehen ja auch so aus, als seien Sie um die Ecke gekommen!«, sage ich lachend und schaue hinüber zu seinem Mercedes. »Um die Ecke kommen« steht im Türkischen für »Erfolg haben«.

»Ja, dabei helfen mir meine Frauen«, erwidert er grinsend. »Aber man darf nicht nur an das Diesseits denken, wir werden ja alle eines Tages vor Allah stehen, deshalb war mir das Spenden so wichtig.« Er verspricht, zu meiner Abendveranstaltung zu kommen.

Der Saal im Hotel ist ausverkauft. Ich lese aus meinem Buch »Bittersüße Heimat« die Geschichte von Fatma, die von ihrer Familie in die Türkei gelockt wurde, um gegen ihren Willen ein zweites Mal verheiratet zu werden. Es geht in dieser Geschichte um Zwangsverheiratung, Entführung und Freiheitsberaubung.

Nach der Lesung meldet sich erregt ein türkischer Mann. Meine Beispiele würden nur die Kurden betreffen und nicht die Türken. Aber die Kurden seien doch auch türkische Staatsbürger, wende ich ein. »Beleidigen Sie nicht das türkische Volk!«, springt seine Frau ihm zur Seite. Ich erlebe es häufiger, dass Türken sich von Kurden, Kurden von Türken, Aleviten sich von beiden und von Sunniten distanzieren.

Die beiden können sich gar nicht beruhigen, beschimpfen mich als »durchgeknallt«, als eine, die den Deutschen Geschichten auftischen würde, um sich wichtigzumachen. Als sie nicht aufhören mit ihren Störmanövern, werden sie schließlich vom Veranstalter hinausbegleitet.

In den vorderen Reihen erkenne ich den jungen Mercedes-Mann wieder. Er hält mein Buch in der Hand und sagt, dass er mich nötigenfalls beschützt hätte.

Migrantenstadt Rüsselsheim

In Rüsselsheim soll ich auf Einladung des Integrationsbeauftragten die »Interkulturelle Woche« mit einem Vortrag eröffnen. Der Tag beginnt mit einiger Verspätung. Der Zug, der mich von Hildesheim in die Opelstadt bringen soll, gibt mitten auf freier Strecke seinen Geist auf. Mehr als eine flaue Entschuldigung für die »Unannehmlichkeiten« hat die Deutsche Bahn dazu nicht zu sagen.

Die Lektüre, die ich mir eingesteckt habe, macht auch keine bessere Laune. Hier breitet der Integrationsminister eines Bundeslandes seine Version der muslimischen Migration nach Deutschland aus, immer garniert mit guten Ratschlägen. Dem Islam möchte er keine besondere Verantwortung für das Verhalten seiner Gläubigen abverlangen. Ja, Probleme gebe es, aber die meisten kenne man schließlich auch aus der christlichen Vergangenheit; ja, auch arrangierte Ehen gebe es, aber doch nicht nur bei den Muslimen, sondern auch beim europäischen Hochadel. Ja, unter den muslimischen Migranten gebe es schlechte Schüler, aber doch nicht deswegen, »weil sie Muslime sind«.[46] Man kann die Realität auch durch Schönschreiben verschleiern.

Irgendwann schaffen es die öffentlichen Verkehrsmittel, mich an meinen Bestimmungsort nach Rüsselsheim zu bringen. Rüsselsheim ist Opelstadt. Rüsselsheim ist Verkehr. Gegenüber vom Bahnhof das Werkstor der Autofabrik, im Rücken die Züge und über den Köpfen die tief fliegenden Flugzeuge, die auf dem nahe gelegenen Frankfurter Großflughafen starten und landen. Gleich am Bahnhofsvorplatz begrüßt eine überlebensgroße Bronzestatue von Adam Opel die Besucher. Die Stadt ist aufgeräumt, hat eine lange Fußgängerzone, parallel fließt der Main, dessen Uferweg zum Fahrradfahren oder Spaziergang einlädt. Die Stadt hat 60 000 Einwohner, über 15 000 arbeiten (noch) bei Opel, und ebenso viele ausländische Bürger leben in der Stadt. Rüsselsheim ist nicht nur Opelstadt, sondern auch Migrantenstadt. Menschen aus über 100 Nationen leben hier, verkündet stolz die Website der Stadt. Es gibt einen Ausländerbeirat, ein Integrationsprogramm, zahlreiche Islamvereine und ein halbes Dutzend Moscheen, denn die meisten ausländischen Mitbürger sind muslimische Migranten.

Für einen Moscheebesuch reicht die Zeit nicht, ich muss in die örtliche Buchhandlung. Ein kleiner Mann mit Bart und Schalvar, den bei Islamisten beliebten Pumphosen, wartet im Hintergrund, während ich Bücher signiere, und kommt auf mich zu, als der Platz vor meinem Tisch frei wird. Wie ich dazu komme, solche Lügen über den Islam zu verbreiten, raunzt er mich ohne jede Vorwarnung an, wobei er mit einer verächtlichen Handbewegung auf den Stapel meiner Bücher deutet.

Ich frage, was denn darin gelogen sei. Ich sei Soziologin, keine Theologin und würde andere Bücher schreiben als die gläubigen Muslime, denn ich hätte eine andere Aufgabe.

»Wer hat Ihnen das erlaubt?«, will er wissen.

»Ich brauche keine Genehmigung«, sage ich und frage ihn: »Stimmt es, dass im Koran steht, dass Frauen zu steinigen sind, wenn sie sich mit fremden Männern treffen?«

Er regt sich auf: »Natürlich, die Frauen müssen auch gesteinigt werden. Das ist *fitna*, Unzucht.«

»Was geht es Sie an, was fremde Frauen tun oder nicht tun?«, frage ich ihn.

Er beginnt zu lamentieren. Er sei kein egoistischer Mensch, er interessiere sich für seine Gemeinschaft, ihm sei es nicht egal, wie die Frauen lebten.

»Wenn Sie nicht egoistisch sind, warum helfen Sie dann nicht bedürftigen Frauen in Afrika oder in armen islamischen Ländern? Hier müssen Frauen nicht leiden, wir leben in einem modernen Staat, der sich um seine Bürger kümmert.«

»Deutschland ist ein armes Land«, sagt er. »Hier glaubt man, tun zu dürfen, was man will«, klagt er. »Meine Aufgabe ist es, hier zu leben und dafür zu sorgen, dass Frauen wie Sie und andere bestraft werden. Auch Sie werden bald Ihre Strafe bekommen«, droht er mir zum Abschied, dreht sich um und verlässt den Laden.

Die »Interkulturelle Woche« wird im Rathaus eröffnet. Die Stadträtin versucht, die Anwesenden behutsam auf meinen Vortrag einzustimmen. Vielleicht werde nicht alles, was ich sage, ungeteilte Zustimmung finden. Ich spreche über »Freiheit und Verantwortung«; den Vortrag habe ich so ähnlich auch am Vortag gehalten, und es gab anschließend eine spannende Diskussion.

Heute sind die Hälfte der etwa fünfzig Zuhörer Muslime, die meisten Türken. Einige gehören dem Ausländerbeirat der Stadt an. Ich spreche über die auf Ehre und Respekt ausgerichteten Familienstrukturen, bei denen es vorkommt, dass bei Abwesenheit der Väter zwölfjährige Jungen das Familienoberhaupt spielen und das Portemonnaie in der Hand halten, wenn sie ihre Mütter zum Einkaufen begleiten. Die Männer im Saal empören sich. So etwas gebe es nicht. Ich würde sie beleidigen, ihren Islam falsch übersetzen, er sei »Frieden« und nicht Hingabe.

»Wollen Sie uns etwa sagen, dass wir nicht nach Allahs Gesetzen leben sollen?«, ereifert sich ein Mann und springt von seinem Stuhl auf. »Allahs Gesetz steht höher als andere Gesetze!«

»Mein Herr«, antworte ich ihm, »Sie befinden sich hier in einem Raum, in dem das Stadtparlament tagt. Hier werden Gesetze beschlossen, nach denen auch Sie sich zu richten haben. So ist das in einer Demokratie!«

Als ich wenig später auf Schleier und Kopftuch zu sprechen komme, kann der Mann sich kaum noch beherrschen. »Meine Frau ist kein Ausstellungsstück für fremde Männer, sie soll nicht draußen herumlaufen, damit andere sie begaffen können«, meint dieser muslimische Pascha außer sich vor Wut. Er ist als Asylsuchender nach Deutschland gekommen und im Ausländerbeirat aktiv. Neben ihm sitzt sein etwa zehn Jahre alter Sohn. Seine Frau, so wird mir später hinter vorgehaltener Hand zugeraunt, schließe er zu Hause immer ein, wenn er die Wohnung verlasse.

Ein anderer türkischer Mann ist ebenfalls ganz in seinem Element. »Du redest darüber, dass *unsere* Frauen Sexualobjekte sind? Hier laufen überall Frauen herum, die sind Sexobjekte …«

Die meisten deutschen Zuhörer sind inzwischen verstummt. Vielleicht erleben sie ihre »lieben ausländischen Mitbürger« zum ersten Mal so. Eine evangelische Pastorin fühlt sich aufgerufen, den Migranten zur Seite zu springen, schließlich sei einiges auch in der Kirche schiefgelaufen. Ihr Mann weiß es einfach besser. »Sie haben ja keine Ahnung«, bescheinigt er mir.

Da aber erntet er Widerspruch. Eine türkische Frau neben ihm steht auf und meint, ich sei noch höflich in meiner Schilderung der Probleme gewesen, die Realität sähe viel krasser aus.

Jetzt beginnt, was ich schon von anderen Veranstaltungen kenne. Eine Frau aus Tunesien wendet ein, ich würde verallgemeinern, in ihrem Land kenne man die von mir geschilderten Probleme nicht. Vielleicht gäbe es sie in der Türkei, Tunesien aber sei ein demokratisches Land, wo die Frauen Freiheiten hätten.

Als ich sie darauf hinweise, dass weder Tunesien noch ein anderes durch den Islam bestimmtes Land demokratisch sei und dass in Ägypten 95 Prozent der Frauen beschnitten sind, hält es die muslimischen Männer nicht mehr auf ihren Stühlen. »Alles Lüge«, schreien sie jetzt wild durcheinander.

Die Stadträtin bittet um Ruhe. Aber mit der ist es in der Migrantenstadt Rüsselsheim erst einmal vorbei.

Missionierung durch Steine

Im Grundsatz bestreitet niemand den Muslimen das Recht, in Deutschland Moscheen zu bauen. Die vielerorts geäußerte Befürchtung besteht darin, dass diese Moscheen nicht nur Gebetsräume sind, sondern zu Fixpunkten einer Gegengesellschaft werden. Man weiß nicht, was dort gepredigt und praktiziert wird. Anstoß erregt immer wieder die mangelnde Transparenz und Offenheit der Konzepte und der Finanzierung zahlreicher Moscheprojekte, die in den letzten Jahren betrieben wurden oder derzeit in Planung sind.

Die muslimischen Verbände und Vereinigungen behaupten, dass das Geld dafür überwiegend durch private Spenden der Gläubigen aufgebracht werde. Misstrauen gegenüber einer solchen Aussage ist durchaus angebracht, zumal es sich beim Bau einer Moschee meist auch um die Errichtung und den Betrieb eines islamischen Geschäftszentrums mit einer Vielzahl von Vereinen, Initiativen und Unternehmen handelt. Hier sind Verschleierungen und Zahlenschiebereien leicht möglich, Transparenz könnte nur hergestellt werden, wenn alles offen auf den Tisch gelegt würde. Daran aber mangelt es.

Über 150 große Moscheprojekte verschiedener Islamrichtungen sind 2010 in Planung. Genauere Zahlen lassen sich nicht ermitteln, weil die Moscheevereine sich in diesen Fragen nicht koordinieren, auch nicht offen informieren. Der für diese Bauvorhaben nötige Finanzbedarf dürfte das Beitrags- und Spendenaufkommen der Moscheevereine jedenfalls sprengen, unterhalten sie doch jetzt schon über 200 große Moscheen und – geschätzt – etwa 2800 Gebetsstätten, in denen mehr als 2000 Vorbeter beschäftigt sind.

Für die Realisierung des Kuppelbaus, der Minarette, der Laden- und Verwaltungseinrichtungen bei dem geplanten Kölner Moscheebau beispielsweise werden vom Bauherrn Summen zwischen 15 und 25 Millionen Euro veranschlagt. Ein solches Großprojekt ist durch private Spenden kaum zu realisieren – selbst wenn unter diesem Dach Fördermittel für Sprach- und Integrationskurse in Anspruch genommen werden können.

Die saudi-arabische Regierung finanziert über die Islamische Weltliga seit den Siebzigerjahren mit weit über 100 Milliarden US-Dollar Missionierung und Moscheebauten in aller Welt.[47] Vermutlich fließt über islamische Holdings, Stiftungen, Investoren oder über staatliche Organisationen Geld aus diesen Quellen auch nach Deutschland, wo es dann als Barspende wieder auftaucht.

Mit den Repräsentativbauten soll Stärke gezeigt und die Missionierung vorangetrieben werden. Die Großmoschee in Köln-Ehrenfeld, die mithilfe des türkischen Staats gebaut wird, ist in meinen Augen denn auch keine Moschee der in Deutschland lebenden Muslime, sondern eine Botschaft des türkischen Islam. Die türkische Regierung finanziert diese Moschee, sie schickte ihren Minister für die Auslandstürken und den obersten Islamvertreter zur Grundsteinlegung nach Köln und wird die Eröffnung sicherlich als Staatsakt begehen. Diese Moschee stärkt den Einfluss des türkischen Staates auf die in Deutschland lebenden Muslime. Mit Integration oder einem deutschen Islam hat das nichts zu tun. Im Gegenteil.

Fremdfinanzierung ist seit den Fünfzigerjahren übliche Praxis im Moscheebau.[48] Scheichs aus Dubai, Stiftungen aus Saudi-Arabien und eine Reihe internationaler Banken stehen den Moscheebauern hilfreich zur Seite. Der an anderer Stelle erwähnte Multifunktionär Ibrahim El-Zayat ist in eine Reihe von Moscheebauprojekten involviert. Selbst das von Claus Leggewie in seinem Buch »Moscheen in Deutschland« als »anders« gelobte islamische Forum in Penzberg wurde im Wesentlichen nicht durch Spenden oder Beiträge in

Deutschland lebender Muslime finanziert, sondern mithilfe einer großzügigen Spende aus den Golfstaaten.[49]

Moscheebauten in der von den Islamvereinen projektierten Größe und Anzahl und die Kosten ihrer Unterhaltung entsprechen nicht den Möglichkeiten der in Deutschland lebenden organisierten Muslime. Die Islamvereine übernehmen oder verschulden sich, oder sie werden abhängig von Mitteln ihrer arabischen Glaubensbrüder. Der Moscheebau in Deutschland ist so gesehen keine Angelegenheit der Gläubigen, sondern gezielte Missionstätigkeit orientalischer Stiftungen.

Dabei gibt es wahrlich drängendere Probleme, für die Geld gebraucht würde. Wo ist die öffentliche Spendenkampagne der muslimischen Organisationen für bessere Deutschkenntnisse aller Muslime? Wo sind die Initiativen für frühkindliche Bildung, wo die Aktion für die Gleichberechtigung der Frau? Fehlanzeige. Man hat Geld für Architekten, für Anwälte, die das »religiöse Recht« durchsetzen sollen, Geld für Steine und Beton.

Männerhäuser und Medinas

In der islamischen Tradition sind Moscheen – nach der Definition des Korans Häuser, »hinsichtlich derer Gott die Erlaubnis gegeben hat, dass man sie errichtet und dass sein Name darin erwähnt wird« (Sure 24, Vers 36) – keine sakralen, sondern soziale Orte.

Moscheen sind oft »Multifunktionshäuser«; dort finden sich neben der Koranschule Lebensmittelläden, Reisebüros, meist ein Friseur, ein Beerdigungsinstitut, Restaurants und Teestuben. Dem Muslim wird alles geboten, was er zum Leben braucht, ohne mit der deutschen Gesellschaft in Berührung kommen zu müssen. Vor allem die größeren Moscheen entwickeln sich längst zu muslimischen »Medinas«, zu städtischen Räumen einer sich abwendenden Gegenwelt. Die Moschee selbst ist nur ein Teil davon. Aber was, so frage ich, haben ein Friseur, ein Gemüsehändler, ein Juwelier und ein Dönerladen mit einem religiösen Anliegen zu tun?

Die deutsche Politik unterstützt diese »Missionierung durch Steine«, gerechtfertigt wird dies als »Integrationsmaßnahme« oder als wirtschaftliche Investition, von der man sich, wie in Marxloh, erhofft, die Abwärtsspirale eines Stadtteils aufhalten zu können. So werden oft Steuergelder genutzt, um halb öffentliche Räume zu schaffen.

Moscheen sind Männerhäuser, in denen sich die vertikale Trennung der muslimischen Gemeinde in die der Männer und der Frauen sichtbar manifestiert. Frauen sind meist nur in separaten Räumen geduldet. Ein Integrationsmodell kann das wohl kaum sein. Und das Baurecht und das Vereinsrecht sind da überfordert. Für mich ist die Frage des Moscheebaus keine religiöse, sondern eine politische Frage. Auch unter Muslimen. Sie müssen sich selbst die Frage stellen, wie sie hier in diesem Land leben wollen. So wie in Anatolien, wie in den Suks von Marrakesch oder als Teil einer Zivilgesellschaft?

Wenn über Moscheebau diskutiert wird, stelle ich die Frage, welche Möglichkeiten der gleichberechtigten Teilhabe und Verantwortung die Frauen haben. Auch von deutschen Moscheebefürwortern und Religionsfreiheitskämpfern erwarte ich, dass sie den Männern in den Moscheevereinen Gleichberechtigung und Selbstbestimmung für alle abverlangen, anstatt sich hinter einer Toleranz zu verstecken, die im Kern nichts weiter als eine »Ist-doch-egal-Haltung« zu sein scheint.

Solange die Moscheen nicht das gleichberechtigte Miteinander pflegen, sondern hinter dem *hijab*, dem Schleier, archaische und patriarchalische Strukturen befördern, solange es nicht Orte sind, an denen Männer und Frauen gleiche Rechte haben und gleich behandelt werden, sind solche Häuser demokratie- und integrationsfeindlich.

Die Muslime sind Teil unserer Gesellschaft, sie haben Anspruch auf ihre Gebetsräume, ihre Moscheen, sofern diese freigehalten werden von allen Missbräuchen des politischen Islam und der Pflege des spirituellen Glaubens dienen. Bisher ist das kaum der Fall.

In Moscheen praktizieren die Muslime oft, was sie das Gesetz Gottes nennen. Dort wird eben nicht nur für das Seelenheil der Gläubigen gesorgt, sondern das Weltbild einer anderen Gemeinschaft gelehrt und ein Leben im Sinne der Scharia praktiziert. Dort üben schon Kinder die Abgrenzung von der deutschen Gesellschaft, dort lernen sie, die Gesellschaft in Gläubige und Ungläubige zu unterteilen, in Frauen, die zu dienen, und in Männer, die das Sagen haben, in »reine« Gläubige und »unreine« Ungläubige/Deutsche, die Schweinefleisch essen und nicht beschnitten sind.

Freitagsmoscheen im Stadtbild sind wie die Kopftücher auf der Straße: ein sichtbares politisches Statement. Es soll sagen: Wir sind hier, wir sind anders und wir haben das Recht dazu. Das haben sie tatsächlich, nur müssen sie sich dann auch gefallen lassen, dass gefragt wird, was macht ihr mit diesem Recht, und was tut ihr für diese Gesellschaft? Oder grenzt ihr euch nur ab?

Ich verstehe die Repräsentanten und Vertreter der meisten Parteien nicht, die Toleranz für die Muslime einfordern und gleichzeitig zulassen, dass die Diskriminierung von Frauen und die Befestigung von Parallelgesellschaften unterstützt werden. Viele säkulare Muslime halten sich deshalb von den Moscheevereinen fern. Die säkularen Muslime wiederum haben keine Orte für ihre religiösen Bedürfnisse, denn die meisten Moscheen sind keine offenen Orte, sondern geschlossene Gesellschaften.

Hidjra ins Land der Ungläubigen
Die islamische Zuwanderung – drei Beispiele

In Europa hat der Islam in den 1400 Jahren seiner Geschichte – außer in einigen von den Osmanen beherrschten Gebieten auf dem Balkan – keine Wurzeln schlagen können. Seine Lehre hat die Europäer weder emotional noch intellektuell faszinieren oder trösten können, sie blieb ihnen fremd. 711 eroberten die Muslime Andalusien, mit der militärischen Niederlage aber verschwand die Religion auch wieder. *Dawa*, die freundliche Einladung, den Islam anzunehmen, fiel bei den Christen – zumindest in Europa – also nicht auf fruchtbaren Boden. Heute wird die Vokabel von den Muslimen anders übersetzt und als Begriff für »Dialog« benutzt.

Im deutschsprachigen Teil Europas gab es zwar Ende des 19. Jahrhunderts eine »Orientmode«, aber der Kreis der zum Islam Konvertierten beschränkte sich auf kaum mehr als eintausend Gläubige; heute sind es in der Bundesrepublik – meist durch Heirat – weniger als einhunderttausend. Moscheevereine oder Moscheen, die zum Beispiel in Berlin entstanden, waren die Sache von Zugewanderten. Die seit den Siebziger- und Achtzigerjahren von türkischen Gastarbeitern ursprünglich als Kulturvereine gegründeten, dann zu Moschee- und Islamvereinen umgewandelten Zusammenschlüsse waren und sind Organisationen von Zugewanderten und deren Kindern.

Die Deutschen, die in diesen Vereinen Mitglieder sind, sind eingebürgerte Migranten. 55 Prozent der in Deutschland lebenden Muslime verfügen über eine ausländische Nationalität, die übrigen 45 Prozent sind Deutsche mit Migrationshintergrund. Zu fast zwei Dritteln stammen sie aus der Türkei. Ein Übertritt von »eingeborenen« Deutschen zum Islam ist zumindest statistisch nicht zu erfassen. Auch eine Heirat von Muslimen mit Angehörigen anderer

Religionen ist die Ausnahme. Nimmt man allein diese Zahlenver-
hältnisse als Indikatoren für die Integration der Muslime, fällt das
Fazit negativ aus.

Dass wir über den Islam in Europa diskutieren, schulden wir
keiner intellektuellen Marotte und keinem Wettstreit der Ideen,
sondern der sozialen und politischen Realität. Der Islam in Europa
ist das Ergebnis der Migration aus den arabischen Ländern und
den Gebieten des ehemaligen Osmanischen Reiches – ein Erbe des
französischen und britischen Kolonialismus. In den derzeitigen
Grenzen der Europäischen Union leben über 20 Millionen Muslime, 12 Millionen als Migranten in Westeuropa, auf die Bundesrepublik entfallen laut Bundesamt für Migration aktuell zwischen
3,8 und 4,3 Millionen Muslime. Die Regierung der Türkei wird
die islamische Orientierung künftig stärker als Faktor der europäischen Außen- und Innenpolitik geltend machen. Die Auseinandersetzung mit dem, was Islam ist und wie er gelebt wird, berührt also
den Kern der europäischen Zukunft.

Die »Meistererzählung« der Migration

Dass man heute als Türke auf Dauer nur noch nach Deutschland
kommen kann, wenn man heiratet, ist eine Besonderheit der inzwischen fast fünfzig Jahre währenden Zuwanderungsgeschichte. Und
diese Geschichte der Migration wird ganz unterschiedlich erzählt.

Die türkische Sicht der Dinge erläuterte der türkische Ministerpräsident Tayyip Recep Erdogan im Februar 2008 in Köln. Er hielt
eine Rede an »seine Landsleute« in Deutschland, die großes Auf-
sehen erregte. »Seit dem Jahr 1961«, sagte Erdogan, »haben Tausende unserer Brüder und Schwestern ihre Häuser, manchmal ihre Familien, ihre Eltern, ihre Ehefrauen und ihre Kinder zurückgelassen
und sind hierhergekommen. Nicht wenige haben hier geheiratet, es
kamen hier Kinder zur Welt, es wurden hier Enkel geboren. Heute haben Sie allein in Deutschland eine zahlenmäßige Stärke von
fast drei Millionen erreicht. Sie haben nunmehr seit 47 Jahren mit
Ihrer Arbeit, mit Ihrem Bemühen dazu beigetragen, dass Deutschland vorankommt, dass Deutschland in Europa und in der Welt
zu einem mächtigen Land wird. Sie haben hier gearbeitet und sich

bemüht, Ihre Identität, Ihre Kultur, Ihre Traditionen zu bewahren. Ihre Augen und Ihre Ohren waren immer auf die Türkei gerichtet. Die türkische Gemeinschaft hat sich volle 47 Jahre für dieses Land verausgabt.«[50]

Diese Darstellung der Türken, die von den Deutschen trotz ihrer Meriten wenig anerkannt werden, obwohl sie sich »für dieses Land verausgabt« haben, das ohne sie nie so weit gekommen wäre, ist nicht erst seit Erdogans Rede, sondern seit Jahren so etwas wie die »Meistererzählung« der deutsch-türkischen Migrationsgeschichte. Kaum ein türkischstämmiger Politiker, kaum ein Moscheeverein, kaum ein Migrationsforscher oder Integrationsbeauftragter, der nicht auf das »Opfer-Epos« zurückgreift, wenn es darum geht, vermeintliche Versäumnisse der Integrationspolitik zu kritisieren. Und Zustimmung ist ihren Klagen dabei meist gewiss.

»Die Türken werden abgestempelt«, zitiert *Hürriyet* den emeritierten Migrationsforscher Professor Klaus Bade.

»Es geht vor allem um eine soziale Frage und nicht um eine kulturelle«, sagt der Grünen-Chef Cem Özdemir.

»Es ist falsch, Integration nach ethnischen Kriterien zu beurteilen«, sagt Hakki Keskin von der »Linken«.

»Ethnisierung des Problems hilft nicht weiter«, sagt auch Emine Demirbüken-Wegner aus dem Bundesvorstand der CDU.

Die Bildungspolitik und der Mangel an Perspektiven seien für die schlechten Bildungsergebnisse der Migranten verantwortlich, sagt die ehemalige Kölner SPD-Abgeordnete Lale Akgün.

Die türkischstämmigen Politiker quer durch alle Parteien arbeiten seit Jahrzehnten daran, ihre Klientel als Opfer zu stilisieren, und treten selbst als deren Anwälte auf. Sie behandeln die türkische Community als Mündel, reden, sprechen und entscheiden für sie. Der deutschen Politik war das lange ganz recht: Sie setzte sich lieber mit den türkischstämmigen Stellvertretern als mit den Migranten selbst auseinander. Und in der türkischen Gesellschaft ist man eine solche Bevormundung gewöhnt: Hier führen die Abis, die älteren Brüder, sekundiert von den Ablas, den großen Schwestern, das Wort und treffen die Entscheidungen für alle anderen.

Die selbst ernannten Vormunde fühlen sich stark, weil sie untereinander als Türken einig sind. Auch wenn sie gewählte Abgeordnete hiesiger Parteien und damit zum Wohl des deutschen Volkes zu arbeiten gehalten sind, betreiben sie, die »Augen und Ohren« auf die türkische Klientel gerichtet, Lobbypolitik. Mehr Geld für die Türken, fordert der Türken-Lobbyist und SPD-Genosse Kenan Kolat, gebetsmühlenhaft wiederholen das auch seine Kollegen aus anderen Parteien. Keiner von ihnen redet öffentlich über arrangierte Ehen, Ehrenmorde, Importbräute, Gewalt in Familien, Missbrauch staatlicher Mittel oder über Parallelgesellschaften. Im Gegenteil: Sie tun alles, um zu verhindern, dass solche Probleme öffentlich diskutiert werden oder nach den Gründen, nach Möglichkeiten der Abhilfe gefragt wird.

Im Land der »Ungläubigen«

Es gibt in Deutschland eine große Gruppe aus der Türkei stammender Migranten, die sich – trotz widriger Umstände, trotz schwieriger Arbeits- und Lebensbedingungen – hier eingerichtet und sich für Deutschland und nicht die Türkei als Heimat entschieden hat. Viele versuchen, sich zu integrieren, die Chancen dieser Gesellschaft zu nutzen und am gesellschaftlichen Leben teilzunehmen.

Ein anderer Teil aber ist seit Jahrzehnten schon in Deutschland ansässig und dennoch hier nie heimisch geworden. Nun sind es keine Extremisten, auch keine Fundamentalisten, sondern gläubige Muslime, die nach Deutschland zuwandern: Die Integration in die hiesige Gesellschaft aber verweigern sie mit dem Argument, sich nicht mit den »Unreinen« gemeinmachen zu wollen. Ihr Leben hier ist vorrangig von dem Imperativ bestimmt, sich abzugrenzen, und von der Sorge, ihre Kinder könnten womöglich von der Kultur der Ungläubigen sozialisiert werden. Deswegen tun sie alles, um die Kontrolle durch Familie und Umma möglichst engmaschig zu gestalten; deswegen meiden sie den Kontakt zu den Deutschen – und hindern damit auch die Nachgeborenen, in dieser Gesellschaft anzukommen.

Sie haben ihre Dörfer verlassen, weil es ihnen dort oft an den elementarsten Dingen fehlte, an Arbeit, Sicherheit, Bildung, an Rechten. Trotzdem gibt es auch für die meisten Migranten nichts, was sie mit ihrem neuen Lebensort in Deutschland verbindet: Weder bedeuten ihnen die Landschaften etwas noch das deutsche Essen, weder die Musik Beethovens oder Bachs noch der Tag der Deutschen Einheit oder der Heilige Abend. Die wenigsten werden auf die Zugspitze klettern oder nach Helgoland fahren, sondern weiterhin, wenn es ihnen möglich ist, nach Mekka oder Mardin. Sie sind hier, weil ihnen dieses Land soziale und rechtliche Sicherheiten bietet, weil sie hier ein nahezu kostenloses Gesundheitssystem nutzen können, weil sie hier mit ihrer vielköpfigen Familie Anspruch auf eine materielle Grundversorgung haben, ihre Kinder Lehrmittelfreiheit in der Schule genießen und die Religionsfreiheit ihnen ermöglicht, »dem Islam zu gehorchen«.

Nicht dass die Errungenschaften des Sozialstaates ihnen zugutekommen, empört mich, sondern dass manche trotz der vielen Vorteile, die ihnen dieser Staat im Vergleich zu ihrer früheren Heimat bietet, weder Dankbarkeit zeigen noch Anstrengungen unternehmen, ihm dafür etwas zurückzugeben, sondern die Gesellschaft, die ihnen ein solches Leben ermöglicht, auch noch verachten.

Wenn »Sinn und Zweck von Integration« darin besteht, »dass die familiäre Zuwanderungsgeschichte irgendwann keine Rolle mehr für ein erfolgreiches Leben in der Gesellschaft spielt«[51], so ein Gutachten des Berliner Instituts für Bevölkerung und Entwicklung, dann ist sie in Bezug auf die größte der hiesigen Migrantengruppen, die türkischstämmigen Einwanderer, gescheitert. Der Demograf Herwig Birg von der Universität Bielefeld hat den Mikrozensus 2007 ausgewertet und Alarmierendes herausgefunden: In Sachen Bildung sind bei den Türken die schlechtesten Werte zu registrieren.[52] Von den Männern haben 17,4 Prozent und bei den Frauen 25,9 Prozent keinen Schulabschluss (Nichtmigranten 1,4 bzw. 1,3 Prozent). Jeder zweite junge Türke hat keine Berufsausbildung, und bereits 27 Prozent der türkischen Zuwanderer leben von Hartz IV. Da gerade diese Gruppe demografisch stärker als andere Einwanderer zunimmt, während gleichzeitig die Noch-Mehrheitsgesellschaft rapide schrumpft, wird ihre mangelnde Integration zum zentralen Problem der ganzen Gesellschaft. Es droht, wird diese Entwicklung nicht aufgehalten, ein »Kulturabbruch«, wie Birg konstatiert. Diese Folgen sollten wir vor Augen haben, wenn wir glauben, die Integrationsfrage als eine rein soziale Aufgabe verstehen zu können.

Osman in Almanya

Ich möchte von einer Familie berichten, die seit 37 Jahren in Deutschland lebt. Man könnte sagen, dass sie glücklich ist. Ich habe das Schicksal der Familie Karakas in den letzten dreißig Jahren zunächst aus unmittelbarer Nähe und dann aus einiger Entfernung verfolgen können. Einiges davon habe ich in meinem Buch »Die fremde Braut« geschildert, dabei wie auch hier Namen und Orte verfremdet, weil es über die individuellen Umstände hinaus um die exemplarische Lebensgeschichte einer Migrantenfamilie geht.

Als Osman Karakas 1972 im Alter von 32 Jahren seine schwangere Frau Lütfiye und seine beiden Söhne Halit (vier) und Yavuz (zwei) in seinem Dorf in den Bergen Zentralanatoliens zurückließ, um in *Almanya*, in Deutschland, zu arbeiten, versprach er, im nächsten Sommer wiederzukommen. Sein Arbeitsvertrag war für den anatolischen Landarbeiter so etwas wie ein Lottogewinn, der ihn hoffen ließ, *köscheyi dönmek*, um die Ecke zu kommen, d.h. schon bald finanziell ausgesorgt zu haben. Von dem Lohn, der ihm zugesichert wurde, und einer für ihn so unglaublichen Sache wie dem »Kindergeld« würde er im kalten Norden leben, aber auch noch Frau und Söhne zu Hause, in seinem Dorf, ernähren können. Er würde sich Land kaufen und endlich das Haus bauen können, das sich alle so sehr wünschten.

Osman wurde als ungelernter Schichtarbeiter in einem Fahrzeugwerk angestellt und wohnte in einem Wohnheim in der Nähe des Werksgeländes. Aus dem geplanten »einen Jahr« wurden viele Jahre. Zu seiner Familie fuhr er nur während der Werksferien mit dem Bus und vielen Koffern. Eine Woche dauerte allein die Hin- und Rückreise, die übrige Zeit verging mit Begrüßung, Besuch und Verabschiedung von Verwandten.

Die Türkei machte gerade unruhige Zeiten durch, die Gewerkschaften nutzten das erst seit einigen Jahren legalisierte Streikrecht und kämpften gegen hohe Preise und Arbeitslosigkeit. Die türkische Wirtschaft war am Boden, erst das 1964 mit der Europäischen Union vereinbarte Assoziationsabkommen hatte wirtschaftlich Erleichterung gebracht. Das Abkommen – ein Zugeständnis des »Westens« an das Land am Bosporus, nachdem es den USA als Natopartner in der Kubakrise zur Seite gestanden hatte – erlaubte EU-Unternehmen die Anwerbung von Arbeitskräften in der Türkei, wovon vor allem die boomende deutsche Wirtschaft Gebrauch machte.

Das Anwerbeverfahren gestaltete sich Anfang der Siebzigerjahre recht schlicht: Die Firmen fragten ihre türkischen Arbeiter, ob sie jemanden kennen, der auch gern in Deutschland arbeiten würde. Über die Arbeitsämter wurden die Genannten dann in der Türkei angefordert. So stieg die Zahl türkischer »Gastarbeiter« in der Bundesrepublik bis 1971 auf über 450000, auch in Osmans Werk fanden bald viele aus der näheren und weiteren Umgebung seines Heimatortes Arbeit.

1972, als Osman nach Deutschland kam, ging die Zeit des ungebremsten Wirtschaftsaufstiegs gerade zu Ende – für die Bundesbürger eine ungewohnte Erfahrung, die manche Turbulenzen auslöste. Die Ölkrise hatte zu der ersten Nachkriegsrezession geführt. In den Autofabriken und Hütten wurde gestreikt, auch türkische Arbeiter beteiligten sich daran. Die ersten Zweifel wurden laut, ob Wirtschaft und Gesellschaft die stürmische Anwerbepolitik der Betriebe auf Dauer verkraften könnten. Bundeskanzler Willy Brandt mahnte in seiner Regierungserklärung 1973, man solle »sehr sorgsam überlegen, wo die Aufnahmefähigkeit unserer Gesellschaft erschöpft ist und wo soziale Vernunft und Verantwortung Halt gebieten«. Bisher waren billige ungelernte Arbeitskräfte gefragt, um die Nachfrage befriedigen und die Gewerkschaften mit ihren Forderungen ausbremsen zu können. Das änderte sich, als, beschleunigt durch die Ölkrise, die Automatisierung der Industrie begann, die ungelernte Kräfte immer weniger gebrauchen konnte.

1974 kam es zu einem Anwerbestopp. Die Zahl der Arbeitskräfte aus Griechenland, Jugoslawien und Spanien nahm um fast ein Viertel ab, viele gingen in ihre Heimatländer zurück; die Zahl der Türken hingegen erhöhte sich trotz des Anwerbestopps bis 1980 um 42,4 Prozent auf über 1,4 Millionen.[53] Die Ursache dafür war einer der großen Irrtümer der Politik: Eine im »Ausländergesetz« zunächst wenig beachtete Regelung, die im Rahmen der Familienzusammenführung Ehepartnern und Kindern den Nachzug erlaubte, entwickelte eine Eigendynamik, die niemand vorausgesehen hatte. Die wirtschaftliche Situation in der Türkei hatte sich nicht entscheidend verbessert, finanziell war es allemal vorteilhafter, in Deutschland als in der Türkei arbeitslos zu sein, zumal 1975 das Kindergeld erhöht wurde. Ende 1973 zahlte die Bundesrepublik für knapp 900 000 im Ausland lebende Kinder von Gastarbeitern Kindergeld. Das neue Kindergeldgesetz erhöhte die Beiträge um etwa 50 D-Mark pro Kind und Monat – allerdings nur für Kinder, die im Inland lebten. Außerdem sollte allen Kindern und Jugendlichen, die im Rahmen der Familienzusammenführung vor Ende 1976 nach Deutschland kamen, später eine Arbeitserlaubnis erteilt werden. Wer konnte, holte seine Familie nun nach Deutschland. Auch Osman tat das, sonst wären ihm monatlich ca. 150 D-Mark entgangen, mehr als der Monatslohn eines Arbeiters in der Türkei.

Mein Vater hatte sich, als er in Istanbul nicht zurechtkam, wie Osman auf den Weg nach Deutschland begeben, um hier sein Glück zu machen. Mein ältester Bruder blieb zunächst in Istanbul, und wir drei jüngsten Kinder wurden bei meiner Großmutter Emmana und dem Onkel in Pinarbashe in Zentralanatolien »geparkt«, während meine Mutter in Deutschland unsere Übersiedlung vorbereitete. Mein Vater wollte aber gar nicht, dass wir auch nach Deutschland kommen. Er bekam Mitte der Sechzigerjahre für seine vier Kinder etwa 300 D-Mark Kindergeld monatlich, wovon er 50 D-Mark für unsere Kost und Logis nach Pinarbashe überwies. Leichter war kein Geld zu verdienen. Für unser Leben in Anatolien reichte das allemal, glaubt er. Erst als meine Mutter krank wurde, weil ihre Kinder nicht bei ihr waren, willigte er schließlich ein, dass wir nachkamen, hielt das aber zeit seines Lebens für Geldverschwendung.

1976, gerade noch rechtzeitig, um in den Genuss der neuen Regelung zu kommen, holte Osman seine Familie nach Deutschland. Eigentlich wollte er hier nicht auf Dauer bleiben, aber noch musste er durchhalten, denn er hatte in seinem Heimatdorf mit dem Bau eines Hauses begonnen, das abbezahlt werden musste. Ein paar Jahre noch, dann, so glaubte er, habe er genug Geld gespart, um mit einem Auto in die Heimat zurückzukehren und vielleicht einen kleinen Laden aufzumachen. Aus diesem Grund bemühte er sich erst gar nicht, Deutsch zu lernen. Wozu? Er wollte hier ja nicht bleiben.

In seiner arbeitsfreien Zeit traf er sich ausschließlich mit Landsleuten zu Tee und Kartenspiel. Für seine fünfköpfige Familie mietete er eine einfache Zweizimmerwohnung, die seine Frau so einrichtete, wie sie es aus ihrem Dorf in Zentralanatolien kannte. Gegessen wurde auf dem Fußboden. Alle saßen um den flachen Tabletttisch mit den großen Schüsseln. Die Betten waren Deckenlager, die tagsüber zusammengerollt wurden. Den Rest besorgte man sich vom Sperrmüll, um möglichst wenig Geld auszugeben. Wurde etwas gekauft, so blieb es bis zur nächsten Heimreise in die Türkei in der Verpackung auf dem Schrank deponiert. Die Zutaten für das Essen – Bulgur, getrocknete Kichererbsen, Bohnen und Linsen – wurden aus dem Jahresurlaub in Säcken mitgebracht, das tägliche Fladenbrot selbst gebacken. Fleisch bekam man vom türkischen *Helal*-Schlachter, der einmal in der Woche mit seinem Wagen in den Ort kam. Bei Deutschen kaufte man möglichst nicht und vermied auch sonst den Kontakt mit ihnen. Es war die Zeit, in der sich die ersten türkischen Migranten mit Dönerbuden oder Gemüse- und Lebensmittelgeschäften selbstständig machten, wenn sie in den Fabriken keine Arbeit mehr fanden. So entstanden auch die ersten türkischen Läden im Ort.

Lütfiye, Osmans Frau, war sehr fromm und jammerte ihrem Mann die Ohren voll, er solle in die Moschee statt in die Teestube gehen. Die aber gab es nur in der fünfzig Kilometer entfernten Landeshauptstadt. Osman betete, wie alle muslimischen Männer des Ortes, freitags im Hinterzimmer der Teestube – bis er und andere Männer beschlossen, eine eigene Moschee zu gründen.

Lütfiye ging, außer wenn sie andere türkische Frauen besuchte, eigentlich nie vor die Tür, hatte keinen Kontakt zu Deutschen und trug weiter ihre weiten Hosen und Röcke unter dem Schürzenkleid, eine Strickjacke und immer ein Kopftuch. In der Kleinstadt war sie die Erste, die ihre anatolische Dorfkleidung auch in Deutschland anlegte. Die Frauen der anderen türkischen Arbeiter mokierten sich anfänglich darüber – nun käme das Dorf wohl in die Stadt. Aber nach und nach sammelte Osmans Ehefrau – zum Wohlgefallen der Männer – die Frauen der Gemeinde um sich, um zu beten und sich darüber auszutauschen, wie man im Land der Ungläubigen »rein« bleibt.

Halit, der älteste Sohn, war mit ihr nach Deutschland gekommen, als er gerade schulpflichtig wurde. Er lernte Deutsch. Eine Ausbildung kam aus Sicht seiner Eltern für ihn aber nicht infrage, denn als junger Hilfsarbeiter in der Fabrik seines Vaters konnte er sehr viel mehr Geld für die Familie verdienen als während der Lehrzeit. So ging er früh von der Schule ab und arbeitete wie der Vater im Dreischichtbetrieb. Bis auf fünf Mark Taschengeld gab er seinen Verdienst zu Hause ab.

Der jüngere Sohn Yavuz verweigerte seinen Eltern den Gehorsam, zur Schule hatte er keine Lust. Er war lieber auf der Straße, um mit seinen Freunden den deutschen Mädchen zu imponieren. Wenn er mal eine Arbeit fand, endete die meist nach zwei Tagen, weil ihm etwas nicht passte oder der Arbeitgeber ihn vor die Tür setzte.

Nurten, die Tochter und Jüngste, war Lütfiyes Augenstern. Da sie die meiste Zeit zu Hause verbrachte, hinterließen die süßen Mehlspeisen ihrer Mutter bald deutliche Spuren: Mit zehn Jahren wog Nurten schon sechzig Kilo und nahm ständig weiter zu. Sie schaffte den Hauptschulabschluss und fand nach zwei schulischen Berufsfindungsjahren eine Lehrstelle als Schwesterhelferin. Aber sie hielt die Ausbildung nicht durch, die war ihr »zu anstrengend«. Lieber ging sie mit ihrer Mutter putzen, natürlich unter der Hand und nur in Geschäften und Büros, niemals in den Privathaushalten deutscher Familien, das war Lütfiye unangenehm, auch ihr »türkischer Stolz« ließ nicht zu, dass sie und ihre Tochter die Wohnungen der »Unreinen« putzten.

Als Halit 23 wurde, fand seine Mutter, dass er in einem Alter sei, in dem ein Mann verheiratet werden müsse. Halit fügte sich, weil er immer machte, was seine Eltern von ihm verlangten – sie würden schon wissen, was gut für ihn war. Die Mutter fuhr in ihr Heimatdorf, ging auf Brautschau und arrangierte für 10 000 D-Mark Brautgeld die Hochzeit mit Hatice, einer hübschen Braut aus dem Freundeskreis ihrer Schwester.[54] Weil ihre Schwester die Heirat vermittelt hatte, musste Lütfiye ihr versprechen, Nurten mit Cüneyt, dem Sohn der Schwester, zu verheiraten. Dem Cousin war Nurten

117

zwar zu dick, doch die Aussicht, nach Deutschland zu gehen, war so verlockend, dass er schließlich einwilligte. 1995 wurde Nurten mit ihrem Cousin ersten Grades verheiratet.

Als Hatice 1992 als *importgelin*, Importbraut, in Halits Familie kam, war es nicht das versprochene Schlaraffenland, aber die 18-Jährige fügte sich ihrer Schwiegermutter Lütfiye, so wie sie es gelernt hatte. Die inzwischen sechsköpfige Familie lebte damals in einer kleinen Dreizimmerwohnung. Das junge Paar bekam das Schlafzimmer, die Eltern schliefen in der Küche, Nurten hatte ein kleines Zimmer, und der Jüngste, Yavuz, nächtigte im Flur. In den folgenden Jahren bekam Hatice im Jahrestakt drei Kinder, einen Sohn und dann zwei Töchter. Das vierte Kind, Recep, der Nachzügler, wurde 2008 geboren.

Yavuz, der sich bei deutschen Mädchen die »Hörner« abgestoßen hatte und dabei Vater von zwei unehelichen Kindern geworden war, musste, als er dreißig war, die Cousine der Frau seines Bruders heiraten und ist inzwischen Vater von zwei ehelichen Kindern.

Cüneyt, der Nurten heiraten musste, um nach Deutschland zu kommen, ist das letzte Glied der Kette. Trotz vielfacher Bemühungen gelang es nicht, für ihn eine Arbeitsgenehmigung zu erhalten. Beide bekommen staatliche Unterstützung und leben bei der Familie Karakas. Dafür muss er alle im Haus anfallenden Arbeiten machen, einkaufen gehen, Bekannte zum Arzt oder zum Flughafen bringen etc. Als er sich nach drei Jahren totaler Abhängigkeit weigerte, weiter den Sklaven zu spielen, nahm seine Schwiegermutter ihm den Hausschlüssel ab und setzte ihn vor die Tür. Ohne Kontakte, ohne Deutschkenntnisse, ohne Wissen, wohin er sich in seiner Not wenden konnte, blieb er vor der Türe sitzen. Er soll die ganze Nacht geklopft und gebettelt haben, bis die Familie ihn wieder ins Haus ließ. Jetzt schweigt er und ordnet sich ein, holt mit einem kleinen Lieferwagen nachts für die türkische Gemeinde frischen Fisch aus Wilhelmshaven oder geht auf Bestellung an Forellenteichen angeln. Was er damit verdient, muss er bei der Schwiegermutter abliefern.

Die gesamte Familie lebt immer noch unter einem Dach. Als Osmans wachsende Großfamilie ein größeres Heim brauchte, kaufte Halit ein dreistöckiges Reihenhaus und vermietete die unteren

Etagen an seine Eltern und Geschwister, damit die Wohngeld beantragen konnten. Das Haus ist klein, hat weniger als hundert Quadratmeter auf drei Stockwerken, auf denen 15 Personen leben. Das obere Geschoss ist nicht feuersicher ausgebaut und konnte deshalb nicht »offiziell« vermietet werden. Ganz oben wohnt jetzt Nurten mit Mann und Kind. Tagsüber halten sich auch die übrigen Frauen und Kinder dort auf, denn hier befindet sich die Küche, von der aus die Männer versorgt werden. Sie und ihre Besucher werden im ersten Stock bedient, damit der Männer- und Frauenbereich getrennt bleibt.

Vater Osman ist seit 1987 Frührentner. Nach 15 Jahren Arbeit in der Fabrik hatte er es »mit dem Rücken« und war laut amtsärztlichem Gutachten berufsunfähig – unter türkischen Migranten nicht unbedingt ein zu bejammerndes Schicksal. Schon damals kursierten die abenteuerlichsten Tipps, wie man es zum Frührentner bringen konnte, ob man lieber auf »Rücken« oder auf »Magen« machen sollte. Die Frührente betrug zwei Drittel der Normalrente – damit ließ sich in der Türkei besser leben, als es einem dortigen Lehrer oder Beamten möglich war. Außerdem konnte man ja auch noch einen Laden oder eine Teestube aufmachen oder Taxi fahren, niemand hinderte einen daran. Auch heute noch sind türkische Arbeitnehmer, so die Rentenstatistik, dreimal höher von Erwerbsunfähigkeit betroffen als andere Arbeitnehmer.[55]

Halit ist der Einzige in der Familie, der einer geregelten, versteuerten und sozialversicherungspflichtigen Arbeit nachgeht. Der Vater bezieht Frührente, die Mutter ist arbeitslos, so wie Yavuz und Nurten es sind. Man bekommt Wohngeld, Kindergeld, erst Sozialhilfe, jetzt Hartz IV.

Osman ist inzwischen fast siebzig Jahre alt und lebt damit schon länger in Deutschland als in der Türkei. Noch immer beherrscht er keinen ganzen deutschen Satz. Den Tag verbringt er in der Moschee, die er mitgegründet hat, spielt Karten, betet und wacht über seine Frauen. »In all den Jahren habe ich nie erlebt, dass sich eine meiner Frauen in der Stadt herumgetrieben hätte. Wir haben sie anständig erzogen«, sagt er voller Stolz. Seine Frauen hätten es gut, nicht einmal für den Einkauf müssten sie das Haus verlassen. Das stimmt: Die Importbräute sind eingesperrt in dem Haus, nur zu

119

Verwandten- oder Bekanntenbesuchen dürfen sie es verlassen. Zu Osmans großem Kummer tragen beide Importbräute noch nicht das Kopftuch, aber was nicht ist, wird noch werden, sagt er. Seine Frau, seine Schwiegertochter und Tochter gehen weiter putzen, versorgen ihn mit Taschengeld und sparen.

Lütfiye hat so viel gespart, dass sie mit dem Islamverband Milli Görus die Hadsch, die Pilgerreise nach Mekka, antreten konnte. Das kostete zwar 5000 Euro, ist aber mit Geld nicht aufzuwiegen, denn dadurch wurde sie in der Gemeinde zur *hadschi anne*, zur »heiligen Mutter«, und damit zur moralischen Instanz. Mit drei Koffern voller heiliger Tücher, heiligem Wasser und Gebetsteppichen kehrte sie zurück, verteilte die Geschenke unter den Frauen und gibt seitdem den Ton an. Bei der Geburt des letzten Enkelsohnes gab Frau Karakas in ihrem Haus ein *mevlüt*, eine Koranlesung für die Frauen der Stadt. Es kamen über hundert meist verschleierte Frauen und Kinder, um sie zu dem Enkelkind zu beglückwünschen. Drei Lämmer wurden geschlachtet und fünf riesige Bleche mit Baklava verteilt. Eine Vorbeterin rezitierte Koransuren, sie dankten Allah, dass sie als Muslime auf die Welt gekommen sind und so reich beschenkt wurden. Nur dass sie so weit von der Heimat entfernt leben, das tut manchmal weh, sagt Frau Karakas unter Tränen.

»Und die Deutschen, welche Rolle spielen die Deutschen in Ihrem Leben?«, frage ich sie.

»Ach, meine Tochter«, sagt sie auf Türkisch, »woher soll ich wissen, wie die leben, ich habe genug mit meinem eigenen Leben zu tun.«

Für die Familie Karakas, angesehenes Mitglied der türkischen Community in einer niedersächsischen Kleinstadt, ist Deutschland ein fremdes Land. Die Familie hat inzwischen viel Grund und Boden in der Türkei. Osman und Lütfiye werden sich später einmal dort begraben lassen.

Wie Frau Selime die Ehre der Familie befleckte

Selime ist 1952 in der Nähe von Sivas in Zentralanatolien geboren und besuchte dort die Dorfschule. Wie alle Kinder musste auch sie auf dem Feld und im Haus mithelfen. In den Fünfzigerjahren schickte die Regierung in Ankara Sozialarbeiter und Lehrer in die Dörfer, um dafür zu werben, die Kinder nach der Grundschule weiterführende Schulen besuchen zu lassen.

Die kleine Selime war tief beeindruckt von der Frau, die die Regierung geschickt hatte. Sie sah so anders aus als die Menschen in Selimes Dorf, sie war groß, trug ein dunkelblaues Kostüm und feine Schuhe. So wollte Selime auch einmal aussehen. Und sie träumte davon, weiter zur Schule gehen zu dürfen. Aber ihr Vater ließ sich nicht erweichen.

Am letzten Schultag, als die vornehme Dame aus Ankara die Namensliste aller Schüler durchging, fragte sie auch Selime noch einmal, ob sie sich denn nicht für die Mittelschule anmelden dürfe. Selime lief zu ihrem Vater aufs Feld und bettelte ihn erneut an. Doch der lehnte wieder ab.

Als Selime vom Feld zurückkam, schwindelte sie: Ihr Vater habe endlich zugestimmt. Die große Frau nahm sie mit in die Stadt, um ihr die neue Schule zu zeigen. Als Selime dort auf dem Schulhof mit anderen Kindern auf den Beginn der Besichtigung wartete, tauchte plötzlich der Vater auf. Er war so schnell wie noch nie vom Dorf in die Stadt geeilt, um seine Tochter, die sich heftig wehrte, vom Schulhof zu schleifen und wieder mitzunehmen. Aber die Lehrer redeten ihm gut zu, zeigten ihm die Klassenräume, und der Direktor lud den Vater auf ein Glas Tee ein. Das zeigte Wirkung: Selimes Vater fühlte sich geehrt und ließ seine Tochter dann doch gewähren.

Selime war zwölf und hatte sich das erste Mal im Leben durchgesetzt. Dass sie den Mut aufbringen konnte, für ihre Sache zu kämpfen – diese Erfahrung veränderte ihr Leben.

Nach der mittleren Reife ging sie wie die große Dame auf eine Fachschule für Sozialarbeit und absolvierte darüber hinaus eine Hauswirtschaftsschule. Danach musste sie wie alle Lehrer vier Jahre im Osten der Türkei arbeiten, als Gegenleistung für die Ausbildung. Selime wurde nach Erzurum geschickt, von dort aus fuhr sie aufs Land, von Dorf zu Dorf, um Frauen und Mädchen das Nähen beizubringen, sie über Verhütung und Kinderpflege aufzuklären.

An einem Wochenende besuchte sie mit einem Arbeitskollegen dessen Familie auf dem Dorf. Als sie am Montagmorgen von dem

Wochenendausflug zurückkam, hörte sie über die Lautsprecher, die überall aufgestellt waren, um amtliche Mitteilungen in der Stadt zu verbreiten, eine Vermisstenmeldung. Die Beschreibung passte auf sie. Weil sie am Sonntag nicht zum Frühstück erschienen war, hatte der Pensionswirt sie bei der Polizei gemeldet. Nun wusste die ganze Stadt – und auch bis in ihr Dorf würde es sich herumsprechen –, dass sie am Wochenende mit einem jungen Mann unterwegs gewesen war.

Selime musste den Polizisten Rede und Antwort stehen. Ihr war sofort klar, dass ihr Vater ihr diesen Ausflug nicht ungestraft durchgehen lassen konnte, wollte er nicht sein Ansehen verlieren. Er würde sie wieder nach Hause holen oder erwarten, dass der junge Mann sie heiratete. Das hatte sie aber nicht vor.

Selime ging erst gar nicht nach Hause. Sie lief zur nächsten Anwerbestelle und bewarb sich als Gastarbeiterin nach Deutschland. Sie hatte Glück: Es wurden gerade junge Frauen für die Elektroindustrie in einer niedersächsischen Stadt gesucht; und binnen einer Woche, noch bevor ihr Vater von ihrem Ausflug erfuhr, konnte sie aufbrechen in die Fremde.

Sie erinnert sich noch genau an ihren ersten Tag in der deutschen Fabrik und wie beeindruckt sie von den glänzenden Maschinen war. Mit ihr waren noch einige andere Frauen aus der Türkei gekommen, die sich scheu an den Händen hielten und ängstlich umschauten. Mit ihnen lebte Selime im Wohnheim. Zu sechst teilten sie sich ein Zimmer, und die meisten Frauen trauten sich nach der Arbeit kaum vor die Tür. Selime fand das bedrückend. Sie wollte raus, sie wollte mittendrin sein in diesem neuen Leben. Sie begriff schnell, wie die Arbeit funktionierte, sie lernte Deutsch und erkundigte sich in der Stadt nach einem eigenen Zimmer.

Erst einige Zeit später schrieb sie an ihre Familie in der Türkei. Ihr Vater verzieh ihr die eigenmächtige Entscheidung, denn eine Tochter oder einen Sohn in Deutschland zu haben, eröffnete vielleicht doch noch die Aussicht auf Wohlstand – das könnte ein Glücksfall für die ganze Familie sein. Allerdings verlangte der Staat das Geld für Selimes Ausbildung zurück. Sie stotterte ihre »Staatsschulden« in Raten ab.

Aber ganz kam der Vater nicht darüber hinweg, dass sich seine

Tochter inzwischen selbstständig gemacht hatte und sich ihr Leben von ihm nicht mehr vorschreiben lassen wollte. Das sollte ihm bei seinen anderen Kindern nicht passieren. Bei nächster Gelegenheit verheiratete er Selimes Schwester und dann ihren Bruder, der erst 17 war. Der Bruder kam im Dorf nicht zurecht, deshalb sollte Selime ihn zu sich holen und ihm in Deutschland pro forma eine Braut besorgen. Dann würde er sich scheiden lassen, aber seine türkische Frau und die Kinder nachholen, sobald er in Deutschland sei. Damit wäre er versorgt. Als Selime es ablehnte, was der Vater verlangte, warf er ihr vor, undankbar zu sein.

Selime war erfolgreich in Deutschland. Sie erfuhr Anerkennung und machte Karriere. Nach einem Jahr am Fließband wurde sie, dank ihrer inzwischen fortgeschrittenen Deutschkenntnisse und ihrer guten Bildung, als Übersetzerin und Beraterin im Betrieb beschäftigt. Sie betreute die Frauen, begleitete sie zum Arzt, zu den Ämtern und Behörden. Bald gründete sie mit anderen Migranten einen Ausländerverein, in dem sie den Vorsitz übernahm. Sie wurde von der Arbeiterwohlfahrt eingestellt und lernte ihren späteren Mann kennen, einen Deutschen.

Als wir durch ihre deutsche Heimatstadt gehen, möchte sie mir unbedingt die Kirche zeigen, in der sie von einem evangelischen Pfarrer getraut wurde – in Weiß, obwohl sie Muslimin ist. Ihr Vater hatte lange darauf bestanden, dass sie einen Muslim heiratete, schließlich aber nachgegeben. Selimes Ehe hielt zwanzig Jahre, drei Kinder gingen daraus hervor. Ihr zweiter Mann ist wieder ein Deutscher; mit ihm war sie sieben Jahre verheiratet, bis sie sich in aller Freundschaft trennten. »Das ist Zivilisation«, sagt sie und lacht.

Sie wohnt heute in einem der ehemaligen Wohnheime der Fabrik, die inzwischen zu Eigentumswohnungen umgewandelt wurden. Die Häuser befinden sich etwas außerhalb der Stadt, mit einem Blick ins Grüne, bis zu den Ausläufern des Harzes. »An manchen Tagen kann ich den Brocken sehen«, sagt Selime stolz. Als wir später mit dem Auto in die Nachbarstadt fahren, erzählt sie mir, dass diese kurvenreiche Strecke sie einst sehr getröstet habe, besonders nachdem sie sich von ihrem Mann getrennt und darunter sehr gelitten hatte. Erst als sie täglich zu ihrer neuen Stelle in der Nachbarstadt fuhr, habe sich der Trennungsschmerz in die endlos

schöne Landschaft mit ihren weichen Hügeln und einem glitzern-
den kleinen Fluss in der Ferne allmählich verflüchtigt – an diesem
Anblick erfreue sie sich jeden Tag aufs Neue.

Selime ist mitten in Deutschland angekommen.

Auf der Veranstaltung am Abend, auf der ich einen Vortrag halte, sind mehr türkischstämmige Musliminnen anwesend als sonst.
Beim Streit ums Kopftuch bilden sich schnell zwei Lager – die, die
das Kopftuch als ihre persönliche Freiheit verteidigen, und die anderen, die darin ein Symbol für die Unterdrückung der Frau sehen.
Jede Seite kann ihre Argumente vortragen. Es ist ein guter Abend,
denn hier melden sich auch Frauen wie Selime zu Wort, die stolz
darauf sind, ihr Leben in die eigenen Hände genommen zu haben,
und wissen, was es zu verteidigen gilt.

Der Onkel holt die Braut vom Pferd

Seit mit der Reform des Zuwanderungsgesetzes die Regelung besteht, nach der »Importbräute« mindestens 18 Jahre alt sein und
300 Wörter Deutsch beherrschen müssen, versuchen die türkische
Gemeinde und andere Lobbyisten, diese Vorschrift zu kippen. Auch
die türkische Presse in Deutschland, die sich gern als »der große
Bruder« der Migranten aufspielt, weiß genau, was die Türken in
Deutschland bedrückt.

In der Zeitung *Hürriyet* wurde am 27. Januar 2009 empört darüber berichtet, dass Paare, die einen Antrag auf Familienzusammenführung stellen, in der deutschen Botschaft in Ankara Aus-
kunft geben müssen, wie lange sie sich denn schon kennen. Wenn
das Amt den Eindruck gewinnt, dass diese Ehe arrangiert wurde,
Braut und Bräutigam sich gar nicht oder nur flüchtig kennen,
kann das Visum verweigert werden. Es ist eine Konsequenz, die
die Politik aus der verbreiteten Praxis der arrangierten Ehe oder
der Zwangsverheiratung gezogen hat, die den deutschen Gesetzen
widersprechen. Laut *Hürriyet* klagen nun viele Eltern, dass sie nicht
mehr, wie bisher, frei eine Braut in den Dörfern der »Heimat« für
ihre Söhne suchen könnten; für die Migranten bedeute die neue
Regelung – eine der größten unter den »tausend Sorgen«, die Türken in Deutschland hätten – eine Diskriminierung.

Reist man durch die Türkei, wird man allerorten angesprochen, ob man nicht helfen könne, einen Bekannten, eine Verwandte nach Deutschland zu verheiraten. Im letzten Sommer war ich mit einer deutschen Freundin auf Lesereise in Gaziantep, einer Millionenstadt im Südosten der Türkei, nahe der syrischen Grenze. Als der Portier des Hotels hörte, dass wir Deutsche sind, schimpfte auch er heftig auf die neuen Zuwanderungsbestimmungen: Was das denn solle, dass man jetzt Deutsch lernen müsse, bevor man die Kinder nach Deutschland verheiraten könne – das sei doch unmöglich, ja, diskriminierend. Fünf Kinder habe er schon nach Deutschland verheiratet. »Und jetzt soll Schluss damit sein?«, redete er sich in Rage.

Eigentlich suchten wir nur eine Fahrgelegenheit, um nach Antakya zu kommen. Sein Sohn, dieser »Taugenichts«, meinte der Portier, könne uns chauffieren.

Cetin, ein 27-Jähriger mit dichtem Vollbart, vermied es, uns Frauen die Hand zu geben – ein deutliches Signal, dass wir es mit einem strenggläubigen Muslim zu tun hatten; sein Bart war ein Zeichen dafür, dass er bereits die Pilgerfahrt nach Mekka gemacht hatte.

Als wir ihm berichteten, dass sein Vater uns erzählt habe, er wolle nach Deutschland heiraten, grummelte er anfänglich nur; dann aber brach es aus ihm heraus: Er sei verzweifelt, die Familie lasse ihn einfach nicht in Ruhe und verlange, dass er heirate, obwohl er gar nicht wolle. Er sei als technischer Zeichner ausgebildet und arbeite jetzt bei der Polizei. Aber dem Vater sei das alles nicht recht, denn er habe seinem in Deutschland lebenden Bruder fest versprochen, seiner Tochter Cetin zum Mann zu geben.

Ich fragte Cetin, was er denn jetzt zu tun gedenke, schließlich sei er doch bei der Polizei und könne sich doch wehren. Da lachte er nur. »Ich werde tun, was man von mir verlangt. Wir werden meist schon bei der Geburt von unseren Vätern irgendjemandem in der Verwandtschaft versprochen. Bei uns in Antep gilt der Spruch: Der Onkel holt die Braut vom Pferd. Traditionell wird die Braut von der Familie des Bräutigams aus dem Dorf mit einem Pferd abgeholt. Der *Amca*, der Onkel väterlicherseits, holt die Braut vom Pferd, das heißt, er nimmt sie in Besitz. Mein Vater hat mich der Tochter

125

seines Bruders in Berlin versprochen, und die werde ich im Sommer heiraten. Mein Vater hofft, dass ich ihm dann monatlich Geld schicke, damit er nicht mehr so viel arbeiten muss.«

»Und wie ist sie so, Ihre Braut?«

»Ich kenne sie gar nicht, ich habe mich sogar geweigert, ein Foto von ihr anzusehen.«

»Aber wie wollen Sie denn heiraten, wenn Sie das Mädchen gar nicht kennen?«

»Das ist bei uns ganz einfach. Das Mädchen hat einem seiner Onkel eine Vollmacht ausgestellt, dass der seine Nichte verheiraten darf. Außerdem ist ein Verwandter von uns auf dem Amt, so können wir verheiratet werden, ohne dass die Braut anwesend sein muss.«

»Und wenn Sie einfach weglaufen?«, fragte ich. »Was würde dann passieren?«

Er lacht wieder. »Das hat keinen Zweck, die würden mich finden und dann …«, er macht eine Bewegung mit der flachen Hand über den Hals. »Ich wäre dann vogelfrei und die Familie des Mädchens entehrt.«

Wenn ein Hochzeitsversprechen nicht eingehalten wird, kann das eintreten, was im Mai 2009 in Bilge, einem kleinen Dorf in der Nähe von Mardin im Südosten der Türkei, geschehen ist, als der eine Teil des Familienclans der Celebi den anderen bei einer Hochzeit überfallen und 44 Männer, Frauen und Kinder ermordet hat.[56]

»Und was machen Sie jetzt?«

»Deutsch lernen«, antwortete er. »Ich fahre nach der Hochzeit nach Ankara und gehe zum Goethe-Institut, um den Deutschkurs zu besuchen, und dann nach Deutschland.«

»Das ist ja eine Zwangsverheiratung«, empörte ich mich. »Da können Sie in Deutschland Hilfe bekommen.«

»Nicht nötig«, winkte er ab. »Ich habe schon Kontakt nach Deutschland aufgenommen. Im letzten Jahr war eine Gruppe muslimischer Brüder hier, die in Köln eine Moschee und eine Koranschule haben. Die helfen mir. Wenn ich erst in Berlin bin, nehme ich meinen Koffer und fahre zu ihnen nach Köln. Dann bin ich endlich frei. Und dann soll mal jemand versuchen, mich da rauszuholen! Das wird niemand wagen!«

»Was für eine Gruppe ist das denn?«

»Ach, Abla, das wollen Sie gar nicht wissen.«

Und so gewöhne ich mich auf der Fahrt nach Antakya an den Gedanken, bald einen weiteren türkischen Mitbürger in Deutschland zu haben, der eigentlich gar nicht da sein will und deswegen Islamist wird, um so, auf seine Art, »frei« zu sein.

Die entschleierte Frau
Die Rolle der Frau in der islamischen
Gemeinschaft

Seit vierzig Jahren lebe ich jetzt in Deutschland, seit fast zwei Jahrzehnten bin ich deutsche Staatsbürgerin. Ich bin in zwei Kulturen
zu Hause, in der türkisch-muslimischen Familie wurde ich sozialisiert, in der deutschen Gesellschaft wurde ich ausgebildet, lernte
Selbstbestimmung und Verantwortungsbereitschaft.

Dieses Privileg, beide Welten zu kennen, ermöglicht mir, sowohl
auf die deutsche wie auf die muslimische Kultur den durch Distanz geschaffenen »fremden Blick« zu werfen und ein Auge für die
spannungsgeladenen Differenzen zu haben. Die konfliktreichsten
Unterschiede betreffen fast immer das Verhältnis von Männern
und Frauen. Für die hiesige Gesellschaft bleibt unverständlich,
warum muslimische Frauen sich in schwarze Zelte kleiden oder
ihre Kinder mit Partnern verheiraten, die die gar nicht kennen; die
andere Welt findet es unmöglich, dass junge Mädchen in bauch-
freien T-Shirts herumlaufen oder Mann und Frau auch unverheiratet zusammenleben dürfen. Manchmal liefern solche kulturellen
Differenzen Stoff für Komödien, aber sie können auch Tragödien
auslösen.

Dass traditionelle Muslime das Verhältnis zwischen den Ge-
schlechtern ganz anders sehen und bewerten, liegt an ihrem religiös
beherrschten Welt- und Menschenbild. Der schwarze Tschador, in
den sich die arabischen Frauen werfen, wenn sie in Berlin-Neukölln in Begleitung ihrer Männer einkaufen gehen, ist nicht nur
ein Kleidungsstück – in ihm drückt sich die religiöse Verpflichtung
aus, dass sich Frauen in der Öffentlichkeit unkenntlich, unsichtbar
zu machen, gegenüber den Blicken anderer Männer zu verhüllen
haben. Sie sollen von anderen schließlich nicht wie Sexualobjekte

»begafft« werden, wie mir ein Palästinenser entgegenschleuderte, als ich auf einer Veranstaltung in Rüsselsheim den »Schleier« kritisierte.

In den christlichen Gesellschaften ist der Schleier längst gefallen – dass Frauen sich unsichtbar zu machen hätten, verträgt sich nicht mit einer auf individuellen Grundrechten und der Gleichberechtigung von Männern und Frauen basierenden Gesellschaft. Das ist im Islam ganz anders.

Himmelfahrtskommando

Tief hat sich das Bild von der Frau als Verführerin, als Abgesandte des Teufels und Sünderin ins muslimische Bewusstsein eingegraben. Die Frau als Versucherin muss überwacht und kontrolliert – in der Diktion muslimischer Männer heißt es: »beschützt« – werden. Wer solchen Bildern entgegentritt, hat einen schweren Stand.

Bis heute wird mit solchen Vorstellungen, die an die mittelalterliche Hexenverfolgung bei den Christen erinnern, die Bevormundung und Überwachung – und in vielen islamischen Gesellschaften auch die juristische Benachteiligung – von Frauen gerechtfertigt. Ich selbst bin mit solchen Geschichten und Hinweisen auf das sündhafte weibliche Dasein aufgewachsen, die mir gerade auch von den Frauen der Verwandtschaft und der Nachbarschaft als »Erklärung« mit auf den Lebensweg gegeben wurden, immer versehen mit den allfälligen Mahnungen, Buße zu tun, indem ich meinen Pflichten nachkomme, Gehorsam zeige, den Männern Respekt erweise. Sonst würde Allah mich ins ewige Höllenfeuer schicken.

Eine »Himmelsreise« wie Mohammed sie antrat, auf der er das Paradies sehen durfte, bleibt uns Frauen allerdings ohnehin verwehrt. Das Paradies ist, wie das Gebet in der Moschee und wie so vieles andere, den Männern vorbehalten – den Männern werden Jungfrauen und junge Knaben zur ewigen Wollust versprochen, den Frauen ein Garten und Schatten.[57]

Wer sich nur innerhalb der traditionellen muslimischen Community aufhält und nicht mit anderen Vorstellungen in Berührung kommt, wird sich schwerlich von solchen erniedrigenden Bildern lösen können. Ich habe es nicht nur einmal erlebt, dass muslimische

Frauen ihre eigene Unterdrückung vehement mit dem »Willen Allahs« oder den Geboten des Korans verteidigten.

Der traditionelle Islam kennt die Selbstbestimmung der Frau nicht, diese steht zeitlebens unter der Kontrolle der Männer. Die Väter kontrollieren die Töchter, die Brüder die Schwestern, die Männer ihre Frauen, die Söhne die Mütter, die Frauen schließlich sich selbst. Ich bin der festen Überzeugung, dass die Befreiung aus diesem Gehäuse zunächst von uns Frauen ausgehen muss. Die auf tradierte Rechte fixierten muslimischen Männer werden uns dabei keine Hilfe sein, wenn wir ihnen die Macht über Frauen und Mädchen nehmen wollen. Aber sie werden auch etwas zurückbekommen, die Selbstbestimmung über ihr eigenes Leben. Bis dahin ist es allerdings noch ein weiter Weg, und wir stehen erst ganz am Anfang.

Mir geht es bei meinem Streit mit den Wächtern des Islam um die religiös gerechtfertigte Verweigerung der Selbstbestimmung der Muslime – der Frauen wie der Männer, der Töchter wie der Söhne –, die mit einer auf Selbstverantwortung fußenden Gesellschaft einfach nicht verträglich ist. Für die demokratische Gesellschaft wird der Islam zu einer wachsenden Herausforderung, und das liegt nicht nur an den Muslimen. Wenn stadtbekannt ist, dass ein muslimischer Vertreter im Ausländerbeirat einer Kommune seine Frau zu Hause einsperrt, wenn Mädchen nach den Sommerferien in hiesigen Schulen fehlen, weil sie von der Verwandtschaft in die Türkei verschleppt wurden, wenn leichtfertig auch von nichtmuslimischer Seite für die Zulassung von Prinzipien der Scharia votiert wird – und sich dagegen kein Protest erhebt, dann frage ich mich, ob wir wirklich bereit sind, den Rechtsstaat aktiv zu verteidigen. Nur wenn die Grundrechte für alle die Richtschnur bleibt, auch die gültige Messlatte für die Integration gleich welcher Glaubensgemeinschaft, kann auch diese Gesellschaft bleiben, was sie ist: eine Gesellschaft freier Bürger.

Mut gehört bei dem, was ich mache, nicht dazu. Ich lebe in einem freien Land, ich kann sagen und schreiben, was ich für richtig halte, ich werde gehört, man druckt meine Texte. Und ich bin nicht allein. Auch andere, überwiegend Frauen, haben die öffentliche Debatte über den Islam vorangetrieben. Gefährlich wird es erst, wenn wir zu einsamen Rufern in der Wüste werden, weil zu viele es achselzuckend hinnehmen, wenn Löcher in den die Grundrechte schützenden Deich der säkularen Gesellschaft gerissen werden. Dann könnte der Streit mit den Muslimen tatsächlich zu einem »Himmelfahrtskommando« werden.

Eine Zigarette im Café de Flore

»Freiheit« habe ich als Kind nur als etwas den Männern Vorbehaltenes kennengelernt. Als 14-Jährige fragte ich meine Mutter, wann ich denn frei sein würde, wann ich denn endlich für mich selbst entscheiden dürfe. Ihre knappe Antwort war: »Freiheit ist nicht für uns Frauen gemacht.« Schon meine Frage war ihr ganz undenkbar erschienen. Für sie war »frei sein« gleichbedeutend mit »vogelfrei«, das heißt ohne Schutz und damit womöglich der Gewalt anderer Männer ausgeliefert zu sein. Für muslimische Frauen gibt es die Freiheit »von etwas« – nicht die Freiheit »zu etwas«. Sie sind frei *von* Verantwortung, frei *von* Selbstbestimmung, nicht frei, *um* Selbstbestimmung und Verantwortung wahrzunehmen.

Es war eher instinktive Selbstbehauptung, die mich gegen die Bevormundung meines Vaters rebellieren ließ; es war meine Rettung, dass er irgendwann aufgab und zurück in die Türkei ging; und es war ein großes Glück, dass ich einen Bruder hatte, der zu mir hielt und mir half, meinen eigenen Weg zu gehen. Denn in einer traditionellen Großfamilie mit vielen Brüdern und Cousins und Onkeln und Tanten hätte das »Volksgericht« der Sippschaft meinen Aufstand mit Gewalt niedergeschlagen. Und vermutlich hätte ich keine Möglichkeit gehabt, nach Antworten auf die Frage zu suchen, die mich aufgrund solcher Erfahrungen umtrieb und immer noch umtreibt – warum meine Herkunftsgesellschaft dem weiblichen Geschlecht Rechte verweigert, die sie Männern zugesteht, und den Frauen nicht erlaubt, »für sich selbst zu sein«.

Was es bedeutet, niemandem unterworfen zu sein, sich nur selbst zu gehören, habe auch ich erst spät erfahren, dank der Frauenbewegung und Frauen wie Alice Schwarzer, die mir ein Vorbild ist und mich ermutigt, als Frau eigenständig zu denken. Und ich fand in der Literatur Frauen, die mir zum Vorbild wurden.

Eine literarische, eine gute Lehrerin war Simone de Beauvoir. Als ich sie mit 21 oder 22 Jahren für mich entdeckte, weckte sie mein Interesse nicht durch das, was sie für viele deutsche Frauen damals war – die geistige Mutter der Frauenbewegung. Damit hatte ich in der Zeit, in der ich hauptsächlich mit mir selbst beschäftigt war, noch nicht viel am Hut. Die wichtigsten Schlachten – »Mein Bauch gehört mir« und »Gleicher Lohn für gleiche Arbeit« – waren geschlagen, nicht alle gewonnen worden. Ich war damals mit meiner eigenen Befreiung beschäftigt, hatte mich von meinem Vater, meiner Familie, getrennt, hatte ein Studium aufgenommen und wollte leben.

Die französische »Tochter aus gutem Hause« lernte ich durch ihre Memoiren kennen, ich las, wie die junge Simone heimlich nach der Schule im Park auf der Bank saß, ihre Freiheit genoss und eifersüchtig auf eine Frau war, die mehr Bücher als sie besaß. Darin erkannte ich eine Seelenverwandte. So wollte ich auch sein. Sie war wie eine Schwester, der ich nacheiferte.

So trat ich, mit Anfang zwanzig, meine erste Reise nach Paris an. 69 D-Mark kostete die Busfahrt von Hamburg nach Paris und zurück. Ich wollte einen Tag lang in Simones Nähe sein, durch die Straßen gehen, durch die sie gegangen war, die Luft atmen, die sie geatmet hatte, und auf den Plätzen sitzen, an denen sie gesessen hatte. Ich rauchte eine Zigarette im Café de Flore, sah zu dem Fenster ihrer Wohnung hinauf, suchte eine Bank im Jardin du Luxembourg auf und genoss das Gefühl, ganz für mich und ich selbst zu sein. Es war eine sentimentale Reise, aber sie entfaltete eine ganz unsentimentale Wirkung: Denn diese Freiheit, selbst zu entscheiden, was ich tat, und auch selbst dafür verantwortlich zu sein, dieses Gefühl, das sich dabei einstellte, war das, was ich am meisten vermisst hatte und nie wieder hergeben wollte.

Das Tabu der Freiheit

1990, gleich nach der Wende, ging ich als »Wessi« in den Osten, nach Greifswald, um die neuen Beamtenanwärter für die Kreis- und Stadtverwaltung unter anderem auch in Staatsbürgerkunde zu unterrichten, ihnen zu vermitteln, was westliche Werte und

Freiheit bedeuten. Kein ganz einfacher Job, aber ich hatte es leichter als manche meiner Kollegen, die mit mir dort arbeiteten. Der Vorwurf, als »Wessi« den Osten zu kolonialisieren, prallte an mir schon wegen meiner Herkunft ab, Istanbul liegt eindeutig östlicher als Greifswald. Und ich kannte die Mentalität von Menschen, die in einer auf das Kollektiv ausgerichteten Gemeinschaft sozialisiert und bevormundet worden waren.

Ich freute mich auf diese Arbeit, vielleicht, weil »Freiheit« für mich ein ganz kostbares Gut war, etwas unerhört Neues, das ich mir in meinem Leben erst erkämpfen, womit umzugehen ich erst erlernen musste. Denn das, was das deutsche Wort bedeutet, nämlich »unabhängig sein«, sein Leben, seine Entscheidungen selbst zu bestimmen und dafür einzustehen, hatte ich in meiner Erziehung nicht kennengelernt. Im Gegenteil: Ich war aufgewachsen wie andere Kinder auch, die in muslimischen Gesellschaften nicht zu Individuen, zu selbstständigen Personen, sondern zu Kollektivwesen erzogen werden. Dienen und gehorchen heißen die Imperative, das gilt besonders für die Mädchen. Dass ein Mädchen seine eigene Meinung, eigene Wünsche gegenüber Älteren oder gar gegenüber einem Mann äußert, ist nicht vorgesehen.

Individualität gilt als Egoismus, der die ganze gottgegebene Ordnung des »Respekts«, auf dem die kollektive Gemeinschaft beruht, infrage stellen könnte. In dieser Kultur gehört sich niemand selbst, die Gemeinschaft ist die alles beherrschende Größe, der Bezugspunkt. Jeder soll zu einem dienenden Glied eines größeren Ganzen, sei es der Familie, des Clans, des Landes, erzogen werden. Darin drückt sich das »arabische Erbe« der islamischen Gesellschaften aus: Das türkische Wort für Freiheit, *hürriyet,* das von dem arabischen Begriff *hurria* abstammt[58], hat nichts gemein mit der westlich-aufklärerischen Tradition von »libertas«, der Befreiung des Einzelnen von jedweder, auch religiöser Bevormundung, sondern meint in seiner ursprünglichen Bedeutung das Gegenteil von Sklaverei: Der Sklave wird »frei«, um Allah zu dienen. Für gläubige Muslime bedeutet Freiheit, »den Vorschriften des Islam zu gehorchen«. Und die legitimieren in erster Linie die Vorherrschaft des Mannes – die Kehrseite der Medaille ist die Beherrschung der Frau.

In der westlichen Gesellschaft ist Freiheit unteilbar, in muslimischen Gesellschaften ist sie den Regeln eines Apartheidsystems unterworfen.

Wie Kinder und Behinderte werden Frauen »unter den besonderen Schutz« der Männer gestellt. Fürsorge ist damit nicht gemeint, sondern Kontrolle, Überwachung, zählt doch die Frau zur privaten Sphäre, zum Haus des Mannes. Deshalb können auch nur die Männer der eigenen Familie sie vor der Gewalt anderer oder vor der Versuchung durch »Fremde« schützen. Dieser »Schutz« ist letztendlich nichts als Bevormundung, die Umschreibung eines Besitzanspruches und damit das Gegenteil von Selbstbestimmung.

Wurst und Sünde

Viele muslimische Frauen haben sich einer solchen Bevormundung längst entzogen. Ich spreche aber nicht von persönlichen Schicksalen, sondern von den Wertvorstellungen einer Religion und einer Kultur. Ich selbst habe mich erst in einem Jahre dauernden Prozess von diesen Zwängen gelöst, wie viele andere Frauen auch.

Ich war 18, also bereits volljährig, und im letzten Ausbildungsjahr zur technischen Zeichnerin, als ich auf dem Nachhauseweg von der Arbeit allen Mut zusammennahm, um etwas seit Langem Beschlossenes endlich in die Tat umzusetzen: eine Bratwurst zu essen. Bratwürste essen nur die *gavur*, die Ungläubigen, denn meist besteht die Wurst aus Schweinefleisch – und Schweinefleisch ist *haram*, verboten, eine Sünde. Ich bestellte also meine Bratwurst und zögerte, ich fürchtete, dass sich beim ersten Biss die Erde auftun und mich verschlingen könnte. Die Wurst war nicht besonders lecker, aber das Entscheidende war – dass nichts geschah. Kein Erdbeben, kein Höllenfeuer, nichts. Alles, womit mir als Kind Angst und Schrecken eingejagt worden war, fand nicht statt. Ich hatte gesündigt und fühlte mich gut dabei. Ich ahnte, dass es mir mit anderem, was verboten war, ähnlich gehen könnte. Das reizte, auf diesem Pfad weiterzuwandern und mir Freiheiten durch Grenzüberschreitungen zu erobern.

So harmlos diese Anekdote klingen mag, so exemplarisch ist sie für die Sozialisation vieler muslimischer Kinder. Sie werden vor allem mit Mitteln der »schwarzen Pädagogik«, mit Drohungen, mit verbaler und oft auch mit körperlicher Gewalt, zu Kollektivwesen erzogen.

Es hat dreißig Jahre gebraucht, bis ich mich in aller Öffentlichkeit zu meiner Bratwurst-Sünde bekennen mochte. Freiheit, wie wir sie hierzulande als selbstverständlich ansehen, macht muslimischen Frauen Angst. Wem von Kindesbeinen an eingebläut wird zu gehorchen, wer nichts anderes sieht als die eigenen vier Wände, der fürchtet sich irgendwann, allein zum Arzt zu gehen.

Wie sollen aus Menschen, denen nicht beigebracht wurde, Verantwortung für sich selbst zu tragen, verantwortungsbewusste Bürger werden? Wie können Frauen, denen ihre Männer nicht erlauben, die Wohnung zu verlassen, als Bürgerinnen und Wählerinnen mitentscheiden und sich einmischen?

Freiheit muss man durch Erfahrung lernen. Deshalb ist es so wichtig, dass Kinder, gleich aus welchen Familien sie kommen, die Möglichkeit haben, sich selbst auszuprobieren, körperliche, kulturelle und soziale Erfahrungen machen können, schwimmen gehen, auf Berge klettern, Museen und Theater besuchen. Daran dürfen sie nicht unter Berufung auf religiöse Gebote gehindert werden, ebenso wenig darf man akzeptieren, dass sie auf Druck der Gemeinschaft »freiwillig« ein Kopftuch aufsetzen. Erst, wenn sie eine gewisse Unabhängigkeit erreicht haben, selbstständig denken können, mögen sie selbst entscheiden, was sie für richtig halten. Freiheit heißt nämlich auch, die Wahl zu haben und das Recht, Nein zu sagen.

Körperliche und geistige Autonomie ist neben einer guten Ausbildung die Voraussetzung für Freiheit. Unsere Schulen sind dazu da, gerade auch dies den Kindern zu vermitteln. Ich möchte, dass alle Kinder möglichst früh, also bereits im Kindergarten nicht nur mit der deutschen Sprache, sondern auch mit der Kultur der Selbsterfahrung und Selbstständigkeit in Kontakt kommen.

Eine muslimische Erziehung

Die Leitlinien der Erziehungsvorstellungen meiner Eltern hießen *günah* und *sebab*, Sünde und Tugend, oder anders ausgedrückt: verboten und erlaubt, *haram* und *helal*. Bereits als kleines Kind wurde mein Benehmen nach *günah* und *sebab* beurteilt. Wenn ich zum wiederholten Mal in die Küche geschickt wurde, um Tee, Zucker oder Brot für die Familie zu holen, und dabei grimmig zu gucken anfing, sagte meine Mutter: »Wie willst du *sebab*, gute Taten, sammeln, wenn du nicht etwas Gutes tust? Du machst das nicht für uns, sondern für Allah.« Und als Begründung schob sie gern nach: »Wir leben nicht für das Diesseits, sondern für das Jenseits. Dort werden wir Allah Rede und Antwort stehen müssen. Also, marsch, in die Küche und mach den Abwasch!«

Als kleines Mädchen fragte ich ständig, ob das, was ich gerade tat, *günah* oder *sebab* sei. Als ich einmal, statt das Handtuch zu nehmen, meine frisch gewaschenen Hände in der Luft trocken wedelte und dabei versehentlich Wasser verspritzte, rannte ich ganz erschrocken zu meiner Mutter, um zu erfahren, ob ich damit gesündigt hätte. Meine Mutter saß, wie immer am Nachmittag, mit Nachbarinnen im Wohnzimmer und strickte. Von meiner ewigen Fragerei ohnehin schon genervt, ließ sie auf mich einen ganzen Regen der unter Muslimen so beliebten Flüche hinabprasseln: »Allah wird dir deine Augen ausstechen, und ich werde dir die Beine brechen, wenn du noch mal wegen einer solchen Lächerlichkeit ankommst!« Aber was denn nun »lächerlich« war und was nicht, das konnte sie mir nicht erklären. Also hörte ich auf zu fragen, und sie hörte auf, mich an meine Sünden zu erinnern.

Bei meiner Schwester war sie mit dieser Art der Erziehung erfolgreicher. Als sie sieben Jahre alt war, wurde ich geboren – von nun an, das war für meine Mutter selbstverständlich, hatte meine Schwester *kücüc anne*, meine »kleine Mutter«, zu sein. Ein Jahr später wurde mein Bruder geboren, und nun hatte meine damals erst achtjährige Schwester zwei Kinder zu versorgen und obendrein einen Teil der Hausarbeit zu erledigen – »Allah wird es dir danken«, meinte meine Mutter.

Spielen konnte meine Schwester kaum, denn dabei musste sie uns immer mitnehmen. »Allah möge mir endlich das Leben nehmen«, murmelte sie oft vor sich hin, »damit ich alles hinter mir habe.«

»Versündige dich nicht«, schrie meine Mutter, wenn sie so etwas hörte. »Mit Allah droht man nicht, er sieht und hört alles, du wirst dem Feuer nicht entgehen, wenn du nicht gehorchst.« Dass sie selbst oft genug den strafenden Allmächtigen im Munde führte, schien ihr gar nicht aufzufallen.

Als ich alt genug war, um im Haushalt mitzuhelfen, war ich, wie die meisten türkischen Mädchen, für meinen Bruder und etliche Hausarbeiten zuständig. Wir lebten inzwischen in einer kleinen Stadt in Deutschland, und meine Schwester ging zusammen mit meiner Mutter in einem Keramikbetrieb arbeiten. Neben der Schule hatte ich meinen kleinen Bruder zu versorgen und die Wohnung aufzuräumen. Wenn ich mich über die viele Arbeit beschwerte, mahnte meine Mutter, der Engel auf meiner rechten Schulter sei zwar unsichtbar, aber er schreibe alle guten Taten auf; auf der linken Schulter säße der Engel, der alle bösen Taten notiere. Beide, die guten wie die schlechten Taten, würden in ein großes Buch eingetragen, und wenn ich stürbe, würde Allah anhand dieser Bilanz entscheiden, ob ich in die Hölle käme. Das ganze Leben sei auf diesen Moment ausgerichtet, unsere Aufgabe sei es, uns darauf vorzubereiten.

Dazu gehörte auch, dass man nach jedem Niesen ja nicht vergaß, *Elhamdulillah*, gepriesen sei Allah, zu sagen. Denn aus dem Schlaf des Todes würden wir von den Engeln mit einem Niesen geweckt. Wer dann *Elhamdulillah* sagen kann, der gehört zur Umma, der Gemeinschaft der Gläubigen – es ist die »Parole«, die man kennen muss, um überhaupt von Allah befragt zu werden. Lässt man die Lobpreisung aus, kommt man gleich zu den Ungläubigen ins Feuer, ohne ihm jemals wieder entkommen zu können.

Die unreine Frau

Als ich in der Pubertät anfing, unangemessene Fragen zu stellen – warum Allah uns Frauen so viel aufbürde, die Männer hingegen eher belohne –, erklärten die Frauen mir, dass der Allmächtige uns Frauen bereits als Sünderinnen auf die Welt geschickt habe und wir mit Schmerzen für unsere Sünden bezahlen müssten, nicht nur bei der Menstruation, nicht nur, wenn wir mit einem Mann zusammen wären, unsere Bestrafung finge schon bei den ganz profanen Tätigkeiten an, mit denen wir uns schön zu machen hätten. Was das hieß, sollte ich bald zu spüren bekommen.

Ich war vierzehn und hatte bereits Beinhaare, Achsel- wie Schamhaare. Haare gelten als unrein, wer sich von ihnen nicht befreit, lebt in Sünde. Die Attentäter des 11. September haben sich in der Nacht vor dem Mordanschlag alle Körperhaare entfernt, um »rein« ins Paradies einzutreten.

Meine Schwägerin und zwei Nachbarinnen kamen zu uns nach Hause, um mir zu zeigen, wie man eine reine, haarlose Muslimin wird. Ich wurde auf eine Decke gesetzt, dann schmierten sie mir *ağda*, eine heiße Wachspaste, auf die Beine; eine Frau hielt mich fest, die andere riss mit einem Ruck die aufgetragene Wachsschicht ab und zeigte mir stolz die blutigen Haarwurzeln. Den brennenden Schmerz, den ich dabei empfand, hielt ich aus, schrie aber bei jedem Reißen. »Ja, ja, es ist kein Zuckerschlecken, eine Frau zu sein«, murmelten die Frauen. »Das wirst du noch merken, wenn du heiratest und das Blut zwischen deinen Beinen fließt. Aber das alles ist nichts gegen den Schmerz, den du auszustehen hast, wenn du gebärst. An diesem Tag rächt sich Allah an der Frau.«

Denn eigentlich, sagten sie, sei die Frau in dem Plan des Allmächtigen gar nicht vorgesehen gewesen, sie sei eine Art Zugeständnis an den Mann. Nur weil Adam – türkisch: Mensch – sich allein im Paradies so schrecklich gelangweilt habe, habe Allah ihm eine Gespielin geschenkt. Die aber habe sich nicht an Allahs Regeln gehalten, sich nicht beherrschen können und Adam verführt. Seitdem müsse sie bluten und unter Schmerzen gebären. Die Frau sei also selbst schuld an ihrer untergeordneten Stellung.

Als auch die Achselhaare entfernt wurden, saß ich schon leichenblass auf der Decke und duldete nicht, dass die Frauen sich auch noch anderen Körperzonen näherten. Erst später gewöhnte ich mich an die Prozedur der Enthaarung, die dem orientalischen Schönheitsideal entspricht und von islamischen Geistlichen zur nachahmenswerten religiösen Pflicht erklärt wurde – Frauen sollen sich mindestens alle vierzig Tage von sämtlichen Körperhaaren befreien. Die Prozedur wurde mir so sehr zur Selbstverständlichkeit, dass ich mitleidig auf die behaarten Beine deutscher Frauen schaute: Sie würden dereinst im Feuer schmoren.

Die Frau ist nicht nur Sünderin, sie ist auch »unrein«, »beschmutzt«, klärten mich die Frauen auf, ihre Regelblutung lässt sie unrein und sündig werden. Während dieser Tage dürfe ich nicht kochen oder backen. Deswegen muss man nach der Regelblutung die *gusül abdest,* die große Waschung, vornehmen. Dabei hat man die »Absichtserklärung« aufzusagen: »Ich habe mir vorgenommen, meiner *gusül abdest* nachzukommen.« Dann werden erst die Körperöffnungen gereinigt, die den Schmutz rauslassen. Danach werden Hände, Nase, Mund, Ohren gewaschen und zum Schluss wird Wasser über den Kopf gegossen. Bei jeder Waschung werden die Sünden vergeben: *günahlarin af edilir.* Auch nach jedem Sexualakt, »wenn der Mann kommt und sich entleert«, soll eine Waschung erfolgen.

Selbst Männer müssen sich ihr unterziehen, beispielsweise wenn sie sich mit Blicken an einer fremden Frau versündigt haben. Um sie vor einer solchen Versuchung zu bewahren, müssen Frauen sich verhüllen – damit die Männer nicht ständig gereizt werden, die Beherrschung verlieren und zu Dauerwaschungen verdonnert wären. Daher auch die kleine Waschung, *namaz abdest,* vor dem Gebet, damit der Mann sich als reiner Mensch Gott unterwirft. Statt beim Priester zu beichten und Buße zu tun, wie die Katholiken es machen, kann man sich im Islam reinwaschen.

Die *gevur,* die Ungläubigen, die sich nicht auf rituelle Art waschen, werden als »Unreine« bezeichnet. Als meine Mutter meinen jetzigen deutschen Mann kennenlernte und mitbekam, dass er sich jeden Morgen duscht, sagte sie: »Wie kann ich ihn als Unreinen bezeichnen, der wäscht sich ja mehr als die Muslime?«

Als Entschuldigung für meine Entscheidung, nicht mit einem muslimischen Mann zusammen zu sein, erzählte sie ihren Nachbarinnen zum hundertsten Mal eine Geschichte von einem Hodscha: »Ein Hodscha wurde alt, er starb eines Tages und wurde beerdigt. Am nächsten Tag war sein Grab aufgewühlt; und als sie nachsahen, lag darin ein christlicher Priester, der ebenfalls gerade gestorben war. Sie erschraken und suchten nach dem Grund für diesen Tausch. Dabei mussten sie feststellen, dass der Hodscha sich ungern und selten gewaschen hatte, während der Priester täglich mit Freude die Reinigung vollzog. So lag nun im Grab von dem Priester der Hodscha, der zu einem Ungläubigen geworden war, während der Priester als Muslim zu Allah bestellt wurde.«

Gefährlicher als der Satan selbst

Männer achten darauf, dass niemand schlecht von ihren Familien redet oder ihre Frauen beleidigt. Das lässt sich am sichersten vermeiden, wenn die Frauen zu Hause bleiben oder das Haus nur unter Aufsicht verlassen. Der Gelehrte Al-Ghazali hat die Vorschrift unmissverständlich formuliert, »dass kein Mann eine Frau besucht und dass sie selbst nicht ins Freie geht«. Mohammeds Tochter Fatima soll auf die Frage, was das Beste für eine Frau sei, gesagt haben: »Dass sie keinen Mann sieht und von keinem gesehen wird.«[59]

Diese Gefangenschaft verdankt die Frau dem muslimischen Männerbild. Denn der Mann hat ein Recht auf Sex, wann immer er will. Er muss nicht lernen, seinen Sexualtrieb zu beherrschen, sondern, im Gegenteil, Möglichkeiten finden, seinen Trieb zu befriedigen. Dadurch ist jede Frau, die er sieht, potenziell eine Sexualpartnerin, erst recht, wenn sie ihm ihre Reize zeigt.

Sexuelle Potenz wird als Allahs Geschenk an die Männer gesehen. Dafür ist ihm die Frau gegeben, in der Sure 2, Vers 223, heißt es: »Die Frauen sind euer Saatfeld. Geht zu eurem Saatfeld, wo immer ihr wollt.« Dies wird vor allem als »*wann* immer ihr wollt« gedeutet und unter anderem damit begründet, es sei Vorbeugung gegen Ehebruch und Unzucht. Denn der Mann müsse sich »entleeren« können. Al-Bukhari, ein Hadithgelehrter, sagt: »Wenn ein Mann seine Frau auffordert, zu ihm ins Bett zu kommen, sie sich aber verweigert, so werden die Engel sie bis zum Morgengrauen verfluchen.« Auch der Mann ist verpflichtet, seine Ehefrau sexuell zu befriedigen, denn eine unbefriedigte Frau sei gefährlicher als der Satan selbst.[60] Mit der Klitoris-Beschneidung soll der Satan ausgetrieben werden.

Das muslimische Leben ist durch all das im Alltag sexualisiert und gewalttätig. Das drückt sich auch in der Umgangssprache aus. Es wird mit Worten alles »gefickt«, die Mutter, das Auto, der Staat. Der Mann möchte damit wohl kundtun, dass er in der Lage ist, jederzeit sexuell aktiv zu sein. Der Pfadfinderspruch »Immer bereit!« ist auf sexuellem Gebiet das, was das Ideal eines muslimischen Mannes ausmacht.

Dass die Realität anders aussieht, steht auf einem anderen Blatt. In einer nicht repräsentativen Untersuchung, die der Psychotherapeut Halis Cicek vor mehr als zwanzig Jahren durchgeführt hat, stellte er fest, dass vier von fünf Migranten aus der ländlichen Türkei ihre ersten sexuellen Erfahrungen im Alter von zehn bis 14 Jahren mit Tieren hatten und dies für »selbstverständlich« hielten. Drei von vier jungen Männern hatten sexuelle Kontakte zwischen 13 und 19 Jahren mit Prostituierten oder anderen Männern, aber nur eine von zwanzig jungen Frauen hatte sexuelle Erfahrungen, bevor sie heiratete.[61]

In Al-Ghazalis »Buch der Ehe« wird berichtet, der Prophet besitze die Manneskraft von dreißig Männern, und »die gottselige Aisha«, seine kindliche Ehefrau, weiß zu erzählen, »dass der hochgebenedeite Gottgesandte in einer Nacht bei seinen sämtlichen Frauen die Runde machte«. Die Quellen sind sich nicht einig, ob es elf oder neun waren.[62] Auffällig ist, dass Mohammed zwar mit seiner Frau Chaddidscha in Mekka sechs Kinder hatte, von denen nur die Tochter Fatima überlebte, er aber mit den neun oder elf meist sehr jungen Frauen, die er in Medina heiratete und der Überlieferung zufolge regelmäßig beschlief, in über zehn Jahren nicht ein Kind zeugte.

Der Geschlechtsakt als Albtraum

Der Geschlechtsverkehr selbst gilt im Islam als »unrein«. Deshalb soll er auch nicht vor dem Einschlafen stattfinden, damit der Muslim nicht als Unreiner schläft. Denn nachts steigen die menschlichen Seelen zum Throne Gottes auf, und nur diejenigen dürfen sich niederwerfen, die rein sind, so sagt es die Sunna. Zwar ist die Frau laut Al-Ghazali so etwas wie Nahrung für den Mann, die ihm nicht vorenthalten werden darf, und ein Mittel, das Herz rein zu halten, aber der Verkehr mit ihr ist auf die Ehe beschränkt und kein Akt der Liebe, sondern das Versprechen des Paradieses. »Die mit seiner Befriedigung verbundene Lust«, schreibt der Rechtsgelehrte, »mit der sich, wenn sie von Dauer wäre, keine andere vergleichen ließe, soll nämlich auf die im Paradies verheißenen Wonnen hindeuten. Denn es wäre nutzlos, einem eine Wonne in Aussicht zu

141

stellen, die er niemals empfunden hat …« Mann und Frau sind im Islam schon deshalb nicht gleichberechtigt, weil die gesamte Auffassung von Sexualität an die Befriedigung des Mannes geknüpft wird. Mohammed soll laut Hadith gesagt haben: »Der Mann hat von der Ehefrau Folgendes zu beanspruchen: Wenn er sie begehrt, darf sie sich ihm nicht versagen, auch wenn sie auf dem Rücken eines Kamels säße.«

Wer glaubt, daraus den Schluss ziehen zu können, der Islam sei – zumindest für Männer – eine sinnenfrohe Religion, der irrt. Zwar lieferte der im Koran erlaubte Beischlaf mit allem, »was ihr an Sklavinnen besitzt« (Sure 4, Vers 3), in den ersten Jahrhunderten unter den Umayyaden- und Abbasiden-Kalifen das religiöse Alibi für eine entfesselte Erotomanie, aber dieses exzessive Liebesleben blieb auf die Paläste beschränkt, wo die Kalifen mit ihren Tausenden von Haremsfrauen den Propheten in Potenzdemonstrationen zu übertreffen suchten.

Aber auch wenn die erotischen Geschichten der Scheherazade aus Tausendundeiner Nacht, die Liebes- und Weindichtung vor allem der sufischen Mystiker, die Erotik und Sexualität im »goldenen Zeitalter« des Islam und die Harems- und Hamam-Geschichten, die besonders die Europäer beeindruckten, von ausschweifenden Orgien zu berichten scheinen – die Sexomanie war ein Vorrecht der männlichen Herrscher, und im islamischen Alltag von heute ist von einer solchen vorgeblichen Erotik nicht viel geblieben. Sicher gab es Kalifen, die sich um den Verstand vögelten, und die Muslime selbst sagten den Arabern eine große sexuelle Aktivität nach, aber die sexuelle Praxis in der muslimischen Ehe war immer eine Sache der Unterwerfung und Ausbeutung der Frau.

Im islamischen Institut der Ehe geht es nicht um Liebe und Zuneigung zwischen Mann und Frau, sondern um ritualisierte Triebabfuhr. Die Liebe des muslimischen Mannes gehört seiner Mutter; seine Frau ist für die Triebbefriedigung und die Nachkommen zuständig. Die marokkanische Soziologin Fatima Mernissi beschreibt das so: »Der Geschlechtsakt, der als ›unrein‹ gilt, wird von Riten und Beschwörungen begleitet, die eine gefühlsmäßige Distanz schaffen und die geschlechtliche Befriedigung auf ihre elementarsten Funktionen reduziert: Orgasmus und Fortpflanzung. Während der nächtlichen Umarmung gibt sich der Mann vollständig den Liebkosungen seiner Partnerin hin; sie ist als Frau das Symbol der Unvernunft und der Unordnung, eine Schülerin des Teufels, eine antigöttliche, antikulturelle Naturgewalt. So wird die Erregung zum Alptraum, der als Verlust der Selbstbeherrschung erlebt und bereits im Koran (113,3) mit der hereinbrechenden Finsternis verglichen wird.«[63]

Al-Ghazali gibt den frommen Muslimen konkrete Anweisungen, wie der Geschlechtsakt in seiner Unreinheit dennoch im Rahmen gehalten werden kann. – Man mag es kaum glauben, aber die Ausführungen dieses Gelehrten aus dem 11./12. Jahrhundert scheinen an Verbindlichkeit für die Muslime nichts verloren zu haben. Ich habe mich im Rahmen der Recherchen für dieses Buch auch durch die Websites diverser islamischer Verbände, Vereine, Blogs im In- und Ausland geklickt, habe mir die Fatwas diverser muslimischer Rechtsgelehrter angesehen, um herauszubekommen, wie heute solche Fragen beantwortet werden. Das Ergebnis ist einfach und erschütternd: Die aktiven Muslime interpretieren den Koran und die Sunna wie die Gelehrten vor 800 Jahren. So wie Al-Ghazali argumentiert, so argumentieren heute die elektronischen Muslim-Blogs. Zwar werden die Fatwas nicht mehr auf Papyrus geschrieben, die Antworten sind aber die gleichen geblieben.

Al-Ghazali empfiehlt im Geiste des Propheten, es sei eine löbliche Sitte, die Beiwohnung mit der Anrufung des Namen Gottes zu beginnen, dann »Gott ist groß« zu rufen und mit dem stillen Ruf »la ilaha, illa Allah« (Es gibt keinen Gott außer Allah) zu ejakulieren. Beim Geschlechtsakt, der möglichst alle vier Tage stattfindet, soll die Frau nicht die Gebetsrichtung nach Mekka einnehmen, und der Mann soll wie Mohammed die Frau auffordern: »Sei ganz still.« In einem Hadith heißt es: »Wenn einer von euch seiner Frau beiwohnt, so mögen sie nicht nackt sein wie die Esel und nicht wie die Stiere keuchen.« Die »Liebenden« sollen sich nicht nackt sehen, sondern mit einem Gewand bedecken[64], ganz wie Aisha es berichtet: »Ich sah von ihm [dem Propheten] nicht, und er sah von mir nicht [die Scham].«

Ich erinnere mich, dass meine Großmutter mir erzählte, dass sie ihren Mann erst im Krankenbett zum ersten Mal nackt sah und erschrak über das, was sie sah: »Und dieses Ding hat mich die ganze Zeit belästigt?«

Dass bei den religiösen Vorgaben noch Freude und Gemeinsamkeit aufkommt, möchte ich bezweifeln. Die sexuellen Verhaltensregeln sollen verhindern, so Fatima Mernissi, »dass die Männer sich von ihren religiösen und gesellschaftlichen Pflichten abwenden. Der Fortbestand der Gesellschaft verlangt Institutionen, die die männliche Herrschaft begünstigen, also z.B. die Geschlechtertrennung ...«[65] Und so dienen auch das Recht auf Polygamie und die Jungfräulichkeit der Sicherung männlicher Macht. Soll die Vielehe, oder in modernen muslimischen Ehen die ausgehaltene Geliebte, der Ehefrau unmissverständlich deutlich machen, dass sie austauschbar ist, wird mit dem Kult um die Jungfräulichkeit der Braut nicht nur »Ehre und Anstand« der unbenutzten Ware eingefordert, sondern ganz nebenbei den Männern auch der Vergleich erspart. Wenn eine Frau – unter Drohung von Steinigung und Tod – nur mit dem Mann schlafen darf, dem ihre Eltern sie gegeben haben, wie soll sie jemals vergleichen können? Während dem Mann »Erfahrung« zugestanden wird, muss eine muslimische Frau ihr Leben lang den Mann ertragen, dem sie ins Bett gelegt wurde.

Aber oft begehren die Frauen nicht auf, sondern bedauern den Mann und nicht die Geschlechtsgenossin. Ich habe schon als Kind Sprüche wie diesen gehört: »Sie verweigert sich bestimmt im Bett, was soll der arme Mann denn tun?« Die sexuelle Erniedrigung, als die viele Frauen den Geschlechtsakt mit den ihnen im Grunde fremden Ehemännern erleben, diese alltägliche Vergewaltigung der Frauen ist das Tabuthema der islamischen Gesellschaft. Dass der Mann triebgesteuert ist und von der Frau nur das eine will, wird dem Mädchen sehr früh beigebracht. Zu ihrem eigenen, aber ganz besonders zum Schutz des Mannes, heißt es, sollte sie nicht das Haus verlassen. Sie soll auch, um sich vor sexuellen Übergriffen zu schützen, Kopftuch tragen und sich unsichtbar machen. Denn sie versündigt sich, wenn der Mann ihretwegen erregt wird. Auch Missbrauch wird nicht dem Täter, sondern dem Mädchen angelastet.

Oft geschieht dieser Missbrauch im eigenen Haus. Es kann der eigene Großvater, der Bruder oder der Vater sein. Mir wurde von türkischen Ärztinnen berichtet, dass der Missbrauch meist anal vollzogen wird, damit die Töchter trotzdem als Jungfrauen verehelicht werden können. Denn wenn sie keine Jungfrau mehr ist, ist der Vater und somit die ganze Familie entehrt. In solch einem Fall kann das Mädchen in den Tod getrieben oder zum Selbstmord gezwungen werden.

Der Streit ums Kopftuch
Schutzschild, Glaubenszeichen oder politisches Symbol?

Ein Kopftuch ist eigentlich doch nichts anderes als ein Stück Stoff – mal aus schlichtem Kattun, mal aufwendig mit paillettenbesetzter Georgette, aus Synthetik oder Seide, grell oder farblich dezent, kleinformatig oder großvolumig. Und doch ist es zum sichtbaren Symbol im Kampf um die Rechte der Frau geworden. In der Geschichte muslimischer Gesellschaften war es oft – um ein Bild des Geheimrats Goethe zu bemühen – die »Standarte«, unter der die »Heilsbringer«, die religiösen Ideologen, gegen die Moderne zu Felde zogen.

Mit dem Kopftuch wird, wo immer Muslime leben, Präsenz gezeigt, und zwar nach innen wie nach außen, das Sonderrecht auf ein »religiöses Leben« beansprucht und die Abgrenzung zu einer Gesellschaft demonstriert, »in der alles erlaubt ist«. Ich sehe darin das Bemühen, das Religiöse gegen das Säkulare, das Patriarchat gegen die Gleichberechtigung der Frauen in Stellung zu bringen, die Geschlechter-Apartheid festzuschreiben und die muslimische Frau aus der Öffentlichkeit zu verbannen. Bis heute bietet dieses Stück Stoff immer wieder Anlass zum Streit.

Als Zankapfel tauchte der Schleier zum ersten Mal bei Mohammeds Auseinandersetzung mit den Juden in Medina auf. Anlass war, so wird es überliefert, ein Streit, den ein jüdischer Goldschmied mit einer muslimischen Marktfrau anzettelte und bei dem er ihr zum Spott anderer ihren Umhang entriss. Ein Muslim erschlug daraufhin den Goldschmied. Nun aber rächten sich die Juden und töteten den Mörder. Mohammed fasste diesen Vorfall als schwere Beleidigung auf. Der Prophet erklärte der jüdischen Gemeinde, die sich ohnehin allen seinen Bekehrungsversuchen verweigert hatte, den Krieg, vertrieb die Juden aus Medina oder brachte sie um. Die »entschleierte Frau« war der – nicht ganz unwillkommene – Anlass, mit den Juden abzurechnen, die nicht zum neuen Glauben überwechseln wollten.

Aber erst nach dem Tod Mohammeds wurde es üblich, einen »Schleier« anzulegen. Die christliche Mode wurde nach der Eroberung Syriens im siebten Jahrhundert von den muslimischen Frauen in Arabien übernommen, allerdings galten ihnen das Kopftuch oder der Schleier weniger als Zeichen des Glaubens, sondern als Schutzschild vor den Zudringlichkeiten der Männer.

Umgekehrt machten in islamischen Gesellschaften Frauen ihren Anspruch auf Gleichberechtigung und auf ihren Platz in der Öffentlichkeit dadurch geltend, dass sie den Schleier ablegten.

In der Geschichte des Islam gibt es eine starke Tradition der »Entschleierung«, die bereits Ende des 19. Jahrhunderts einsetzte, als der Ägypter Qasim Amin in einer Streitschrift für »Die Befreiung der Frau« den Schleier, der die Frauen von der übrigen Gesellschaft trenne, als ein Zeichen der Erniedrigung wertete und sie ermutigte, sich seiner zu entledigen.

1923 warfen die Frauen der Ägyptischen Feministischen Union ihre Schleier demonstrativ ins Meer. 1927 legten 87000 Frauen in Usbekistan öffentlich ihre »schwarzen Kutten« ab, 300 wurden dafür von ihren Männern ermordet. 1925 verbot Atatürk in der Türkei den Schleier, 1936 ließ Schah Reza Pahlewi im Iran den Tschador verbieten, in den Fünfzigerjahren entschleierten sich tunesische Frauen.

1979 drehte Ayatollah Khomeini das Rad der Geschichte wieder zurück und verpflichtete die Frauen auf den Tschador. Die Frauen der Regierenden in der Türkei treten heute demonstrativ mit dem Schleier auf, aber der Versuch der AKP-Regierung, das unter Atatürk verhängte Kopftuchverbot an den Universitäten aufzuheben, führte 2008 zu einer massiven Regierungskrise. In Frankreich, in dem Land der Aufklärung und der Revolution, die uns die Freiheit gebracht haben, versucht die Regierung, die Burka, das Ganzkörperzelt, zu verbieten; in Deutschland dürfen Lehrerinnen nicht mit Kopftuch unterrichten; die Islamverbände wollen Kinder mit Kopftuch in die Schule schicken.

Allahs Religion gehorchen

Warum taucht das Kopftuch in Europa, in Ländern auf, in denen die Frauen über gleiche Rechte verfügen? Muss man darin ein Indiz für das weltweite Scheitern der Moderne sehen?

Und aus welchen Motiven legen muslimische Frauen das Kopftuch an? Wollen sie sich als Musliminnen zeigen? Und damit ausdrücken, dass sie die gottgewollte Herrschaft der Männer über die Frauen akzeptieren? Ein Zeichen gegen die »kalte« westliche Welt setzen? Sich »unsichtbar« machen, weil sie meinen, nicht in die Öffentlichkeit zu gehören? Nutzen sie es als identitätsstiftende Mode oder als »cooles« Protestsymbol?

Unumstritten ist es jedenfalls auch unter ihnen nicht. 28 Prozent der in Deutschland lebenden Musliminnen tragen es, hauptsächlich sind es Frauen aus der Türkei und aus Nordafrika, Alevitinnen hingegen lehnen es grundsätzlich ab. In der Untersuchung des Bundesamtes für Migration und Flüchtlinge über »Muslimisches Leben in Deutschland« vom Juni 2009 wurde nach den Gründen für das Kopftuch gefragt. 92,3 Prozent der befragten Tuchträgerinnen halten es für eine religiöse Pflicht, nahezu jeder zweiten Muslimin (43,3 Prozent) vermittelt es Sicherheit, und 43,3 Prozent wollen damit in der Öffentlichkeit als Muslimin erkannt werden. 36 Prozent legen es aus Tradition an, 15,6 Prozent als Schutz vor Belästigungen von Männern, 7,3 Prozent aus modischen Gründen. 6,7 Prozent sagen, dass der Partner es von ihnen erwarte oder fordere, in 5,8 Prozent der Fälle ist es die Familie, die das wünscht, und ebenso viele sehen es als Erwartung ihrer »Umwelt«.[66]

Ich habe im Laufe der Jahre immer wieder mit in Deutschland lebenden jungen Kopftuchträgerinnen gesprochen. Nahezu alle haben zwischen ihrem vierten und dreizehnten Lebensjahr regelmäßig die Koranschule besucht – dort, so sagen sie, hätten sie ihren Glauben gefunden und gefestigt. Sie trügen ihr Kopftuch gern, hätten sich daran gewöhnt und könnten sich ein Leben ohne es nicht mehr vorstellen. Sie seien stolz, sich damit sichtbar von unverhüllten Musliminnen und von den Ungläubigen zu unterscheiden.

Mit den »unreinen« Deutschen wollen sie ohnehin nichts zu

tun haben, wie mir eine Vertreterin der Schura, einer Vereinigung muslimischer Vereine in Hamburg, stolz erklärte. Ja, der Glaube verlange einiges von ihnen, aber es sei ihre Pflicht, nach Gottes Gesetzen zu leben, und Allah würde sie im Jenseits dafür belohnen. Vielleicht hätten es jene, die ohne Kopftuch und religiöse Pflichten aufwüchsen, im Hier und Heute leichter, aber dafür würden sie im Jenseits bestraft werden. Sie hingegen, die allen Verpflichtungen ihres Glaubens nachkämen, hätten es »geschafft«.

Mit diesem freiwilligen Verzicht auf ihre Gleichberechtigung stehen diese jungen Frauen nicht allein. Auf einer hitzigen Veranstaltung in Paderborn rief mir eine Kopftuchträgerin von der Empore aus wütend zu: »Ich bin Studentin, ich studiere mit Kopftuch, ich habe schon immer ein Kopftuch getragen, keiner hat mich dazu gezwungen. Ich gehorche meiner Religion und habe auch das Recht dazu. Was ist das für eine Welt, in der Frauen halb nackt ihren Körper zur Schau stellen? Was für eine Freiheit soll das sein?« Sie befolge die Gesetze Allahs, so, wie Er es von ihr erwarte.

»Lesen Sie mal den Koran, da steht die Wahrheit«, sprang ihr ein Afghane zur Seite.

Das hatte ich längst getan.

Der Koran kennt kein Kopftuch

Die ganze islamische Welt tut so, als sei das Kopftuch für Musliminnen religiös geboten. Ich bestreite, dass es eine »religiöse Verpflichtung« gibt, ein Kopftuch zu tragen. Und ich kann mich dabei auf den Koran und die Überlieferungen berufen.

Im Koran stehen an zwei Stellen konkrete Hinweise auf die Bekleidung von Frauen: Sure 33, Vers 59, lautet: »O Prophet, sag deinen Gattinnen und deinen Töchtern und den Frauen der Gläubigen, sie sollen etwas von ihrem Überwurf über sich herunterziehen. Das bewirkt eher, dass sie erkannt werden und dass sie nicht belästigt werden. Und Gott ist voller Vergebung und barmherzig.« Und in der Sure 24, Vers 31, heißt es: »Und sag den gläubigen Frauen, sie sollen ihre Augen niederschlagen, und sie sollen darauf achten, dass ihre Scham bedeckt ist, den Schmuck, den sie tragen, nicht offen zeigen, soweit er nicht [normalerweise] sichtbar ist, ihren *khimar,*

Schal, sich über den Schlitz [des Kleides] ziehen und den Schmuck, den sie tragen, [nicht] offen zeigen, außer ihrem Mann, ihrem Vater, ihrem Schwiegervater, ihren Söhnen, ihren Stiefsöhnen, ihren Brüdern, den Söhnen ihrer Brüder und ihrer Schwestern, ihren Sklavinnen, den männlichen Bediensteten, die keinen [Geschlechts-]Trieb [mehr] haben, und den Kindern, die noch nichts von weiblichen Geschlechtsteilen wissen. Und sie sollen nicht mit ihren Beinen [aneinander] schlagen und damit auf den Schmuck aufmerksam machen, den sie verborgen tragen. Und wendet euch allesamt wieder Gott zu, ihr Gläubigen! Vielleicht wird es euch [dann] wohlergehen.«[67]

Die Anweisung, sich sittsam zu verhalten, nicht aufzufallen und sich frei nur im Beisein der Familie zu zeigen, war eine direkte Reaktion auf die Verhältnisse in Medina, wo Männer Frauen als Freiwild betrachtet haben. Die Frauen des Propheten sollten sich erkennbar von anderen Frauen unterscheiden – »dass sie erkannt werden und dass sie nicht belästigt werden«. Dafür sollten sie den *khimar*, ein Umschlagtuch ähnlich wie ein Sari, anlegen – der »Ausweis« eines bestimmten Sozialstatus der freien Frauen, ihrer Dienerinnen und der jüdischen Frauen in der Kaaba. Sklavinnen war es – bei Androhung von Strafe – verboten, ihn zu tragen. Weder ist an diesen Stellen im Koran vom »Schleier« die Rede noch davon, dass der *khimar* über den Kopf zu ziehen sei.

Wie die in den Niederlanden lebende ägyptische Autorin Nahed Selim schreibt, »trugen Frauen zu Lebzeiten des Propheten kein Kopftuch, das Hals und Haare völlig verhüllte, wie strenge Musliminnen das jetzt tun, geschweige denn einen Gesichtsschleier. Sie warfen sich das Umschlagetuch, das manchmal nur wadenlang war, nachlässig über ihr normales Kleid, wodurch die Hälfte der Haare, ein Teil des Halses und der Busen zu sehen waren.«[68]

Die Koranverse beziehen sich immer wieder auf den Busen der Frau, denn dort trug sie ihren Schmuck oder ihre Wertsachen, meist in einem Brustbeutel. Traditionalisten beziehen das arabische Wort *zinet*, Schmuck, auf den ganzen Körper der Frau und übersetzen es als »Schönheit«. Aber das ist absurd, denn wenn im Vers steht, die Frauen sollen nicht mit ihren Beinen »aneinanderschlagen«, kann damit nicht ihre Schönheit gemeint sein, sondern die als Schmuck

150

getragenen Fußreifen sollen vor der Begierde anderer geschützt werden.

Wenn Frauen in die Wechseljahre kommen, sind sie ohnehin von den Kleidervorschriften ausgenommen – auch das zeigt, dass es kein allgemeines, durch den Koran legitimiertes Kopftuchgebot geben kann: »Und für diejenigen Frauen, die alt geworden sind und nicht [mehr] darauf rechnen können, zu heiraten, ist es keine Sünde, wenn sie ihre Kleider ablegen, soweit sie sich [dabei] nicht mit Schmuck herausputzen« (Sure 24, Vers 60).

Der Rechtsanwalt und islamische Philosoph Yasar Nuri Öztürk hält die Verhüllungsgebote, die bestenfalls Frauen, keinesfalls aber Mädchen beträfen, für eine zweckbestimmte, »den Umständen der Zeit, Region, ihren Arbeitsbedingungen, dem Klima« geschuldete Vorschrift, nicht aber für ein religiöses Gebot. Heute, unter den ganz anderen Umständen, in denen wir leben, haben wir solche »zweckbestimmten Vorschriften« überhaupt nicht mehr nötig. Die gleißende Sonne der Wüstengegenden, vor denen man den Körper schützen musste, kennen wir nicht; in eiskalten Nächten wärmt uns die Heizung; unseren Schmuck können wir durch verschließbare Schränke, Schatullen oder durch eine Versicherung vor unberechtigtem Zugriff oder Verlust sichern; und gegen sexuelle Belästigungen haben wir Gesetze.

Darüber hinaus mahnt der Koran auch die Männer: »Sag den gläubigen Männern, sie sollen ihre Augen niederschlagen, und sie sollen darauf achten, dass ihre Scham bedeckt ist. So halten sie sich am ehesten sittlich. Gott ist wohl darüber unterrichtet, was sie tun« (Sure 24, Vers 30). Wäre mit der »Schambewahrung« der Frauen tatsächlich ein Appell verbunden, den Kopf zu verschleiern, dann würden konsequenterweise die Männer mit diesem Vers dazu ermahnt werden, einen Hut oder – wie die Islamisten – zumindest ein Strickkäppi zu tragen. Tatsächlich aber hat der Vers eine ganz andere Wirkungsgeschichte gehabt: Der bei muslimischen Jugendlichen so beliebte Ausspruch »Was guckst du?«, die Aufforderung also, den anderen nicht »anzustarren«, rührt aus diesem Gebot, sich »schamhaft« zu verhalten.

Hinter dem Schleier

Die eigentliche Begründung für den »Schleier« geht auf eine andere Legende zurück, die ursprünglich gar nicht mit einer Bekleidungsfrage verknüpft war – auf den *hijab*, den Vorhang, der die Männer von den Frauen im Haus trennte. Es war das Jahr 625, Mohammed hatte gerade seine achte Frau Zainab – sie war vorher die Frau seines Adoptivsohns – geheiratet und wollte in seinem Haus mit seiner Braut allein sein. Aber eine kleine Gruppe taktloser Gäste wollte nicht gehen. »Sie befanden sich noch immer im Zimmer und diskutierten. Ärgerlich verließ der Prophet den Raum.« Als er in das Brautgemach zurückkam und die Gäste immer noch nicht gegangen waren, zog er einen Vorhang, *sitr*, zwischen sich und die anderen, »und in diesem Moment kam der Hijab-Vers herab«. Er lautet: »Ihr Gläubigen! Betretet nicht die Häuser des Propheten, ohne dass man euch zu einem Essen Erlaubnis erteilt, und ohne [schon vor der Zeit] zu warten, bis es so weit ist, dass man essen kann! Tretet vielmehr ein, wenn ihr gerufen werdet! Und geht wieder eurer Wege, wenn ihr gegessen habt, ohne zum Zweck der Unterhaltung auf Geselligkeit aus zu sein [und sitzen zu bleiben]! Damit fallt ihr dem Propheten lästig. Er schämt sich aber vor euch [und sagt nichts]. Doch Gott schämt sich nicht, [euch hiermit] die Wahrheit zu sagen. Und wenn ihr die Gattinnen des Propheten um etwas bittet, das ihr benötigt, dann tut das hinter einem Vorhang! Auf diese Weise bleibt euer und ihr Herz eher rein« (Sure 33, Vers 53).

Die Folgen dieses Verses sind nicht zu unterschätzen. Nicht, dass jetzt die Höflichkeit einzog, sondern der *hijab* wurde zum Schlüsselbegriff der muslimischen Kultur. Der *hijab* trennt die Gesellschaft in ein Innen und ein Außen. Er wurde zur Begründung für den Schleier, mit dem muslimische Frauen unsichtbar gemacht werden sollten. Für andere Männer wurde der private Raum[69] zur verbotenen Zone, zum Harem. Das hatte umgekehrt auch Konsequenzen für die Frauen: Ihr Bereich wurde das Haus, die Öffentlichkeit war den Männern vorbehalten. Fortan hatten die Frauen draußen nichts mehr zu suchen und wurden vom gesellschaftlichen Leben ausgeschlossen – eine Tradition, die bis heute das Leben von Milliarden Frauen bestimmt.[70]

Der Mord von Dresden

Auf einer meiner Veranstaltungen klagte eine junge Frau, sie würde hierzulande wegen ihres Kopftuches diskriminiert – »nur weil ich anständig angezogen bin. Ich darf mit Kopftuch und langem Mantel nicht im Krankenhaus arbeiten, eine Halbnackte aber bekommt problemlos einen Job!« Auch die Islamverbände behaupten, dass Kopftuch tragende Frauen in Deutschland »gesellschaftlich und menschlich abgewertet« werden.

Wenn Frauen wegen ihres Kopftuchs in der Öffentlichkeit beschimpft oder angegriffen werden, ist das ein Akt der Diskriminierung, der geahndet werden muss. Der russlanddeutsche Migrant, der die 28-jährige Ägypterin Marwa El-Sherbini wegen ihres Schleiers als »Islamistin und Terroristin« beschimpft und ermordet hat, wurde höchstmöglich bestraft. Dass er sie im Gerichtssaal angreifen konnte, ist ein Versagen des Gerichts und der Polizei. Wenn man den Prozess gegen ihn verfolgt hat, fragt man sich allerdings, wie man sich vor solch einer »menschlichen Waffe« überhaupt präventiv schützen kann.

Nichts an diesem tragischen Fall spricht für jene Konsequenzen, die einige Journalisten und Islamfunktionäre glauben daraus ziehen zu können. Wer gegen das Kopftuch opponiert, steht schon fast als Anstifter des Dresdner Mörders da – das legen zumindest die Äußerungen des Koordinierungsrats der Muslime nahe. Ihr Sprecher Ayyub Axel Köhler hatte starke Worte gefunden: »Marwa ist das bisher tragischste Opfer unserer muslimischen Schwestern, die unter Demütigungen, Verdächtigungen und Diskriminierungen zu leiden haben. Marwa ist auch Opfer der Hetze und Verleumdungen, die spätestens seit der Zeit der Entscheidung zum Kopftuchverbot im öffentlichen Dienst und auf einschlägigen Internetseiten betrieben wird.«[71]

»Man solle die Muslime doch endlich in Ruhe lassen«, forderte ein Journalist in der *Frankfurter Allgemeinen Sonntagszeitung*. Zunächst beklagte er in seinem Kommentar, dass »diese Gesellschaft erst die Trauer und das Entsetzen der Ägypter brauchte«, um auf das Verbrechen zu reagieren; dann schlug er vor, die »Kopftuchverbieter« sollten »mal ein Jahr lang schweigen und nachdenken«.[72]

Solche Argumentationen sind genauso demagogisch wie der Vorwurf an die 68er-Studenten, ihr öffentlicher Protest, ihre Demonstration gegen das Schah-Regime habe die Ermordung des Studenten Benno Ohnesorg durch den Polizisten Karl-Heinz Kurras 1967 erst möglich gemacht.

Aber es ist nicht nur die Diskreditierung einer gesellschaftlich notwendigen Debatte, die mich an solchen Positionen empört. Auch gegenüber den Muslimen drückt sich gerade in der vermeintlichen Fürsprache eine Diskriminierung aus, die nicht hinnehmbar ist. Wer über das Kopftuch nicht reden, wer sich mit den behaupteten »religiösen Vorschriften« der Muslime nicht auseinandersetzen will, nimmt sie nicht als gleichberechtigte Bürger dieser Gesellschaft ernst. Sie »in Ruhe zu lassen« heißt, sie in ihrer Parallelgesellschaft sich selbst zu überlassen, heißt, darüber hinwegzusehen, wie sie ihre Frauen behandeln, wie sie ihre Kinder erziehen, was sie ihren Töchtern zumuten und ihren Söhnen abverlangen.

Die zerstörerischen Konsequenzen einer Haltung, die sich nicht um die muslimische Gemeinschaft kümmern will, haben wir in den letzten Jahren an zahlreichen Schicksalen erfahren – Hatun in Berlin, Morsal in Hamburg oder Büsra in Schweinfurt, um nur einige der über fünfzig Opfer von sogenannten Ehrenmorden in den letzten fünf Jahren zu nennen. Die Muslime »in Ruhe zu lassen« wäre ganz im Sinne der Islamverbände, die das Kopftuchverbot für Lehrerinnen verantwortlich für den Mord an Marwa El-Sherbini machen. Es ist der durchsichtige Versuch, dieses Verbrechen als Ergebnis einer verbreiteten »Islamophobie« hinzustellen, um sich Rückenwind für die Durchsetzung eigener Interessen zu verschaffen. Umgekehrt haben die »Ehrenmorde« an jungen muslimischen Frauen für die Islamwächter »nichts mit dem Islam zu tun«.

Dass für Marwa Freitagsgebete gehalten und Demonstrationen organisiert wurden, finde ich richtig – es ist Ausdruck des Mitgefühls, der Solidarität mit Marwa und ihrer Familie, den Opfern eines rechtsradikalen Täters. Aber ich möchte auch fragen, wann in den letzten Jahren von Muslimen je ein Bittgebet für die Opfer muslimischer Männer gehalten wurde. Der Versuch, mit Marwa Kopftuchträgerinnen generell als Opfer von Diskriminierung zu stilisieren, soll die inhaltliche Auseinandersetzung um die Rolle der Frau im Islam diffamieren.

Mit dem Kopftuch in die Scharia

Ich glaubte, meinen Augen nicht trauen zu können, als ich Ende Juni 2009, zwei Tage vor einer erneuten Tagung der Deutschen Islam Konferenz, die »Empfehlungen« der Arbeitsgruppe »Religionsfragen im deutschen Verfassungsverständnis« las. Dort stand: »In Ausübung ihrer Religionsfreiheit steht es Schülerinnen und Schülern an öffentlichen Schulen frei, Zeichen ihrer Religionszugehörigkeit zu tragen oder sich religiösen Vorschriften gemäß zu kleiden. Das Tragen des Kopftuches kann daher nicht in Schulordnungen, Elternverträgen o. Ä. untersagt werden.« Wollte sich hier die Islam Konferenz etwa – mit der Empfehlung, das Kopftuch als »religiöse Vorschrift« zu akzeptieren – zum Befürworter von Prinzipien der Scharia machen? Sollte das ein Ergebnis unserer langen Debatten in der Konferenz sein?

Als ich im Plenum der Konferenz heftig gegen diese Weichenstellung protestierte, korrigierte mich der damalige Innenminister – die »Rechtslage« in dieser Frage sei kompliziert, von der »Scharia« könne aber doch gar nicht die Rede sein. Da irrte Herr Schäuble und mit ihm ein großer Teil der Öffentlichkeit, weil den meisten der Zusammenhang zwischen dem vermeintlich harmlosen Kopftuch und der wesentlich umstritteneren Scharia gar nicht bewusst ist.

Selbst Muslime nehmen das kontaminierte Wort »Scharia« nicht gern in den Mund, allzu schnell werden damit Steinigungen und Peitschenhiebe assoziiert; aber das eigentliche Grundprinzip der Scharia, die religiöse Normsetzung, wird von vielen Muslimen akzeptiert. »Und lasst euch im Hinblick darauf, dass es [bei der Scharia] um die Religion Gottes geht, nicht von Mitleid mit ihnen erfassen, wenn ihr an Gott und den Jüngsten Tag glaubt!«, mahnt der Koran (Sure 24, Vers 2). Es ist übrigens der einzige Vers im Koran, in dem das Wort Scharia vorkommt.

Der Jurist und Islamwissenschaftler Mathias Rohe, der an den Empfehlungen der Konferenz beteiligt war, definiert die Scharia als »die Gesamtheit aller religiösen und rechtlichen Normen, Mechanismen zur Normfindung und Interpretationsvorschriften des Islam«. Sie ist deshalb mehr als »islamisches Recht«, sie koppelt die »rechtliche Regelung« an »religiöse Verpflichtung«.[73] Das bedeutet im Klartext: Nicht die Rechte eines Individuums bestimmen die Rolle muslimischer Mitbürger in dieser Gesellschaft, sondern ihre Pflichten als Gläubige. Wie sich das mit dem Rechtsstaat vereinbaren lässt, nach dem ein Bürger dieser Republik die Gesetze zu befolgen hat, die von gewählten und damit legitimierten Abgeordneten verabschiedet werden, ist mir schleierhaft.

Wenn eine Gesellschaft es zulässt, dass andere Rechtskategorien als die der Verfassung Platz finden, wird das Recht zur Machtfrage, gilt über kurz oder lang nicht die bürgerliche Rechtsordnung, sondern das Recht der Gemeinschaft. Wenn Glaubensgemeinschaften nach eigenen Regeln leben und dies vom Staat geduldet wird, legen wir den Keim für eine Gegengesellschaft. Konkret heißt das, wenn wir den Bestrebungen der Islamvereine, ihr System der Scharia durchzusetzen, nicht Einhalt gebieten, wenn die Politik glaubt, diesem Bestreben »pragmatisch« begegnen zu können, nehmen wir die Entstehung einer anderen Gesellschaft in Kauf. Es gab in der deutschen Geschichte schon einmal eine Zeit, in der eine »Volksgemeinschaft« die Bürgergesellschaft verdrängte – mit fatalen Folgen.

Wenn die Deutsche Islam Konferenz Empfehlungen akzeptiert, die eine durch die Religionsfreiheit gedeckte »religiöse Verpflichtung« vorsehen, dann wirft das überdies Fragen auf: Wer setzt denn diese religiösen Normen und mit welcher Legitimation? Es gibt im Islam keine autoritative Instanz, die das könnte und dürfte.

Ich frage mich, warum eine Konferenz, die der deutsche Staat als politisches Diskursgremium zur Integration der Muslime geschaffen hat, der Religionsfreiheit Schritt für Schritt einen höheren Rang einräumt als dem Recht auf Gleichberechtigung.

»Bei Schülerinnen überwiegt in der Abwägung ihre Religionsfreiheit gegenüber dem staatlichen Bildungs-/Erziehungsauftrag«, heißt es in den Empfehlungen. Warum hat in der Arbeitsgruppe von den staatlichen Vertretern niemand dagegen protestiert?[74] Wir wissen doch längst, dass die Wahrnehmung des »staatlichen

Bildungsauftrags« für eine gelingende Integration der Muslime entscheidend ist, das Kopftuch hingegen genau gegenteilig ein Mittel der Abgrenzung gegen die Mehrheitsgesellschaft. Diesen Zusammenhang bestätigen auch die Untersuchungen des Bundesamtes für Migration und Flüchtlinge über »Muslimisches Leben in Deutschland: Je enger der Kontakt zur Moschee oder einem islamischen Verein ist, desto spärlicher sind die Kontakte mit Deutschen. Musliminnen ohne Kopftuch haben in der Regel bessere Deutschkenntnisse, einen höheren Schulabschluss, sind häufiger berufstätig und halten mehr Kontakt zu Deutschen.«[75]

Nach Auffassung deutscher Juristen aber muss dem »Elternrecht« Vorrang gegeben werden, sind die Eltern – auch im Falle des Kopftuchs – befugt, solche religiösen Normen für ihre Kinder zu setzen. Das gehört zu ihrem Recht auf »Religionsfreiheit«. Nur, wenn das »Kindeswohl« verletzt wird, darf der Staat in das Elternrecht eingreifen. Dass die Islam Konferenz dieses Recht der Eltern, ihre religiöse Auffassung durchzusetzen, höherstellt als den Grundsatz der Gleichberechtigung und Selbstbestimmung, ist eine Kapitulationserklärung. Kinder sind schließlich kein Besitz der Eltern, sondern stehen unter dem Schutz der Grundrechte. Mir scheint, dass mangelndes bürgerliches Selbstbewusstsein, gepaart mit dem Wunsch, die Muslime zu befrieden, bei der Empfehlung Regie geführt hat. Faktisch ist sie die Legitimation der Scharia als Elternrecht. Eine Verletzung des Kindeswohls sieht die Konferenz darin nicht.

Ich komme zu einem ganz anderen Ergebnis.

Sexualisierung und soziale Apartheid

Mädchen vor dem 14. Lebensjahr mit dem Kopftuch in die Schule zu schicken, hat für mich nichts mit Religionsfreiheit oder dem Recht der Eltern auf Erziehung zu tun, es ist ein Verstoß gegen die durch das Grundgesetz garantierte Menschenwürde und gegen das Diskriminierungsverbot. Das Kopftuch qualifiziert das Mädchen als Sexualwesen, das seine Reize vor den Männern zu verbergen hat und weniger Freiheiten hat als seine Brüder und nichtmuslimischen Schulkameradinnen.

Jede erwachsene Frau mag für sich selbst entscheiden, ob sie sich

verhüllt, aber Kinder mit diesem stigmatisierenden Zeichen aufwachsen zu lassen, heißt, sie einer sozialen Apartheid auszusetzen.
Streng religiöse Muslime und ihre Islamverbände funktionalisieren
die in der deutschen Verfassung garantierte Freiheit der Religionsausübung um und hoffen so, die islamische Geschlechtertrennung
und die ungleiche Behandlung von Männern und Frauen durchsetzen zu können. Sie sexualisieren damit die Kinder.

Für das Recht auf das Kopftuch in der Schule sind muslimische
Lehrerinnen durch alle juristischen Instanzen gegangen – und
letztlich unterlegen. Nun werden die den Islamverbänden nahestehenden Familien ins Rennen geschickt, um das Kopftuch über
ihre Kinder durchzusetzen. Es ist unsere Pflicht, die Kinder davor
zu schützen.

Jedes Mädchen hat das Recht, als gleichberechtigtes Mitglied unserer säkularen Gesellschaft anerkannt und so behandelt wie auch
geschützt zu werden. Es hat ein Recht, seinen Körper zu erfahren,
seine eigene, aber auch andere Religionen und Auffassungen kennenzulernen und selbst zu bestimmen, ob es später ein Kopftuch
tragen will oder nicht. Dazu muss es in einem von religiösen Vorschriften freien Raum aufwachsen können, muss lernen, sich bilden
können, auch die Chance erhalten, jenes Selbstbewusstsein zu entwickeln, das ihm erst ermöglicht, sich gegen Bevormundung, auch
die Bevormundung durch die eigenen Eltern, zur Wehr zu setzen.
Seine Erziehung zur Mündigkeit muss durch die Bereitschaft des
Staates gesichert werden, seinen Bildungsauftrag wahrzunehmen.
Die Hintanstellung dieser Verpflichtung zugunsten des Elternrechts
bedeutet für muslimische Mädchen, sie immer wieder den religiösen Vorschriften der Parallelgesellschaft auszusetzen. Ich sehe darin
nicht nur den staatlichen Verzicht auf die Wahrnehmung seiner In-
tegrationsaufgabe, sondern auch die Verweigerung von Freiheits-
rechten für muslimische Mädchen.

Das deutsche Gesetz spricht seinen Bürgern »Religionsmündig-
keit« ab einem Alter von 14 Jahren zu. Das bedeutet, dass zumindest
an den Schulen bis zur sechsten Klasse generell das Kopftuch nicht
zugelassen werden darf. Jedes Kind hat ein Recht auf Kindheit, es
muss über seine Rechte aufgeklärt werden und lernen, wie Freiheit
gelebt und verteidigt werden kann. Es hat ein Recht darauf, Selbst-

bestimmung zu erlernen. Gerade muslimische Mädchen aus traditionellen Familien haben dazu nur in der Schule eine Chance – wo sonst? Sie ist die einzige »Integrationsagentur«, die alle durchlaufen müssen – warum geben wir diesen Anspruch auf?

Entschleiert euch, Frauen!

Emel Abidin Algan kommt aus einer streng religiösen Familie. Die Mutter von sechs Kindern und Funktionärin einer Milli Görüs nahestehenden Frauenorganisation hat das Kopftuch jahrelang mit Stolz getragen. Auch sie wollte sich »abgrenzen«, auch sie wollte ein sichtbares Zeichen ihrer Zugehörigkeit setzen.

Vor einigen Jahren aber hat sie das Kopftuch abgelegt und dies auch öffentlich bekannt. Ihre Kopftücher hat sie dem »Haus der Geschichte« in Bonn übergeben und in einem Artikel der *tageszeitung* ihre Abnabelung von diesem angeblichen »Gebot« beschrieben. Aus eigener Erfahrung weiß sie, dass es ernste Gründe für die Unfähigkeit gibt, das Kopftuch von heute auf morgen abzulegen: Zu tief sitzen Scham und Gehorsam in den Köpfen, zu groß ist die Angst vor Glaubensverlust und Sünde, zu klein ist der Mut, Erlerntes zu hinterfragen und sich eine eigene Meinung zu bilden. Das Kopftuch vermittelt Sicherheit, Aufgehobenheit.

Heute kommt ihr das Argument, die Frau würde mit dem Kopftuch ihre Reize verhüllen, lächerlich vor, zumal so viele junge Mädchen das Kopftuch genau gegenteilig nutzen, sich damit stylen, ihm allerhand Schmuck anheften. Es waren Männer, sagt sie, die das Kopftuchtragen eingeführt haben – es wäre wünschenswert, wenn muslimische Männer heute dazu beitragen würden, dass es auch wieder abgeschafft wird.

Die muslimischen Frauen sollten sich dagegen wehren, die Interpretation ihrer Religion den Männern zu überlassen. Das Kopftuch hat mit religiöser Verpflichtung nichts zu tun, der Koran liefert dafür keine Belege. Wenn wir Schutz vor etwaigen Zudringlichkeiten suchen, sollten wir uns auf die Gesetze verlassen, die sexuelle Belästigung und Gewalt ächten und bestrafen. Muslimische Frauen müssen sich vielleicht vergegenwärtigen, dass ihnen die deutsche Gesellschaft, die Verfassung, im Zweifel die Politik und die Medien bei einem solchen Schritt helfen werden. Aber ein solcher erster Schritt muss von ihnen selbst getan werden. Sie müssen sagen:

Wir Frauen sind kein Besitz der Männer und auch nicht deren »Ehre«. Wir bestehen auf unseren verbrieften Rechten, auf unserer Würde und dem Recht auf Selbstbestimmung.

Frauen sind keine Manövriermasse der politischen Interessen von Männern und ihrer Funktionäre, sondern emanzipieren sich, weil sie in dieser Gesellschaft ankommen und an ihr teilhaben wollen – auch im Interesse der ihnen anvertrauten Kinder, deren Chancen nicht zuletzt von dem Vorbild ihrer Mütter abhängen.

Das Kopftuch soll Mädchen lehren, fügsam zu sein. Dagegen müssen wir Frauen uns dafür einsetzen, dass sie frei an allem teilhaben können – am Schwimmunterricht, an Ausflügen, an Tanzveranstaltungen – an allem, was ihnen hilft, selbstbewusst und stark zu werden.

Frauen müssen nicht beweisen, dass sie »rein« sind. Sie selbst – und nicht die Umma oder die Familie – entscheiden, was ehrbar ist.

Frauen können sich nur selbst befreien – wenn es so weit ist, werden sie vielleicht wie 1923 die Frauen in Ägypten ihre Kopftücher wegwerfen und sie in Nord- oder Ostsee, im Rhein oder Main, in der Elbe oder der Spree untergehen lassen. Oder wie Emel die Kopftücher ins Museum bringen.

ISLAM UND POLITIK

Das islamische Dilemma
Wie die Aufklärung des Islam endete, bevor sie richtig begann

Der Islam war von Beginn an ein Teil der europäischen Geschichte. Er war militärisch in Europa präsent, eroberte vor über tausend Jahren Andalusien, Teile Siziliens und gefährdete den Bestand des Oströmischen Reiches in Kleinasien; später breitete er sich bis Wien aus. Aber er war auch in der geistigen Auseinandersetzung Europas präsent; in den Debatten um das gemeinsame Erbe des Hellenismus spielten islamische Denker eine wichtige Rolle. Davon möchte ich im Folgenden erzählen, denn der Abbruch dieser intellektuellen Diskussion macht deutlich, worin heute das »islamische Dilemma« besteht.

Im September 2009 wurde mir der Hildegard-von-Bingen-Preis verliehen. Bis zur Ankündigung, man wolle mich in ihrem Namen mit einem Preis bedenken, war mir die bemerkenswerte Äbtissin vom Rupertsberg (vermutlich 1098–1178) nur als Klostergärtnerin geläufig, nun aber entdeckte ich mit ihr eine Zeit, in der die Weichen für eine Entwicklung gestellt wurden, die uns bis in unsere Tage zu schaffen macht.

Sowohl für den Herrschaftsbereich des Islam wie auch für das Christentum, für die ganze damals bekannte Welt von Mainz bis Teheran, markiert das Hochmittelalter einen Wendepunkt. Es ist nicht nur das Zeitalter prägender Persönlichkeiten, von denen die einen Neues in ihre Gesellschaften hineintragen, die anderen sich gegen jedwede Veränderung stemmen. Es ist auch die Zeit der großen Glaubensauseinandersetzungen, der Kreuzzüge, der Beginn der Inquisition in Europa und des aufkommenden Osmanischen Reichs; die Zeit der Ritterturniere und des Minnesangs, der Klöster,

Derwischorden und Koranschulen. Es ist das Jahrhundert der Mystik und der Wissenschaft, der Philosophie und der Religion und des frühen Zusammenpralls der Kulturen.

Vor dem Wendepunkt: Hildegard von Bingen

Die katholische Kirche hatte sich 1054 in Byzanz und Rom gespalten, im Heiligen Römischen Reich stand ihr ein Papst vor, der alles sein wollte – Heiliger, weltlicher Fürst und Steuern eintreibender Finanzherr. Die Kirche war erstarrt, demütigte Könige, verfolgte Andersgläubige und Kritiker, die sie zu Ketzern erklärte, und schuf sich schließlich mit der Inquisition eine mächtige Institution, die das christliche Europa für Jahrhunderte in Angst und Schrecken versetzen sollte.

Charismatischer, innovativer und entschlossener trat der von Süden vorrückende Islam auf. Der militärische Erfolg der muslimischen Krieger gründete auf der Gewissheit, in jedem Kampf nur gewinnen zu können – wer überlebte, erhielt einen Teil der Beute, wer den Tod fand, dem winkten als Märtyrer die Wonnen des Paradieses – Jungfrauen, Knaben und Wein, alles, was im irdischen Leben verboten war.

Hildegard von Bingen, eine charismatische Benediktinerin, ausgestattet mit unbändiger Neugier, mit Wissensdurst, Selbstbewusstsein und einem erfrischend unabhängigen Geist, wusste sich gegen viele Anfeindungen katholischer Hierarchen zu behaupten – eine Leuchte in zuweilen finsteren Zeiten, die selbst Päpste in ihren Bann zog und von ihrer Gottesgläubigkeit überzeugte.

Es gab nur einen Ort, an dem die Frauen dieser Zeit dem Patriarchat entkommen konnten: das Kloster. Das kirchliche Ideal für das Dasein der Frau war die geschlechtslose Nonne. Als Braut Gottes hatte sie wiederum Freiräume, die Frauen ihrer Zeit sonst verwehrt waren. Noch bei Thomas von Aquin ist die reale Frau »etwas Mangelhaftes und Misslungenes«.

Hildegard von Bingen nutzte in ihrem Kloster diese Freiräume auf vielfältige Weise. Sie unterlief die rigide kirchliche Moral, die von allen, die der Kirche dienten, ein strenges Zölibat einforderte[76] und die Geschlechtslust geißelte, weil sie die Erbsünde übertrage.

Der Körperfeindlichkeit des Klerus setzte sie anschauliche und höchst realistische Schilderungen der Sexualität, des Geschlechtsverkehrs, selbst des Lustempfindens in ihren beiden medizinischen Werken »Physika« und »Ursachen und Heilungen« entgegen.

Dass sie sich solche Freiheiten nahm, blieb nicht ohne Widerspruch. Die Enge der geistigen Welt führte sie zwangsläufig auf einen anderen spirituellen Weg der Freiheit, den der Mystik. In ihrem Zwielicht ließ sich manches suchen, was die Welt draußen nicht zu suchen erlaubte, ließen sich Visionen heranziehen, wo das Argument versagte. Die Entdeckung der visionären Autorität des Ichs und der inneren Freiheit ist ein großes Thema der Selbstbehauptung gegen die durch die Religion auferlegten Verbote. Nicht nur in der europäischen Welt.

Das »Argument des Islam« – Al-Ghazali

Über viertausend Kilometer entfernt lebte und lehrte fast zur gleichen Zeit Al-Ghazali (1058–1111), einer der einflussreichsten und umstrittensten muslimischen Philosophen, der später, als Wächter über Scharia und Islam, auch das »Argument des Islam« genannt wurde. Vorher war er durch alle Höhen und Tiefen der Philosophie und Theologie gegangen. Als junger Mann hatte er Theologie und Rechtswissenschaft studiert und an der Autoritätshörigkeit der Hanbaliten – einer der vier traditionellen Rechtsschulen des sunnitischen Islam – gezweifelt, die den Kanon der Prophetenüberlieferung erstellt und das »Tor der selbstständigen Rechtsfindung« geschlossen hatten. Nur die Nachahmung, *taqlid,* oder Analogieschlüsse, *ightihad,* waren noch zugelassen, selbstständiges Denken war untersagt. Geschult an griechischen Philosophen wie Aristoteles versuchte Al-Ghazali, zweifelsfreie Gewissheit in Gott zu erlangen, verfiel aber zunehmend der Skepsis und verlor sein Vertrauen in die Vernunft. In der Mitte seines Lebens zog er sich ganz in die Mystik der Sufis zurück, die er als »gänzliches Versinken des Herzens in der Anrufung Gottes« empfand. Hier werde man den Gottesbeweis finden. Er hoffte, als Derwisch spirituelle Freiheit im Rückzug von der materiellen Welt zu finden, die damals von der mörderischen Fürstendynastie der Seldschuken bestimmt wurde.

Schließlich lehnte er die Philosophie als eigenen Weg zur Wahrheit ab und verteidigte im Koran die Offenbarung und die darin verbürgte Erschaffung der Welt durch Allah. Al-Ghazali war es letztlich, der den Islam mit seiner »Widerlegung der Philosophen« gegenüber jedwedem Zweifel versiegelte und die Religion damit in jenes Gehäuse verbannte, das ihr jede Möglichkeit zu Innovation, Weiterentwicklung und Modernisierung raubte.

In seiner Schrift »Wiederbelebung der Wissenschaft von der Religion« stellte er – ähnlich wie Hildegard von Bingen in ihrem »Buch der Lebensverdienste« (»Liber Vitae Meritorum«) – Laster und Tugenden einander gegenüber und entwickelte schließlich einen Leitfaden für eine an der Scharia orientierte wahrhaft muslimische Lebensführung. Nicht zu seinen Lebzeiten, erst später wurden seine Schriften zu einer Art Katechismus eines gottgefälligen Lebens. Die Sprüche und Empfehlungen, die er beispielsweise in seinem »Buch der Ehe« versammelte, lieferten all die Argumente und Begründungen, die die patriarchalische, diskriminierende Haltung des Islam zu den Frauen bis heute bestimmt. »Eine Matte im Winkel des Hauses ist besser als eine Frau, die nicht gebiert«, soll der letzte Prophet, Mohammed, nach Al-Ghazali über eine kinderlose Frau geurteilt haben.

Der muslimische Aufklärer: Ibn Ruschd

Al-Ghazalis großer intellektueller Gegenspieler auf muslimischer Seite wurde im andalusischen Cordoba geboren, hieß Ibn Ruschd, im europäischen Kontext besser unter dem Namen Averroes (1126–1198) bekannt. Er war ein spanisch-arabischer Philosoph, Arzt und Mystiker des Islam und geistiger Anreger von Thomas von Aquin. Averroes war Hofarzt in Marrakesch, Richter in Sevilla und Córdoba und kommentierte die Werke von Aristoteles. Damit gab er Europa zurück, was für christliche Gelehrte jahrhundertelang verloren schien, und entfachte ein neues Denken, das letztlich in die europäische Aufklärung mündete. Averroes' Befassung mit der aristotelischen Logik ließ ihn in Widerspruch zu Al-Ghazali treten und führte zur Trennung von Offenbarung und Philosophie – der deutsche Aufklärer Gotthold Ephraim Lessing sollte Jahrhunderte später mit dieser Unterscheidung seinen Angriff gegen die »Buchstabenhörigkeit« der christlichen Orthodoxie munitionieren und fordern, die Bibel, das Heilige Buch der Christen, als historisches Dokument zu lesen. Nur so, schrieb Lessing, könne die Vernunft von der »Gefangennehmung unter den Gehorsam des Glaubens« befreit werden.

Lessing wurde für solche Gedanken die Zensurfreiheit entzogen, aber ihm blieb das Theater, um den Kampf für den »freien und öffentlichen Gebrauch der Vernunft« fortzusetzen. Der Preis, den Averroes zu zahlen hatte, war höher. Er erregte mit seinen Schriften das Missfallen der Ulemma, der Rechtsgelehrten: Solche Gedanken stifteten Unruhe, schürten Zweifel und untergruben die Einheit der Umma, der Gemeinschaft der Gläubigen, wetterten sie. Der Kalif, der ihre Unterstützung im Kampf gegen die christliche Reconquista brauchte, die das seit Jahrhunderten in arabischer Hand befindliche Andalusien zurückerobern wollte, folgte ihrem Urteil. Er verbannte Ibn Ruschd und ließ seine Werke verbrennen. Auf diesem Scheiterhaufen wurde das philosophische Denken im Islam vernichtet. Es war das vorläufige Ende der arabischen-islamischen Philosophie, die bis dahin in vielen Bereichen der Wissenschaft dem »Westen« weit voraus war.

Die Fesselung der Neugier

Die Wirkung von Averroes' Schriften auf das christliche Europa – und auf das Judentum – war dafür umso revolutionärer. Mit der Trennung von Vernunft und Glauben war das Tor zur »Lehre von der doppelten Wahrheit« aufgestoßen; weder Thomas von Aquin, der entschied, die Philosophie habe die »Dienstmagd der Theologie« zu sein, noch den zahlreichen Bannflüchen der Kirche gelang es, den Geist zurück in die Flasche zu drängen. Offenbarung und Wissenschaft, Glaube und die »Lehre von Gott«, Philosophie und Theologie entwickelten sich im Laufe der nächsten Jahrhunderte immer weiter auseinander und schufen Raum für neue Erkenntnisse.

In den europäischen Gesellschaften bildete sich – um es verkürzt zu sagen – eine rationale Wissenschaft heraus, die den Zweifel und damit so etwas wie »Geschichte« zuließ; man begann, sich und seine Zeit als historisch und damit veränder- und wandelbar zu begreifen. Die Gesellschaften wurden zukunftsoffen und der bewussten Gestaltung zugänglich. Geschichte wurde nicht mehr als Ausdruck höherer Vorsehung begriffen, sondern als von Menschen gemacht verstanden. Gott zog sich aus der Geschichte zurück – das mag, und viele empfinden es bis heute so, eine Leerstelle hinterlassen haben. Nun wurde dem Menschen die alleinige Verantwortung dafür auferlegt, was er aus seinem irdischen Dasein zu machen versteht.

Das von Al-Ghazali aufgestellte Dogma der Überzeitlichkeit des Korans hingegen führte dazu, dass die Religion zur Fessel wurde für eine Gesellschaft, die bis dahin in der Mathematik, Medizin, Astronomie und Philosophie ganz außergewöhnliche Leistungen hervorgebracht hatte. Nicht in der Zukunft, sondern in einer weit zurückliegenden Vergangenheit wurde jetzt das islamische Ideal gesucht: Mit dem im Jahr 622 erfolgten Auszug Mohammeds aus Mekka nach Medina, der Verkündung des Islam und der Einigung der arabischen Stämme unter eine Religion sei die »Zeit der Unwissenheit« beendet gewesen.

Tatsächlich begann nun, fast 400 Jahre später, die eigentliche »Zeit der Unwissenheit«. Aus den islamischen Gesellschaften verschwand jede Innovationsfähigkeit. Noch heute gibt es im muslimischen Einflussbereich keine Volkswirtschaft, die der Welt irgendeinen technischen Fortschritt beschert hat; die Bildungsstudien der OECD weisen deprimierende Werte bei der Lese- und Schreibfähigkeit ihrer Bevölkerungen aus; ins Arabische werden fünfmal weniger Bücher übersetzt als in den viel kleineren Sprachraum des Griechischen. Die Versiegelung des Denkens führte zur Verkümmerung der Neugier.

Dass wir im Heute leben, ermöglicht uns ein anderes Verhältnis zur Vergangenheit. Wir müssen keine Gewissensbisse haben, wenn wir nicht mehr glauben, sondern wissen wollen und mit Lust unsere Zweifel artikulieren. Denn wir wissen, dass der Zweifel und die Frage die Eltern der Vernunft sind, die uns das größte aller Geschenke gebracht hat: die Freiheit.

Dem Islam fehlt ein solcher Zweifel an sich selbst, ihm fehlt die Öffnung hin zur Vernunft, zum kritisch-rationalen Denken.

168

Er hatte mit Ibn Ruschd und anderen die historische Chance zur Selbstaufklärung, er hat sie verschenkt. Die Profiteure waren die anderen, die europäischen Christen.

Kritik der arabischen Vernunft: Al-Jabri

Jede Bemühung, den Islam zu reformieren, wird nicht umhinkommen, jene Diskussion, die damals so fruchtbar zur Entstehung des aufgeklärten Europa beigetragen hat, wieder zu befördern – auch um jene, die um ihre Früchte betrogen wurden, aus dem Gehäuse einer Unterwerfungsreligion zu befreien.

Einer, der ausdrücklich an die Erbschaft von Averroes anzuknüpfen sucht, ist der 1936 im marokkanischen Figuig geborene Philosoph Mohammed Abed Al-Jabri, der längere Zeit Lehrer war und eine Mädchen-Oberschule in Casablanca leitete, sich in der links-säkularen Bewegung des Oppositionellen Mehdi Ben Barka engagierte, bis er 1963 wegen staatsfeindlicher Umtriebe verhaftet wurde. Nach zweijährigem Gefängnisaufenthalt wurde er zum ersten Doktor der Philosophie in Marokko promoviert und verfasste ein Lehrbuch der Philosophie, das an den Gymnasien des Landes Standardwerk ist. Er erhielt mehrere Auszeichnungen, lehnte aber auch hochdotierte Preise ab, die ihm unter anderem Saddam Hussein, Muammar Al-Ghaddafi und der König von Marokko verleihen wollten.

In seiner »Kritik der arabischen Vernunft«[77] analysiert er, warum der Islam die Aufklärung und damit die Moderne verpasst hat. Al-Jabri versteht sich nicht als Dissident, sein Ausgangspunkt sind Fragen eines Muslims dieses Jahrhunderts: Wie können wir in unserer Zeit leben? In welchem Verhältnis stehen wir zur Tradition? Was muss geschehen, damit sich der Islam an der Gestaltung moderner Gesellschaften beteiligen kann?

Seit nach der Auslöschung der Arbeit von Averroes der »Gehalt der islamischen Philosophie« zu einem »toten Stoff« erstarrt und in der muslimischen Welt Medina zum Gesellschaftsmodell der Zukunft erklärt worden sei, moniert Al-Jabri, habe man Kategorien wie Zeit und Entwicklung aus dem Denken verbannt, als seien Vergangenheit, Gegenwart und Zukunft unauflöslich zu einer »unbeweglichen Zeit«[78] zusammengeschweißt und als reiche es, dass sich »jedes geistige Bemühen« ausschließlich darauf beschränkt, »ein Altes zu entdecken, auf das sich das Neue beziehen ließ«.[79] Damit wurde das Prinzip des »nachahmenden Konformismus« zur Norm erhoben – in der muslimischen Welt als *taqlid* gängige Praxis – und all das begraben, was in der westlichen Philosophie als »Untersuchung«, als »Versuch« oder »Experiment« sowohl die Sozial- wie die Naturwissenschaften im Lichte von Veränderungen kontinuierlichen Realitätsprüfungen aussetzt.

Im islamischen Denken aber werden neu auftauchende Fragen rechtsgutachterlich beantwortet, unter Hinzuziehung von Koran und Hadithen, und dann zu »Fällen« erklärt, an denen sich weitere Auslegungen abarbeiten müssen – ein höchst zirkuläres Verfahren, das notwendigerweise dazu führt, dass sich die Ausgangsfrage mehr und mehr von der Realität entfernt. Wenn aber Zeit und Erfahrung aus dem Denken eliminiert werden, dann wird jede Innovation, jede Veränderung unmöglich. Als Ideal gilt die möglichst perfekte Kopie. So wird die Vergangenheit zur Bürde, zur Last, die jede Auseinandersetzung mit dem Neuen erdrückt.

Diesen »Schneeballeffekt«, durch den im Prinzip immer nur Vergangenheit transportiert wird, verdeutlicht Al-Jabri an dem Begriff *turath*, den man im Deutschen nur unzulänglich mit dem Wort »Tradition« übersetzt: »Turath ist nicht das Vermächtnis, das der verschwundene Vater dem Sohn hinterlässt, sondern ein Vater, der immerzu im Sohn präsent und lebendig ist.«[80] *Turath* meint deshalb nicht eigentlich Vergangenes, das man hinter sich gelassen oder in der Gegenwart »aufgehoben« hat, sondern »eine Bindung an die Vergangenheit«, die in die Zukunft verlängert wird.

Ein solches Denken hat sich in den ersten zwei Jahrhunderten nach Mohammed herausgebildet, in der »Zeit der Kodifizierung«, als der Koran »geschrieben«, die Überlieferungen gesammelt und geordnet, Hadithe geprüft und von dem Rechtsgelehrten Ibn Hanbal und anderen für echt erklärt wurden. Seitdem wird alle Erkenntnis auf den Text, den Koran als Offenbarung und auf die Hadithe als Überlieferung bezogen. Jede »Wahrheit« muss ihre Begründung im »Text« finden, als »vernünftig« gilt, was sich an seiner Logik bewährt. Der Erkennende ist kein aktiv Handelnder, sondern, so

Al-Jabri, ein »Patient«, jemand, der auf den richtigen Weg gebracht und nur »das innerhalb des Islam Denkbare« denken soll.

Al-Jabri plädiert für einen kritischen Rationalismus und einen eigenen arabischen Weg in die Moderne. Dabei gelte es, sich Averroes wieder neu anzueignen, dessen Erkenntnisse für die islamische Welt durch die Versiegelung verloren seien, den Christen Europas aber den Weg in die Aufklärung geebnet hätten. Averroes wird so, 800 Jahre nach Verbrennung seiner Werke, zum Retter der »arabischen Vernunft« erklärt. Nur vergisst der marokkanische Philosoph dabei, dass sich die Welt inzwischen weitergedreht hat, gerade auch in Europa haben sich die Wissenschaften – auch dank Averroes – inzwischen rasant weiterentwickelt.

Es scheint fast so, als würde Al-Jabri eben das versuchen, was er mit guten Gründen kritisiert: in der muslimischen Vergangenheit suchen, was die Gegenwart retten könnte. Warum besteht er so vehement darauf, im 21. Jahrhundert eine eigene arabische philosophische Tradition zu begründen, statt in dem philosophischen Universum der letzten tausend Jahre aus West wie Ost auf die »Suche nach Wahrheit« zu gehen? Hält er es für unerlässlich, dass die Muslime sich zunächst der eigenen Tradition versichern, um sich der Vernunft endlich öffnen zu können, ohne dabei die Europäer nachzuahmen? Al-Jabri möchte die Religion ausdrücklich von der Entfaltung der Vernunft und der wissenschaftlichen Kritik ausgenommen wissen – »hören wir auf, die Religion durch Wissenschaft erklären zu wollen«[81], fordert er.

Da ist er im Ziel ganz eins mit einem anderen »Reformer«, der behauptet, einen Weg gefunden zu haben, um den Islam mit der Moderne zu versöhnen, und heute bereits auf eine millionenfache Anhängerschar, eine ganze Bewegung, verweisen kann: Fethullah Gülen. Sein gedanklicher Ansatz ist aber ganz dem traditionellen Denken verhaftet, und er sucht, im Gegensatz zu Al-Jabri, die Wissenschaft durch Religion zu erklären. Gülen ist Prediger und kein Philosoph, und ich befasse mich hier mit ihm, weil an seiner Lehre – die von einer großen Anhängerschaft geteilt wird – deutlich wird, dass der Islam selbst in den als fortschrittlich oder modern apostrophierten Vertretern nur mittelalterliches Denken zu bieten hat.

Die Gedankenmoschee des Fethullah Gülen

Die Redakteure des britischen intellektuellen Magazins *Prospect* staunten nicht schlecht, als sie im Sommer 2008 ihre Internetumfrage zu den »Top 100 Intellektuellen der Welt« auswerteten. Hatten zu Beginn noch Mario Vargas Llosa, Al Gore und Garri Kasparow Kopf an Kopf mit Noam Chomsky gelegen, dem Gewinner der Umfrage aus dem Jahr 2005, so änderte sich dies kurz vor Abstimmungsschluss. Anfang Mai gingen bei dem Blatt, das mit 27 000 verkauften Exemplaren noch kleiner ist als die ähnlich konzipierte deutsche Zeitschrift *Cicero*, plötzlich über 500 000 Stimmen ein und stellten die Welt der westlichen Intellektuellen auf den Kopf. Sieger nach Punkten wurde, vor einigen anderen Muslimen, Fethullah Gülen. Die türkische Zeitung *Zaman*, die von seinen Anhängern herausgegeben wird und in sechzehn Ländern erscheint, hatte kurz zuvor ihre Leser zur Abstimmung aufgerufen.

Wer ist Fethullah Gülen? Der 1941 im Osten Anatoliens geborene, heute in den USA[82] lebende Gülen ist derzeit der wohl einflussreichste Prediger des Islam. Seine Bewegung soll weltweit bis zu vier Millionen Anhänger haben, nicht nur in der Türkei werden seine Ansichten mit großem Erfolg verbreitet.

Bereits mit 18 Jahren wurde Gülen Imam der türkischen Religionsbehörde Diyanet. Er stand mit der »Nurculuc«-Bewegung (etwa: »Anhänger des Lichts«) des kurdischen Sufi-Predigers Scheich Said Nursi (gestorben 1960) in Kontakt und kam 1971 wegen »islamistischer Umtriebe« für sechs Monate ins Gefängnis, blieb aber bis nach 1981 trotzdem als Prediger der Diyanet im Staatsdienst. 1996 gründete er mit Tansu Çiller, der wegen Korruptionsvorwürfen zurückgetretenen Ministerpräsidentin und Außenministerin der Regierung des Islamisten Erbakan, die spätere Bank Asya.[83] 1999 ging er – wie er selbst angibt – aus »gesundheitlichen Gründen« in die USA, just in dem Moment, als ein Video auftauchte, in dem er zur Unterwanderung des türkischen Staats aufgerufen haben soll. Er war inzwischen mächtig geworden und predigte schon mal »auf Wunsch der Bevölkerung« in der berühmten Instanbuler Sultan-Ahmed-Moschee im Beisein hochrangiger Politiker.

Er »inspirierte« – das Wort »gründen« mag er nicht – seine eigene, dem Mystizismus und Sufismus zugewandte Bewegung, die sich auf eine Verbindung von Islam und türkischem Nationalismus, auf den »Turanismus«, die Einheit der Turkvölker, beruft und krude esoterische Theorien verbreitet.

Nach außen hin vertritt der Meister einen aufgeklärten Islam, eine Art »Islam light«. Er wendet sich gegen islamistischen Terror und setzt sich für Frieden, Brüderlichkeit und Bildung ein. Obwohl seine Bewegung ideologisch auf den antilaizistischen Vorstellungen seines Ziehvaters Said Nursi fußt, versucht Gülen, mit zahlreichen Friedensappellen in der »Weltethos«-Bewegung von Hans Küng internationales Renommee zu erlangen. Er will religiösen, nicht nur muslimischen Auffassungen mehr Einfluss in modernen Gesellschaften verschaffen.

Über sich selbst lässt der »Hodscha Effendi«, der zuweilen – so wird berichtet – bei seinen Vorträgen in Tränen ausbricht, im Netz folgende romantische Legende verbreiten: »Fethullah Gülen träumte von einer jungen Generation, die intellektuelle Aufklärung mit reiner Spiritualität, Weisheit und kontinuierlicher Aktivität verknüpft. (...) Die kleine Gruppe, die sich gegen Ende der Sechzigerjahre um die Überzeugungen von Fethullah Gülen sammelte, ist seitdem rapide angewachsen und hat sich in verschiedenen gesellschaftlichen Bereichen engagiert. (...) Zu ihren Aktivitäten gehören das Unterrichten, der Aufbau von privaten Ausbildungsinstitutionen auf der ganzen Welt, die Veröffentlichung von Büchern, Zeitschriften, Tages- und Wochenzeitungen, die Gründung von Fernseh- und Radiosendern und die Vergabe von Stipendien an mittellose Schüler und Studenten.«[84] Gülens Bewegung ist zweifellos eine der großen Einflussagenturen in der muslimischen Welt.

Der »nachahmende Konformismus«

Auch wenn Gülen immer behauptet, dass er den Islam mit der Moderne versöhnen wolle – dieser im Westen gern als Vertreter eines modernen Islam gefeierte »Reformer« erweist sich im Kern als steinzeitlicher Fundamentalist und als überzeugter Verfechter für die von Al-Jabri kritisierte Praxis des »nachahmenden Konformismus«. In seinem Buch »Fragen an den Islam 1« schwört

Gülen Wissenschaft und »Wahrheit« auf den Koran und seine autorisierten Überlieferungen ein: »Koran und Hadithe sind wahr und absolut. Wissenschaft und wissenschaftliche Fakten sind wahr, solange sie mit Koran und Hadithen übereinstimmen. Sobald sie aber eine andere Position einnehmen und von der Wahrheit von Koran und Hadithen wegführen, sind sie fehlerhaft.«[85] Damit folgt er jenem von Al-Jabri kritisierten Denken, das nicht auf Tatsachen oder Beweise setzt, sondern allein auf die Schrift und die darin enthaltene Botschaft. Auch hier ist nicht die reale Welt der Bezugspunkt, sondern der Text der Offenbarung und Überlieferung, der »wahr und absolut« und damit von jeder Kritik ausgenommen ist. Gülens »Gedankenmoschee« baut nahtlos auf den normativen Fundamenten der frühislamischen Zeit auf. Verstand hat, wer die »Offenbarung der Wahrheit« des Islam erkennt und nachvollziehen kann.

Für wissenschaftliche Erkenntnis, für Vernunft bleibt da kein Raum. Sie ist auch gänzlich überflüssig, schließlich steht schon alles Wissenswerte im Koran, der Gläubige muss es sich nur aneignen: »Nicht die Wissenschaft«, schreibt dieser »geistige Führer«, lässt »die Wahrheit erkennen, sondern der Glaube an Gott, aus der Rechtleitung Gottes«.

»Beweise« für den uneinholbaren Vorsprung des Korans, selbst bei physikalischen Erkenntnissen, liefert er gleich mit: Auf die Erdanziehung und -abstoßung, auf Rotationen und Umbrüche im Universum verweise schon die 13. Sure, Vers 2: »Allah ist es, der die Himmel, die ihr sehen könnt, ohne Stützpfeiler emporgehoben hat.« Oder Sure 22, Vers 65: »Und er hält den Himmel zurück, damit er nicht auf die Erde fällt, es sci denn mit seiner Erlaubnis.« Nicht Newton und Einstein verdanken wir nach Gülen die moderne Physik, sondern Allah und den Muslimen. Jedem, der glaubt, sei von Gott auch die Fähigkeit gegeben, die Welt wissenschaftlich zu begreifen. Der Mensch müsse nur anfangen, dann würde Allah ihn schon auf den rechten Weg führen. Auch die Ungläubigen hätten sich das, was sie wissen, nur mithilfe von Allah erwerben können – auch wenn ihnen das nicht klar sei. Und somit seien alle wissenschaftlichen Erkenntnisse eigentlich den Muslimen zu verdanken.

Gülen gehört zu jenen, so der Islamwissenschaftler Adel Theo-

174

dor Khoury, die sich durch die Deutung des Koranverses Sure 6, Vers 38, »Wir haben im Buch nichts übergangen«, berufen fühlen, im Koran »nicht nur einen religiösen Wegweiser« zu sehen, sondern auch »die Summe aller wissenschaftlichen Erkenntnisse und der technischen Errungenschaften aller Zeiten«.[86]

Man mag es kaum glauben, aber diese absurden Auffassungen erzielen Resonanz. Muslimische Schülerinnen und Schüler haben sich bei meinen Interviews oft ähnlich geäußert: »Die Ungläubigen haben zwar alles Technische erfunden, aber sie können das nur, weil wir an den Koran glauben, denn im Koran wurde alles vorausgesehen.« Die Wissenschaft und deren Ergebnisse gehören ohnehin – dank dem Koran – den Muslimen. Warum sich da noch ins Zeug legen? Sollen sich doch die Ungläubigen anstrengen.

Der Missionar des Kreationismus

Schon Said Nursi, Gülens Mentor, wollte die Naturwissenschaften mit dem Islam »aussöhnen«; Gülen stellt sich ganz in seine Nachfolge. »Die Vorstellung, dass sich aus Materie von selbst eine Ordnung entwickelte, sei absurd, denn wer würde denn annehmen, dass sich beim Zusammenschütten aller Tinkturen und Pasten einer Apotheke aus jenen neue Strukturen entwickeln würden«, fasst der Islamwissenschaftler Martin Riexinger Nursis Position zusammen, wie sie Gülen vertreten hat.[87]

In seinem Beitrag mit dem Titel »Warum der Darwinismus auch heute noch so populär ist« nimmt Gülen den Kampf mit der Evolutionstheorie auf: »Kann denn heute tatsächlich jemand noch ernsthaft behaupten, dass sich der Mensch, der doch ein außergewöhnlich hoch entwickeltes Gehirn und die Fähigkeit, sich über Sprache und Kultur auszudrücken, zu glauben und zu hoffen, besitzt, aus einem Affen heraus entwickelt hat?« Darwin, so der Prediger, irrt. »Während das Werk Darwins uns im Glauben an Gott bestärkt hat, hat es ihn selbst in die Irre geführt. Wie groß und erhaben der Schöpfer doch ist! Er beschenkt uns mit Ordnung, Verstand und Weisheit, Er weist uns den richtigen Weg.« In seinem Aufsatz »Die Engel und ihre Aufgaben«[88] erläutert Gülen in demselben ernsthaften Ton Aufgaben, Wesen und Wirkung von Engeln, diesen

»feinstofflichen«, nur aus Licht geschaffenen Wesen, von denen es laut Hadithen 360 geben soll, die »alles, was Gott von ihnen verlangt«, tun. Sie – und nicht wie bei Darwin die Arten – gelte es zu klassifizieren.

In der Türkei hat Gülen bei seinem Kreuzzug gegen die Evolutionstheorie ehrgeizige Mitstreiter. Der Antidarwinist Adnan Oktar, der auch als Harun Yahya auftritt und einen »Atlas der Schöpfung« herausgibt, ist ein leidenschaftlicher Missionar des Kreationismus, bei dessen Propagierung er gern auf Texte amerikanischer Evangelikaler zurückgreift. Im Schulterschluss mit den christlichen Fundamentalisten will er die Evolutionstheorie als »unwissenschaftlich« entlarven: »Der Kreationismus ist wahr, weil die Evolution nicht wissenschaftlich ist.« In diese Richtung argumentiert auch Gülen und setzt noch eins drauf: Darwin sei haftbar zu machen für die Übel dieser Welt, für Materialismus, Kommunismus und Atheismus – das Gegengift, versteht sich, ist im Islam oder allgemeiner: in der Religion zu finden. Das Ziel ist es, das Primat der Religion in Politik und Gesellschaft durchzusetzen und über ethische Kategorien der Orthodoxie zum Revival zu verhelfen. Mit spirituellem Glauben hat das herzlich wenig zu tun, mit Reformen schon gar nicht.

Die verspricht ein anderer, der sich dezidiert als »europäischer Muslim« bezeichnet: Tariq Ramadan.

Tricky Tariq

Sein Großvater mütterlicherseits Hassan al-Banna war der Gründer der Muslimbruderschaft in Ägypten, sein Vater Said Ramadan kam 1954 als ihr Repräsentant nach Deutschland, war im ersten Moscheebauverein in München aktiv und versuchte, von Genf aus die Islamisierung Europas zu organisieren. Sein Bruder Hani – Nachfolger des Vaters als Leiter des Islamischen Zentrums in Genf – bekam als Lehrer Probleme mit der Schweizer Schulaufsicht, weil er in einem Artikel für eine französische Zeitung die Steinigung von Frauen in der islamischen Welt verteidigt hatte.

Tariq Ramadan, 1962 in Genf geboren, scheint sich von dieser etwas dubiosen Verwandtschaft auf den ersten Blick wohltuend abzuheben. Der »freischaffende Theologe«[89] ist ein gern gesehener Gast bei europäischen Politikern und interreligiösen Kongressen, sein Rat wurde von der britischen Regierung, zeitweilig auch von der EU-Kommission gesucht, als Lehrbeauftragter und Stipendiat wurde er in die USA, nach Großbritannien und in die Niederlande eingeladen. Gelegentlich aber nahm sein Ruf Schaden: Die Holländer waren wenig erfreut, als 2009 bekannt wurde, dass er zeitweilig als Moderator für einen vornehmlich von der iranischen Regierung bezahlten Fernsehsender arbeitete, in den USA wurde er als mutmaßlicher Unterstützer der Hamas zur *persona non grata* erklärt und hält das laut eigener Aussage für »eine Ehre«.[90]

Aber das aufgeklärte Europa sucht nach Brückenbauern zwischen den muslimischen und den modernen Gesellschaften. Und so gilt Ramadan als einflussreicher Muslim trotz gewisser Zweifel an seiner Reputation auch weithin als Vertreter eines reformfähigen Islam. Dafür scheint der geschmeidige Prediger, der als Missionar durch die Welt reist, auch einiges herzugeben: So zitiert er zuweilen auf seinen Veranstaltungen einen gewalttätigen Vers aus dem Koran, kritisiert solche Textstellen auch, aber nur, um gleich die rhetorische Frage nachzuschieben, ob man etwa deswegen schon glaube, der Islam plädiere »per se für Gewalt«?

Er scheint das zu verkörpern, was Multikulturalisten so gern in einem muslimischen Intellektuellen sehen wollen: einen kritischen Geist, der mit ihnen gegen Kapitalismus und Unterdrückung kämpft. Ramadan bedient sie, ist aber im Grunde aber nur ein Gestriger im neuen Anzug. Er spricht davon, dass der Islam »die Lösung« und für die europäischen Muslime »die Phase der Integration vorbei« sei. Er verspottet die Europäer, die auf ihren Werten und der Integration bestehen, denn der Islam sei längst Teil Europas.

Ramadans Reformzauber

Unerschrocken steigt Ramadan auch für die Rechte der Frauen auf die Barrikade – wenngleich wohldosiert: Als er vor einiger Zeit auf einer Veranstaltung zum Thema Zwangsheirat seinen Diskussionsbeitrag mit farbenreichen Geschichten aus dem Leben Mohammeds auszuschmücken wusste und ich ihn mit dem Hinweis auf Aisha unterbrach, die Lieblingsfrau des Propheten, die noch ein Kind war, als Mohammed mit ihr die Ehe vollzog, tat Ramadan diesen Kindesmissbrauch als unbedeutende »Anekdote« ab. Angeblich hat er aber erkannt, dass die islamische Community in Fragen der Gleichberechtigung in einer tiefen Krise steckt – ohne die Frauen wird der Islam im »Kontext« westlicher Zivilisationen keine bedeutende gesellschaftliche Kraft werden. »Der Islam steht für die Befreiung der Frau«, sagt er, »aber nicht auf Kosten der Kinder.«[91]

Wer allen gefallen möchte und am liebsten das sagt, was die Leute hören wollen, verwickelt sich leicht in unlösbare Widersprüche. Es arabischen Islamisten wie aufgeklärten säkularen Europäern gleichermaßen recht zu machen, ist ein Spagat, der nicht gelingen kann. Ramadan beherrscht den »Doublespeak« in Perfektion.

Ramadans Kritik am Islam ist eher eine Zaubernummer, die mit schönen Worten eine Fata Morgana vorzutäuschen weiß – wer näher herantritt, entdeckt, dass hier doch nur wieder die Wüstenreligion des Propheten gepredigt und alter Wein in neue Schläuche gegossen wird. So kritisiert er zwar die islamischen Fundamentalisten, die das »Modell Medina« »idealisieren«. Damit, rügt unser aufgeklärter Prediger, könne der Weg in die Moderne nun wirklich nicht mehr beschritten werden. Heute, so schreibt er in seinem 2009 erschienenen Buch »Radikale Reform – Die Botschaft des Islam für die moderne Gesellschaft«, gehe es nicht mehr darum, »das historisch erzielte Ergebnis zu imitieren, sondern den ethischen Anspruch und die menschlichen Bemühungen zu reproduzieren, mittels derer es erreicht wurde«.[92] Das lässt aufmerken, scheint hier einer doch endlich einmal das Prinzip der »Nachahmung«, die »Kopie als Ideal«, infrage zu stellen. Der Leser wird allerdings schnell eines Besseren belehrt.

Der »Text« bleibt auch für Ramadan die unbezweifelbare Autorität, er bedürfe in seiner jeweiligen Auslegung aber einer »Anpassung« an den »Kontext« – ein zentraler Begriff in seinem verschlungenen Denkgebäude –, an die Moderne. Denn auch wenn die koranischen Gebote und Verbote, die Empfehlungen der Rechtsgelehrten in ihren Fatwas, den religiösen Rechtsgutachten, »als solche in der Tat absolut und unveränderlich« seien, so müsse ihre »konkrete Umsetzung« doch immer »den Umständen entsprechend notwendigerweise verschiedene und sich wandelnde Formen« annehmen. Das klingt wie ein Versprechen auf aktive Integrationsbereitschaft, gäbe es da nicht den kleinen, aber doch unübersehbaren »Schönheitsfehler«, dass Ramadan die »große Medina« durch viele »kleine Medinas« ersetzt sehen möchte. Jeder Muslim, fordert er, möge seinen eigenen Weg zur »Rechtleitung«, *idschtihad*, finden, damit realisiere sich die auf »Anpassung ausgerichtete Reform«.

Nun soll damit nicht etwa dem schnöden Individualismus Tür und Tor geöffnet werden; was »das Unveränderliche« und »das Veränderliche« sei, habe sich vielmehr streng an der »islamischen Methode« zu orientieren. Und die geht laut Ramadan so: »Man passt sich dem globalen System an, indem man Schutzbereiche schafft, in denen die islamische Ethik bewahrt wird.«[93] Da platzt die schimmernde Integrationsseifenblase, zurück bleibt das altbekannte Plädoyer für die Schaffung von Parallel- oder Gegengesellschaften. In ihnen gilt es durchzuhalten, zu überwintern, bis der zweite Teil von Ramadans »Reformprogramm« greift: Die auf »Veränderung ausgerichtete Reform« zielt darauf, »im Namen der Ethik die Ordnung der Dinge zu ändern«[94], was nichts anderes heißt als: die unveränderlichen islamischen Gesetze zur Norm zu erheben.

Hier lässt der Prediger denn auch die Katze aus dem Sack: Eine Reform des Islam, schreibt er, »ist eine bedeutungslose Formel: Es geht darum, herauszufinden, was Muslime mittels einer Reform ihres Denkens – ohne Dogmatismus und in Zusammenarbeit mit anderen Traditionen – zur ethischen Reform der heutigen Welt beitragen können«.[95] Auch das hört sich weltoffener an, als es gemeint ist: Denn wie Al-Ghazali oder andere Dogmatiker lehnt Ramadan die Einflüsse der griechischen Vernunft wie auch den Beweis ab; »maßgeblich« seien allein der »Text« und der »Kontext«, womit die »heiligen Schriftquellen (Koran und Sunna)« gemeint sind. Jegliche Forderung nach ihrer Historisierung sei nichts als eine »christliche« Methode. Mögen die Christen ihr Heiliges Buch historisiert haben, als sie den »menschlichen Ursprung des Neuen Testaments anerkannten«[96], so seien die Muslime, verpflichtet auf die »islamische Methode«, doch weit davon entfernt, ihnen in einer

179

solchen Torheit zu folgen: Der Koran sei »ewig und offenbart« und könne deswegen auch nicht historisch-kritisch betrachtet werden. So schlicht wird hier der Überlegenheitsanspruch einer Religion formuliert.

Der vom *Spiegel* als einer »der wichtigsten Vordenker des Islam« gefeierte Missionar erweist sich in Wahrheit als Orthodoxer, von dessen aufgepumpter »Botschaft des Islam für die moderne Gesellschaft« nichts als trockene Brosamen einer Kultur der Innerlichkeit übrig bleiben, geht es doch nicht um *Rechte*, sondern um die »*Wiederbelebung des Glaubens und der Religion* durch einen Ansatz des beständig reformierten Verstehens des Textes«[97] – eingesperrt in das autoritative Gehäuse des Islam, in dem die maßgeblichen Instanzen der offenbarte Koran und die Sunna sind.[98]

Um nun aber nicht mit den Islamisch-Orthodoxen in einen Topf geworfen zu werden, greift unser Prediger zum reformerischen Joker: der These von den »zwei Offenbarungen« oder den »zwei Büchern«, anhand derer eine eigene islamische Ethik zu entwickeln sei. Die erste Offenbarung erstreckt sich auf den Koran, die Hadithe und die Scharia und die darin enthaltenen Vorschriften, Gesetze und Prinzipien; die zweite Offenbarung bezieht sich auf das »Buch des Universums«, also auf die reale Welt, die aus Natur und Geschichte abzuleitenden »Naturgesetze«. Ähnlich unterscheidet er zwischen »Text-« oder »Schriftgelehrten« einerseits und »Kontextgelehrten« – damit sind die Wissenschaftler gemeint – andererseits. Da beide nach denselben Grundsätzen für das höhere Ziel einer islamischen Ethik arbeiten, erübrigt sich eine explizit »islamische Wissenschaft«. Jede Erkenntnis wird sich ohnehin in das »Buch des Universums« einschreiben. Während Gülen noch versucht, im Koran die Bauanleitung für das Handy zu finden, sackt Ramadan die Erkenntnisse der Wissenschaft, an denen die »Ungläubigen« sich abarbeiten, über den »Kontext« ein: Alles ist unser – was immer geschrieben, erdacht oder erforscht wird, ist doch alles längst im »Buch des Universums« notiert. Wenn aber beide, das Universum wie der Koran, »offenbart und ewig« sind, dann sind auch beide unveränderlich. Also keine Evolution? Wozu? Ramadan ist damit ganz nebenbei ein weiterer Mitstreiter des Kreationismus.

Islamischer Chauvinismus

Die Brücke zwischen Islam und Moderne, die Ramadan beredt verspricht, bleibt eine Bauruine mit lediglich zwei Pfeilern: dem orthodoxen »Text«- oder Scharia-Islam einerseits, dem Glauben an die Universalität der »letzten« Religion andererseits. Das ergibt in der Summe einen islamischen Chauvinismus, von dem die Europäer nichts zu erhoffen haben. Nicht um Bürger- und Menschenrechte geht es diesem Reformer, nicht um Säkularität, nicht um die Trennung von Staat und Religion, sondern um den auf Sunna und Koran verpflichteten Glauben. Der Prediger und Missionar Tariq Ramadan hat weder Europa noch den um Aufklärung und Reform ringenden Muslimen etwas zu bieten.

Bei seinen westlichen Freunden an den interkulturellen Instituten kommt der vermeintliche Brückenbauer trotzdem gut an, versucht er doch, wie krude auch immer, eine eigene islamische Identität, eine Art muslimischer Selbstbehauptung zu definieren, nach der vor allem westliche Migrationsforscher dürsten. Und Ramadan geht sogar noch einen Schritt weiter: Er setzt »westlich« mit »christlich« und »imperialistisch« gleich, er versucht, als Kritiker des Kapitalismus zu punkten, und findet damit Sympathisanten bei jenen, die seit je ein Faible für Kollektivgesellschaften haben. Er versteht sich darauf, Begriffe umzudeuten, er spricht nicht mehr vom »Djihad«, sondern von »Widerstand«. Das hört sich revolutionär an und kommt sicherlich bei vielen gut an, scheint es doch den Auftakt einer neuen Zeit zu versprechen. Die hat er auch durchaus im Auge, allerdings verbirgt sich dahinter dann doch wieder nur die Ermunterung zur Erweiterung des islamischen Einflusses, nicht etwa eine Modernisierung der Religion.

Tariq Ramadan mobilisiert, wie der Islamwissenschaftler und Politologe Ralph Ghadban zu Recht bemerkt, »das gesamte Repertoire von Argumenten, die auf das schlechte Gewissen des Westens zielen«. Kritisch-rationales Denken diskreditiert er als »westlichen« Ausdruck einer »gottlosen Kultur«, der wir Kolonialismus, Faschismus und eigentlich alles Schlechte in dieser Welt verdanken. Davon müssen die Europäer befreit werden. Wie? Mit dem Islam.

Indem er sich und die Muslime zugleich als »Europäer« definiert, möchte er den Christen gern den Anspruch auf Europa streitig machen – und damit zugleich die innerhalb des Christentums entstandene Aufklärung als Kern des europäischen Selbstverständnisses infrage stellen. Alles nach der schlichten Logik: Ich, ein Muslim, bin Europäer, also kann Europa nicht christlich sein.

Nun war es gerade das als »Menschenwerk« historisierte Neue Testament, das dem christlichen Europa einen Prozess der Säkularisierung ermöglichte. Nicht mehr »ewige«, sondern von den Menschen in ihrem jeweiligen »zeitlichen« Kontext formulierte Gesetze bestimmten die Gesellschaft – ein ungeheurer Freiheitsraum eröffnete sich damit. Der Mensch war nicht mehr einem Fatum, einem Schicksal, ausgeliefert, sondern konnte sein Leben selbst bestimmen und verändern. Die westlichen Gesellschaften sind durch die Aufklärung nicht »entchristlicht« und auch nicht »gottlos« geworden, so wenig wie die Muslime »entislamisiert« werden würden, wenn sie sich der Aufklärung stellten. Das scheint aber nicht in Ramadans Weltbild zu passen, denn dann müsste er das »Ewige«, die göttliche Offenbarung des Koran, selbst infrage stellen. Für ihn aber stehen Koran, Sunna und Scharia als aus der Offenbarung kommend über den von »Menschen gemachten« Gesetzen und rechtfertigen damit auch einen Überlegenheitsanspruch des Islam. Der aufklärerische Gedanke der Toleranz dürfte in einem solchen Denken keinen Platz haben.

Der Islamwissenschaftler Tilman Nagel rückt nüchtern zurecht, auf welcher Basis auch die Muslime Teil der europäischen Gemeinschaft werden können: »Nur, weil die europäischen Gesellschaften von einer religiösen Selbstdefinition abzusehen gelernt haben, vermögen sie die Muslime in ihrer Mitte als ihre gleichberechtigten Glieder zu betrachten. Darum ist es eine Bringschuld der Muslime in Europa, ihre Religion von Grund auf zu durchdenken und deren Verhältnis zu Staat und Gesellschaft so zu definieren, dass es mit den Prinzipien eines freiheitlichen Gemeinwesens vereinbar ist.«[99]

Ein aufgeklärter Islam aber, der für die Trennung von Staat und Religion eintritt, dürfte Ramadan, dem Verfechter der Scharia, und seinem orthodoxen Glaubensideal nicht entsprechen. Seine »Ethik der Befreiung«[100] bedeutet nichts anderes als die Befreiung von westlichen Werten. Er ist auch heute ganz bei Mohammed, der vor über 1400 Jahren einer Überlieferung zufolge gesagt haben soll: »Die übelsten Dinge sind die Neuheiten. Jede Neuheit ist eine Neuerung, jede Neuerung ist ein Irrtum, und jeder Irrtum führt ins Höllenfeuer.«

Die Deutschen und der Islam
Von »Türkenfurcht« und Islamfreunden

Jahrhundertelang saß den Völkern des christlichen Abendlandes die
»Türkenfurcht« in den Knochen. Denn der militärisch äußerst er-
folgreiche Islam rückte immer weiter nach Westen vor und gelangte auf seinen Expansionskriegen zweimal bis vor die Tore Wiens.
Unter den Christen löste das Angst und ein Gefühl der Bedrohung
aus: Die Andersgläubigen waren auf dem Vormarsch. Dieser Teil
der europäischen Geschichte ist weitgehend aus unserem Bewusstsein verschwunden.

Dabei haben Aufklärung und Säkularisierung vom Islam profi-
tiert – nicht nur durch die Fruchtbarmachung hellenistischer Philosophie, die, von Arabern rezipiert und weiterentwickelt, Eingang
ins Christentum fand. Auch der Protestantismus unter Martin Luther konnte sich im Windschatten der »Türkenfrage« erst zu einer
Bewegung entfalten. Und wer weiß schon, dass Gotthold Ephraim
Lessing den Islam als »Vernunftreligion« dem Christentum ent-
gegenhielt, während der deutsche Dichterfürst Johann Wolfgang
von Goethe, der so gern als Freund der Muslime gefeiert wird, harsche Kritik an den allzu »irdischen Absichten« des Propheten übte?
Dass die Zusammenarbeit zwischen dem Kaiserreich und den Osmanen nicht nur das Lieblingsprojekt von Kaiser Wilhelm II., die
Bagdadbahn, beförderte, sondern die militärische Hilfe für die Osmanen die Deutschen auch in den Massenmord an den Armeniern
verstrickte? Dass der Mufti von Jerusalem, religiöses Oberhaupt
und Sprecher der Muslime in Palästina, auf der Gehaltsliste der
Nazis stand? Und Altnazis kräftig mitmischten bei der Gründung
des ersten Moscheebauvereins in der Bundesrepublik, bei dem auch
einige Protagonisten der als internationale Terrororganisation ein-
gestuften Muslimbrüderschaft ihre Finger im Spiel hatten?

184

In diesem Kapitel erzähle ich von Personen und Ereignissen, die das wechselseitige Bild und die Konfliktlinien zwischen Deutschen und Muslimen beeinflusst haben. Es sind ausgewählte Beispiele; ich will keineswegs einen systematischen Anspruch erheben, wohl aber Licht auf die wenig bekannte Geschichte »Die Deutschen und der Islam« werfen.

Kaiser und Kalif

Mohammed, der charismatische Führer, unter dem sich die von Handel und Raub lebenden arabischen Wüstenstämme schließlich vereinigten, schuf mit dem Glauben an den Einen Gott, den er gegen die herrschende Vielgötterei durchsetzte, zugleich auch die Grundlagen für das »Unternehmen Islam«. Eine gemeinsame Sprache, ein über dem Stammesprinzip stehendes religiöses Ordnungssystem und gebündelte militärische Anstrengungen, das erkannte der »letzte Prophet«, waren das Gebot der Stunde, wollte man der Konkurrenz anderer regionaler Mächte gewachsen sein. Die zerstreuten Stämme, die unter dem Banner des Islam zusammenfanden, sollten in den nächsten Jahrhunderten – trotz innerer Machtauseinandersetzungen, die gleich nach Mohammeds Tod einsetzten[101] – mit ihrem religiösen Sendungsbewusstsein zur alles vereinnahmenden Kraft im Orient werden und sich wenig später bis nach Europa ausdehnen.

Binnen weniger Jahrzehnte nahmen die Muslime Jerusalem und Damaskus ein, eroberten das Perserreich und Ägypten und drangen bis an die Grenzen Chinas und Indiens vor. Etwas mehr als vierzig Jahre nach Mohammeds Tod belagerten sie erstmals Konstantinopel, das heutige Istanbul. Ein arabischer Vorstoß in das Frankenreich wurde durch Karl Martell, den Großvater Karls des Großen, 732 gestoppt, nur einen Landstrich um Narbonne hielten die Muslime besetzt, bis die südfranzösische Stadt 759 von Karls Vater Pippin zurückerobert wurde. Aber für einige Jahrhunderte setzten sich die Muslime in Europa fest.

In Al-Andalus entstand ein von der Zentrale in Bagdad abtrünnig gewordenes selbstständiges umayyadisches Reich, das Kalifat von Córdoba. In der folgenden Geschichte, die von der seltsamen

Allianz zwischen einem Muslim und einem Christen erzählt, zwischen denen ein Jude aus Narbonne dolmetschend vermittelte, spielen diese Konstellationen eine Rolle.

Der weiße Elefant

Im Jahr 797 schickte der Frankenkönig Karl nicht zum ersten und nicht zum letzten Mal Gesandte von Aachen nach Bagdad zum Abbasiden-Kalifen Harun al-Raschid, in dem er einen Verbündeten gegen das Oströmische Reich und gegen die Umayyaden-»Mauren« in Spanien zu finden hoffte, die immer weiter in das Frankenreich vordrangen. An ihnen waren Karls Truppen bisher gescheitert. Auch Harun al-Raschid mussten diese aus dem Stamm der Quraisch hervorgegangenen eher »weltlichen« Mekkaner ein Dorn im Auge gewesen sein, waren sie doch von der Abbasiden-Herrschaft abgefallen und hatten die muslimische Umma durch Ausrufung eines eigenen Kalifats gespalten. Das konnte der oberste Herrscher, der sich als einziger legitimer Nachfolger des Propheten sah, nicht hinnehmen.

Diesmal machten sich zwei Ritter und der jüdische Kaufmann Isaak aus Narbonne im Auftrag Karls auf die abenteuerliche Reise nach Bagdad. Nach fünf Jahren, Karl hatte sich inzwischen vom Papst in Rom zum Kaiser des »Heiligen Römischen Reiches« krönen lassen, kam Isaak zurück. Er war allein – seine Begleiter hatten die Reise nicht überlebt –, brachte aber eindrucksvolle Geschenke des Kalifen mit, als Hauptattraktion einen weißen indischen Elefanten, der den Namen des ersten abbasidischen Kalifen Abul Abbas trug. Ein solches Tier hatte man nördlich der Alpen noch nie gesehen.

2003 feierte die Stadt Aachen diese frühen diplomatischen Beziehungen zwischen einem christlichen und einem muslimischen Herrscher im Rahmen einer großen Ausstellung, zu deren Eröffnung der damalige Bundestagspräsident Wolfgang Thierse von einem »echten Austausch zwischen den Religionen und Kulturen« sprach, getrieben von der Neugier auf »ferne Länder«, nicht etwa von schnöden »wirtschaftlichen oder militärischen Interessen«.[102] Zwar richtete sich diese Deutung unausgesprochen wohl vor allem an die Adresse der Amerikaner, die im Frühjahr 2003 ihren »Kreuzzug gegen die Achse des Bösen« mit der Bombardierung Bagdads begonnen hatten, aber losgelöst von diesem aktuellen Bezug klingt sie ein bisschen so, als sei damals Weltpolitik eine ganz im Zeichen der Toleranz stehende Fortbildungsveranstaltung gewesen. Vielleicht von Öger Tours organisiert? Auf diese Versöhnungssehnsucht deutscher Politiker werden wir in diesem Kapitel noch häufiger treffen.

Karl der Große und Harun al-Raschid

Karl wie Harun waren absolute Herrscher, auch über Frauen. Harun war Herr über ungezählte Sklavinnen – eben der Jungfrauen mordende Kalif aus 1001 Nacht. Karl war auch kein Frauenverächter und hatte im Laufe seines Lebens, soweit bekannt, 18 Kinder von neun Frauen. Aber beide, der Christ wie der Muslim, waren auch nüchterne Politiker. Die ungewöhnliche Allianz zwischen ihnen dürfte durch handfeste Interessen geschmiedet worden sein, die stärker als die religiösen Unterschiede waren.

Harun al-Raschid stand einem Riesenreich von Marokko bis Persien vor, das in der neu erbauten Hauptstadt Bagdad seinen glanzvollen Mittelpunkt hatte. Kunstvoll wie kaum ein anderer beherrschte er die Politik der »seidenen Schnur«, mit der er seine Gegner strangulierte – eins seiner ersten Opfer war sein älterer Bruder Al-Hadi, den es aus dem Weg zu räumen galt, um den Thron zu besteigen. Um die Wende zum 9. Jahrhundert aber war Harun mit Unruhen in Syrien wie dem Maghreb konfrontiert und mit der Niederwerfung Anatoliens beschäftigt. Der Djihad des Islam nach Westen machte vorübergehend Pause, die Kräfte mussten gegen die inneren rivalisierenden Strömungen gebündelt werden, zu denen nicht nur die abtrünnigen Umayyaden auf der iberischen Halbinsel gehörten, sondern auch die von Osten kommenden Seldschuken. Harun hatte alle Hände voll zu tun, sein Reich zusammenzuhalten.

Dieses Problem war auch Karl geläufig, der übrigens ebenfalls keine Grausamkeit scheute, um die Christianisierung voranzutreiben; bis sich sein Imperium von der Nordseeküste bis ans Mittelmeer und von der Elbe bis an den Atlantik erstreckte, galt es, die

Bayern, die Langobarden, die Mauren in Spanien und besonders die heidnischen Sachsen niederzuwerfen, die ihn immer wieder herausforderten. Erst unendlich viel Kriegsgetümmel verschaffte ihm – lange nach seinem Tod – den Ehrentitel »Pater Europae«, Vater Europas.

Das unter maurischer Herrschaft stehende Al-Andalus war für ihn wie für seinen muslimischen Kollegen Harun eine Herausforderung. Und das war nicht ihre einzige Gemeinsamkeit. Sowohl die Welt des Islam war gespalten – Bagdad im Osten und Córdoba im Westen – wie auch das römische Imperium, dessen Erbschaft Karl antrat – in Ostrom mit der Hauptstadt Konstantinopel und in Westrom mit der Hauptstadt Rom. Die Interessen der beiden Hegemonialherrscher trafen sich also in der gemeinsamen Gegnerschaft zu den Mauren Spaniens und zu Byzanz. Gemeinsame Feinde können verlässliche Bündnisse stiften. Die Klugheit gebot es, nicht untereinander auszuprobieren, wer der Stärkere war – auch wenn sich Kaiser und Kalif sicherlich in mancher Hinsicht als Rivalen sahen.

Eine Konfrontation hätte Karls Alleinanspruch auf die Kaiserwürde über das Heilige Römische Reich und seine langfristigen innenpolitischen Ambitionen gefährdet – hingegen dürfte ihm die Spaltung der islamischen Welt von Nutzen gewesen sein. Nachdem sein Herrschaftsgebiet durch seine erfolgreichen Eroberungszüge ein Vielvölkerstaat geworden war, galt es, diesen durch Reformen nach innen zu festigen. An seinem Hof versammelte Karl gelehrte Mönche als »Berater« – Iren, Angelsachsen und Langobarden, Romanen aus Italien und Goten aus Spanien, ferner Franken, Alemannen, Bayern und Sachsen. Sie lehrten einander, was sie wussten, tauschten Handschriften aus, schrieben antike heidnische oder christliche Texte ab und schufen ein effizientes Bildungswesen, in dem das Wissen der genannten Völker und der Antike vereint wurde. Damit wurde das intellektuelle Fundament der abendländischen Wissenskultur geschaffen, die im Laufe der Zeit das dringend benötigte Experten-, Handlungs- und Herrschaftswissen bereitstellte.

Denn darin war die muslimische der christlichen Welt damals weit voraus. In der über 3500 km entfernten Metropole des islamischen Reiches standen Astronomie, Mathematik, Rhetorik, Literatur und Musik in hohem Ansehen. Bagdad leuchtete: Im Umkreis des Hofes blühten nicht nur die religiösen Wissenschaften – die Koranexegese, die Sammlung und Interpretation der Propheten- worte und ihre juristische Ausdeutung –, sondern auch Geschichts- schreibung und Geografie, Philosophie und Medizin. Anders als später wurde dieses weltliche Wissen noch nicht als Gegensatz zur Religion gesehen. Haruns Sklavin Tawaddud beherrschte die Liebeskünste, aber auch den Satz des Pythagoras und den Koran – nicht von ungefähr hatte der Kalif für sie den sagenhaften Preis von 70 000 Dinar[103] zahlen müssen, nach heutigen Maßstäben etwa so viel, wie der Fußballklub Real Madrid für einen erfolgreichen Stürmer hinblättert.

Die Andersgläubigen

Bagdad, so lobte Bundestagspräsident Wolfgang Thierse in seiner Aachener Rede 2003 das damalige Zentrum der islamischen Welt, sei unter Harun al-Raschid von kultureller und religiöser Toleranz geprägt gewesen. Diese Sichtweise dürfte allerdings, so allgemein formuliert, schwerlich zu halten sein; in religiösen Fragen kannte Harun vielmehr kein Pardon, die Maxime lautete: Bekehrung oder Tribut.

Wer während des immerwährenden Djihad zum Islam übertrat, erhielt einen Teil der Beute und musste nur *zakat*, das Almosen für die Armen, spenden. Wer kein Muslim werden wollte, stand zwar unter dem Schutz der Muslime, musste aber eine hohe Kopfsteuer, die *dschisya*, zahlen, durfte mancherorts nur Esel statt Pferde reiten, keine höheren Häuser als die Muslime bauen und unterlag man- cherlei anderen Einschränkungen, vor allem dem Verbot, Waffen zu tragen – was zu damaligen Zeiten hieß: schutzlos zu sein. Es war eine religiöse Apartheid, die gegenüber Ungläubigen praktiziert wurde.

807 ordnete der Kalif überdies an, dass Juden und Christen an ihrer Kleidung zu erkennen sein müssten, die Juden hätten gelbe, die Christen blaue Gürtel zu tragen.[104] Mit solchen Vorschriften, die allerdings an vielen Stellen des islamischen Riesenreiches un- terlaufen wurden, lieferte Harun der von Papst Innozenz III. 1215

189

auch für den christlichen Herrschaftsbereich beschlossenen Kennzeichnungspflicht für Juden die Vorlage. Der Herrscher über alle Muslime wollte den Druck auf eine Konversion zum Islam spürbar erhöhen, beraubte sich damit aber eines Teils seiner ökonomischen Basis. Denn besonders die Juden, die bisher mehrheitlich im muslimischen Herrschaftsbereich Zuflucht vor Repressalien der Christen gesucht hatten, wanderten jetzt zahlreich ins christliche Abendland aus.

In Karls Frankenreich aber waren die Juden hochwillkommen. Ihre Religion wurde ausdrücklich gebilligt; Zwangstaufen waren verboten, sie konnten frei über ihr Eigentum und ihr Erbe verfügen, Grundbesitz erwerben, ungehindert Handel betreiben und durften vor Gericht nicht benachteiligt werden. Den Karolingern war ihr Nutzen für die Wirtschaft des Landes wichtiger als die antijüdische Haltung der Bischöfe. Denn die Kenntnisse und Erfahrungen der Juden, ihre internationalen Kontakte und ihre sprachlichen Fähigkeiten wurden für den Aufbau der Städte und den Ausbau des Handels gebraucht. Speyer, Worms und Mainz bildeten die prosperierenden wirtschaftlichen wie geistigen Zentren des Judentums bis ins 11. Jahrhundert hinein, als die von der Kirche in Marsch gesetzten Kreuzzügler sich gegen die rheinischen Judenhäuser wandten und mit ihrer mörderischen Mischung aus religiösem Hass und Habgier die Gemeinden der vermeintlichen »Gottesmörder« nahezu auslöschten. [105]

Die Sure vom Elefanten

Der weiße Elefant, den der Arabisch sprechende Jude Isaak Karl brachte, war nicht das einzige Geschenk von Harun: Noch bevor Karl zum Kaiser gekrönt wurde, schickte Harun ihm den Schlüssel zum Heiligen Grab in Jerusalem[106], das seit dem Jahr 638 unter muslimischer Herrschaft stand, auf das aber alle drei monotheistischen Religionen Anspruch erhoben. Mit dieser Geste erkannte der Muslim den künftigen römischen Kaiser als Schutzpatron der Christenheit und damit als »Partner« auf Augenhöhe an. Zugleich setzte er damit ein Zeichen gegen das oströmische Byzanz, das von Karls Kaiserwürde nichts wissen wollte.

Diese Dreiecksbeziehung beruhte auf Waffengleichheit und Interessenausgleich. Erst die Zerstörung der Grabeskirche durch den Fatimiden-Kalifen al-Hakim ließ zweihundert Jahre später den Kampf um die Heilige Stadt in zahlreichen Kreuzzügen wieder aufleben.

Der Name des weißen Elefanten, Abul Abbas, sollte zugleich den Anspruch bekräftigen, dass nur die Abbasiden, nicht etwa die Umayyaden in Spanien, die legitimen Nachfolger des Propheten waren – wehe, wenn sich Karl mit ihnen verbünden sollte. Die Größe des Tieres, seine Stärke, war unmissverständlich auch eine wehrhafte Botschaft des muslimischen Herrschers. Elefanten wurden bereits seit tausend Jahren militärisch genutzt, schon gegen Alexander den Großen hatten die Perser und später die Sassaniden Kriegselefanten eingesetzt. Wir, die Muslime, ließ Harun durch die körperliche Präsenz des Elefanten mitteilen, verfügen über Furcht einflößende Waffen – eine Warnung, die auch auf eine andere Begebenheit der islamischen Geschichte verwies.

Mohammed wurde der Legende nach im »Jahr des Elefanten« (ca. 570) geboren. Es war das Jahr, als die Äthiopier versuchten, Mekka mit einem Elefanten zu erobern. Gott selbst, so die islamische Legende, soll die Angreifer vor der Stadt zum Stehen gebracht haben, um zu verhindern, dass Mohammed unter fremder Herrschaft aufwuchs. Der Koran erzählt in der Sure 105 »Der Elefant« von dieser Episode: »Hast du nicht gesehen, wie dein Herr seiner Zeit mit den Leuten des Elefanten verfahren ist? / Hat er nicht ihre List misslingen lassen / und Scharen von Vögeln über sie gesandt / die sie mit Steinen von Ton bewarfen, / und [hat er] sie [dadurch nicht saft- und kraftlos] werden lassen wie ein abgefressenes Getreidefeld?« Vielleicht wollte Harun, Nachfolger des Propheten, Karl mit dem Elefanten einen Hinweis auf diesen Koranvers als Mahnung zukommen lassen, als Mahnung, dass es jedem, der die heiligen Stätten des Islam zu erobern trachtete, ergehen würde wie den Äthiopiern vor Mekka. Wohl auch kein Zufall, dass er dafür einen seltenen *weißen* Elefanten wählte, steht doch die Farbe Weiß in der islamischen Lehre der drei Farben (weiß, schwarz und Sandelholz) für das Licht der Offenbarung, der sich auch der Koranvers verdankt.

191

Ob Karl der Große diese Botschaften verstanden hat, ob so viel »interkulturelle Kompetenz« an seinem Hof vorhanden war, wissen wir nicht. Drei Jahrhunderte später jedenfalls, als der Machtkampf zwischen weltlicher und kirchlicher Herrschaft einen ersten Höhepunkt erreichte, sollte das Oberhaupt der Christenheit, der Papst, im Verbund mit dem Kaiser von Ostrom diese Warnung missachten und zu dem ersten Kreuzzug aufbrechen, um die heiligen Stätten in Jerusalem von den Muslimen zurückzuerobern. Lange konnten sich die Christen ihres blutigen Sieges nicht erfreuen. Wenige Jahrzehnte später wurden sie von den Muslimen unter Saladin – uns aus Lessings »Nathan der Weise« bekannt – wieder aus der Stadt vertrieben.

Auch Karl der Große hatte nur wenige Jahre Freude an seinem weißen Elefanten. 805 ritt er mit dem Elefanten in den Krieg – allerdings nicht nach Süden, sondern gen Norden gegen die Friesen. Der Elefant überlebte das nicht.

Die Glaubenskrieger

Die friedlichen Beziehungen zu Karl dem Großen ließen Harun keineswegs sentimental gegen die christliche Welt werden. Als der byzantinische Kaiser Nikephoros I. (ca. 760–811) die Tributzahlungen verweigerte, zu denen seine Vorgängerin Irene sich gegenüber den Muslimen nach der Belagerung Konstantinopels hatte verpflichten müssen, brach Harun erneut in das »Haus des Krieges«, in das Land der Ungläubigen, ein.

In fast zweihundert Versen des Korans[107] wird der Kampf gegen die Ungläubigen zu einer heiligen Sache erklärt. »Er (Gott) ist es, der seinen Gesandten mit der Rechtleitung und der Religion der Wahrheit gesandt hat, um ihr die Oberhand zu verleihen über alle Religion« (Sure 9, Vers 33; auch: Sure 48, Vers 28, oder: Sure 61, Vers 9). Die Muslime haben solche Verse seit Hunderten von Jahren als Auftrag[108] begriffen, mit dem Djihad alles zu überrennen, was sich ihnen in den Weg stellte, zumal als Lohn weltliche Beute oder himmlische Wonnen winken – die Aussicht auf direkten Zugang zu den weinberankten »Gärten des Paradieses« (18,107)[109], wo »ewig junge Knaben« (u.a. Sure 76, Vers 19) oder »großäugige Huris,

Jungfrauen mit schwellenden Brüsten« (u.a. Sure 78, Vers 31–33) zu Diensten stehen würden.

Mit solchen religiösen Stimulanzien vor Augen waren die muslimischen Glaubenskrieger kaum aufzuhalten – ob lebendig oder tot, sie konnten immer nur gewinnen. Ostrom tat sich schwer dagegen. Nikephoros musste ohne ein solches metaphysisches Doping antreten und erlitt 804 gegen Harun al-Raschids Truppen eine schwere Niederlage. Fortan hatte er, wie alle *dhimmis*, Ungläubigen, Kopfsteuer zu zahlen. Auch gegenüber seinem Konkurrenten im christlichen Herrschaftsbereich musste Nikephoros Federn lassen. Um sich mit Karl über die Machtverhältnisse im Adria-Raum zu verständigen, hatte er Rom, Ravenna und weitere Gebiete an die Franken abgetreten, dafür Venedig, Istrien und Dalmatien zugesprochen bekommen; er musste aber Karls Kaisertitel anerkennen, um selbst »Kaiser von Ostrom« bleiben zu können. Vor den Muslimen allerdings sollten auch seine Nachfolger nicht sicher sein.

Zweihundert Jahre später belagerten die Osmanen Konstantinopel; Nicäa, die Stadt des Ersten Konzils, wo sich im Jahr 325 mehr als 300 christliche Bischöfe versammelt hatten, um zum ersten Mal verpflichtende Beschlüsse für die ganze christliche Kirche zu verabschieden, hatten die Muslime bereits erobert. Nun standen sie kurz davor, den Bosporus zu kontrollieren.

Als der byzantinische Kaiser um Waffenhilfe gegen die Osmanen bat, rief Papst Urban II. in einer dramatischen Ansprache auf freiem Feld im französischen Clermont Volk und Ritter zum Heiligen Krieg, zum Kreuzzug, auf, um »unseren Brüdern im Orient eiligst Hilfe zu bringen«: »Deus lo vult« – Gott will es. Der Papst erinnerte die Christen an ihre Pflicht, für die Ausbreitung des Glaubens zu kämpfen. Und er nannte ein Ziel: Jerusalem, die Befreiung des Heiligen Grabes, das neben anderen Heiligtümern der Christenheit fast ein Jahrhundert zuvor vom Kalifen al-Hakim zerstört worden war.

1099 eroberten die Kreuzritter die Heilige Stadt, nicht einmal hundert Jahre später wurden sie von dem kurdischstämmigen Saladin wieder vertrieben. Ab 1244 war Jerusalem fast sieben Jahrhunderte lang in muslimischer Hand, bis die Stadt 1917 von britischen Truppen besetzt wurde. Die Kreuzzüge vom 11. bis zum

Ende des 14. Jahrhunderts waren ein nur kurzzeitig wirkungsvoller Entlastungsangriff Europas gegen die hegemonialen Ansprüche des Islam gewesen; dessen Eroberungszug gen Westen hielt noch für Jahrhunderte an.

Martin Luther und die »Türkenfrage«

1453 nahmen die Osmanen Konstantinopel ein, drangen auf den Balkan vor, eroberten Ungarn und standen 1529 vor Wien. Das war der politische Hintergrund für eine Glaubensauseinandersetzung, die mit den Angriffen des Wittenberger Mönchs Martin Luther auf das Papsttum begann und nicht nur zur Spaltung zwischen Katholiken und Protestanten führte, sondern die weltliche Macht des Papstes entscheidend zurückdrängte.

Die Päpste in Rom gaben schon seit Jahrzehnten gegen »Spenden« Sündenablässe heraus und erhoben höchst umstrittene Steuern, um das Geld für die kostspieligen Kreuzzüge gegen die Muslime einzutreiben. Ein Kreuzzug kam aber schon seit Längerem nicht mehr zustande, und der Mönch Martin Luther verdächtigte die Kurie, das Geld in die eigene Tasche zu stecken; die militärischen Erfolge der Türken hielt er für die »Zuchtrute Gottes«, das Scheitern früherer Kreuzzüge beweise den mangelnden göttlichen Beistand. Nicht der käuflich zu erwerbende Ablass, der nichts anderes als ein einträgliches Geschäft für die katholische Kirche sei, sondern nur innere Einkehr, Buße, könne die Christen zu einem Sieg über die Osmanen befähigen und vor dem zu erwartenden Weltende retten. Wer aber, wie der Papst, kirchliche Machtmittel zur Verfolgung politischer Zwecke einsetze, sei der eigentliche Widersacher Christi, der Antichrist.

Luthers Kritik an den glaubenswidrigen Missständen der katholischen Kirche und seine Ablehnung der Kreuzzugsbestrebungen stießen auf breite Zustimmung in der Öffentlichkeit, die in dieser Zeit immer häufiger durch anonyme Flugschriften mobilisiert wurde. Darin wurden Luthers meist gezielt auf Deutsch und nicht auf Lateinisch verfassten kritischen Schriften aufgegriffen und weit über theologische Kreise hinaus bekannt gemacht – der wahre »Türke« sitze »geldgierig« in Rom, wetterte eine Flugschrift, als auf dem Reichstag von Augsburg 1518 die »Causa Lutheri« und die »Türkenfrage« verhandelt wurden.

Der Papst und seine Bischöfe schäumten, denn der Wittenberger Mönch erzielte Wirkung: Die Reichsstände lehnten die Erhebung von Steuern für künftige Kreuzzüge rundweg ab. Luther wurde mit dem Bann bedroht, seine Lehre zur Ketzerei erklärt. Schwächung der Kampfbereitschaft der Christen, Feindbegünstigung wurde dem Mönch vorgeworfen – ja, dieser Helfershelfer der Osmanen wurde auf bildlichen Darstellungen von altkatholischer Seite zuweilen selbst als Osmane dargestellt.

Zwei Reiche: Glaube und Politik

Luther sah sich genötigt, nun doch einiges richtigzustellen. An der Verteidigungspflicht der Christen gegen die Osmanen wollte er keinen Zweifel aufkommen lassen. In seiner Schrift »Von weltlicher Obrigkeit, wie weit man ihr Gehorsam schuldig sei« (1523) formulierte er seine berühmte Zwei-Reiche-Lehre, die ihm erlaubte, zwischen den Geboten des Glaubens und der »Realpolitik« zu unterscheiden: Weder dürfe der Staat in geistliche Belange eingreifen noch die Kirche weltliche Herrschaft ausüben. Den Angriffen der Osmanen Widerstand entgegenzusetzen sei eine weltliche Aufgabe des »Keyser Karol (oder wer der Keyser ist)«, er habe die Pflicht, »seine Untertanen zu schützen«, die ihm ihrerseits Gehorsam erweisen und Kriegsdienst leisten müssten. So forderte er in seiner Schrift »Vom Kriege wider den Türcken« (1529): »weil die Christen … ein jeglicher von seiner Obrigkeit, zum Streit wider die Türcken gefordert und berufen werden, sollen sie tun als die treuen und gehorsamen Untertanen (wie sie denn gewisslich tun, so sie rechte Christen sind) und mit Freuden die Faust regen und getrost dreinschlagen, morden, rauben und Schaden tun so viel sie immer mögen; … werden sie darüber erschlagen, wohlan, so sind sie nicht allein Christen, sondern auch gehorsame, treue Untertanen gewesen, die Leib und Gut in Gottes Gehorsam bei ihren Oberherrn zugesetzt haben«.

Ein »schändlich Buch«

Schon lange hatte Luther es bedauert, dass er keinen vollständigen Koran zur Verfügung hatte. Zwar hatte er schon früher »etlich Stück« aus dem Heiligen Buch der Muslime lesen können und mit dem Gedanken gespielt, den »Alkoran« ebenso wie die Bibel zu verdeutschen, damit »jedermann sehe, welch ein faul schändlich Buch es ist«. Als er dann 1542 endlich eine vollständige Ausgabe in den Händen hielt, radikalisierte sich seine Position: Der Koran sei ein geradezu widerchristliches Dokument, voll teuflischer Bosheiten – ein Buch »voller Lügen, Fabeln und aller Gräuel«. Wer gegen die Türken ziehe, schreibt er, solle ja gewiss sein, dass er nicht wider Menschen von Fleisch und Blut streite, sondern gegen »ein groß Heer Teufel«. »Die Türken sind, gleich den Juden, halsstarrig und verstockt ... das türkische Reich, so groß es immer sein kann, ist nichts, ... die Christen ... haben ... die Verheißung Gottes, so uns im Sohne Gottes geoffenbaret ist, da die Türken ihren stinkenden Alkoran, ihre Siege und zeitliche Gewalt haben, worauf sie sich verlassen.«

Und doch sah Luther nicht in »Mahmet« (Mohammed), sondern in dem Papst in Rom den eigentlichen Antichrist. Im Vorwort zu einer theologisch-philosophischen Auseinandersetzung mit dem Koran des Schweizer Orientalisten Theodor Bibliander aus dem Jahr 1543 schrieb er: »Und ich halt den Mahmet nicht für den Endchrist. Er macht's zu grob und hat einen kenntlichen schwarzen Teufel, der weder Glauben noch Vernunft betrügen kann. Und ist wie ein Heide, der von außen die Christenheit verfolget ... Aber der Papst bei uns ist der rechte Antichrist, der hat den hohen, subtilen, schönen, gleißenden Teufel, der sitzt inwendig in der Christenheit.«

Für die Durchsetzung der protestantischen Lehre war die politische wie theologische Auseinandersetzung mit den Osmanen durchaus förderlich. Sie band Kräfte, machte Kompromisse des Kaisers mit den protestantischen Reichsständen erforderlich, um diese als Bündnispartner zu gewinnen, und verhinderte so, dass das Kirchenschisma, die Lösung der Protestanten von der päpstlichen Kirche in Rom, mit geballter Macht nach innen »gelöst« werden konnte. Die »Türkenfrage« erwies sich letztlich als Geburtshelfer des Protestantismus, der mit der Zurückdrängung der weltlichen Macht des Religiösen einen entscheidenden Schritt zur Säkularisierung einleitete.

In einem Punkt war Luther gar nicht so weit von der Uridee des Islam entfernt. Seine für das Christentum revolutionäre Tat, den Menschen direkt mit Gott »kommunizieren« zu lassen, ohne eine Zwischeninstanz, hatte auch – der frühe – Mohammed angedacht. Luthers Verzicht auf die Gnadenbürokratie des katholischen Klerus war befreiend: Das Gewissen des Einzelnen konnte an die Stelle des Ablasshandels treten. Der Gedanke der Selbstverantwortung des Christen entfaltete sich. Der Geist der Reformation mit seinem Kerngedanken von der Freiheit des Christenmenschen ließ sich auf Dauer nicht mehr, wie noch in Luthers Zwei-Reiche-Lehre, mit dem Gehorsam als Untertan weltlicher Herrschaft vereinbaren. Bei Gotthold Ephraim Lessing wurde der Freiheitsgedanke universal: Nun richtete er sich auch gegen die Obrigkeit.

Lessing und der »Same der Rebellion«

War für Luther der Koran – ebenso übrigens auch die heiligen Schriften der Juden – »Teufelswerk«, so nutzte der Aufklärer Lessing die Religion der Muslime wie der Juden, um die behauptete Überlegenheit des Christentums infrage zu stellen. Bei ihm radikalisierte sich die Religionskritik, sie wurde zum »Samen der Rebellion« gegen die »von Gottes Gnaden« eingesetzte Obrigkeit, der »freie und öffentliche Gebrauch der Vernunft« zur Waffe des mündigen Bürgers. Dabei griff er auf die zweihundert Jahre zurückliegende Geschichte um einen Schüler Luthers zurück, einen angeblichen Konvertiten zum Islam, um zum Frontalangriff auf die »lutherische Orthodoxie« zu blasen.

Der reformierte Pfarrer Adam Neuser war um 1560 Pfarrer in der Peterskirche in Heidelberg. Anders als sein Mentor Luther hegte er offensichtlich keine Vorurteile gegen die Türken, vielmehr soll er 1570 einen Brief an den Sultan in Konstantinopel geschrieben haben, in dem er die Dreieinigkeit Gottes bezweifelte und seine Überlegungen preisgab, zum Islam überzutreten. Der Brief wurde abgefangen, Neuser gemeinsam mit einem anderen Geistlichen, Johannes Sylvanus, verhaftet und des Hochverrats angeklagt. Neuser konnte fliehen, Sylvanus wurde 1572 auf dem Marktplatz von Heidelberg vor den Augen seiner Kinder geköpft. Neuser soll über einige europäische Städte nach Konstantinopel geflohen, dort konvertiert und später an der Pest gestorben sein. Sein schreckliches Ende wurde als Warnung genutzt: Ein solches Schicksal drohe jedem, der vom christlichen Glauben abfällt.

Zweihundert Jahre später rehabilitierte Gotthold Ephraim Lessing den Prediger in seiner Abhandlung »Von Adam Neusern«.[110] Der Fall des Heidelberger Pfarrers war ihm willkommene Munition in seinem Kampf gegen die »Luther-Orthodoxie«, mit deren Hilfe »sich die geistliche Herrschaft als weltliche Despotie verewigen« wolle.[111] Mit detektivischem Spürsinn hatte Lessing herausgefunden, dass die Vorwürfe gegen Neuser vermutlich konstruiert waren, seine Konversion zum Islam zweifelhaft und sein Tod wahrscheinlich auf die Ruhr, zu damaliger Zeit ein alltägliches Übel, und nicht auf die Pest, die als Strafe Gottes galt oder den Juden angelastet wurde, zurückzuführen war. Der Denunziation des Pfarrers lag ein Konflikt zwischen dem protestantischen Kurfürsten und den Calvinisten zugrunde, die wegen ihrer antimonarchistischen Grundhaltung und ihrer historisch-kritischen Haltung zur Bibel verfolgt wurden. Zu ihnen soll sich Sylvanus noch in der Stunde seines Todes bekannt haben. Er und der mit unitarischen Gedanken, also dem innerchristlichen Zweifel an der Dreifaltigkeitslehre, sympathisierende Neuser waren die Bauernopfer in dieser Glaubensauseinandersetzung.

Heute Dichter, morgen Königsmörder

Auf diesen Fall kam der streitbare Lessing im sogenannten »Fragmentenstreit« zurück, den der Dramatiker, damals Wolfenbütteler Bibliothekar, eröffnete, als er von 1774 bis 1778 Teile aus der »Apologie oder Schutzschrift für die vernünftigen Verehrer Gottes« herausgab, verfasst von dem verstorbenen Professor Samuel Reimarus. Lessings Freund und geistiger Weggefährte, der jüdische Aufklärer Moses Mendelssohn, hatte ihn vor dieser Veröffentlichung gewarnt, denn Reimarus' Schrift war eine harsche Abrechnung mit dem Alten und Neuen Testament wie auch den Hauptsätzen der protestantischen Lehre. Da Lessing, um die Kinder des Verstorbenen zu schützen, den Namen des Verfassers nicht preisgab, traf die Kritik, die jetzt einsetzte, ihn selbst mit voller Wucht. Wortführer der Lessing-Gegner war der orthodoxe Protestant Pastor Johann Melchior Goeze. Auf seine Kritik antwortete Lessing mit dem »Anti-Goeze«, einem Bekenntnis zu einem »Christentum der Vernunft«, das die »Gefangennehmung der Vernunft unter den Gehorsam des Glaubens« endlich beenden sollte. Damit entfachte er eine Auseinandersetzung, die über Glaubensfragen hinausging.

Während der Hamburger Pastor Goeze an der Bibel als Offenbarung und an dem Wahrheitsgehalt der in ihr geschilderten Ereignisse für den christlichen Glauben festhielt, forderte Lessing, Abschied zu nehmen von der »Buchstabenhörigkeit« – auch das heilige Buch der Christen müsse Kritik und Widerspruch ausgesetzt und mit Mitteln der historischen Forschung hinterfragt werden. Zu eklatant seien die in ihm enthaltenen Widersprüche, zu wenig glaubhaft die dort geschilderten »Wunder«, die doch bestenfalls noch als Historie, als *Berichte* von Wundern, gelten könnten, ohne noch die Kraft der Offenbarung zu besitzen. »Das«, so schreibt Lessing noch vor dem »Anti-Goeze« in seiner Schrift »Über den Beweis des Geistes und der Kraft«, ist »der garstige breite Graben, über den ich nicht kommen kann, so oft und ernstlich ich auch den Sprung versucht habe. Kann mir jemand hinüberhelfen, der tu es; ich bitte ihn, ich beschwöre ihn. Er verdienet ein Gotteslohn an mir.«

Für Goeze verließ Lessing mit solchen Zweifeln an der Stichhaltigkeit biblischer Vorgänge den Boden des christlichen Glaubensbekenntnisses. Und mehr noch – Goeze witterte, nicht zu Unrecht, in dem Wolfenbütteler Bibliothekar den staatsfeindlichen Rebellen. Denn über das Bekenntnis zur christlichen Religion, so schrieb der Hamburger Pastor, sei auch deshalb so sorgsam zu wachen, weil »die ganze Glückseligkeit der bürgerlichen Verfassung auf demselben beruhe«. Wer es wage, den Wahrheitsgehalt der Heiligen Schrift und der christlichen Religion anzuzweifeln, der drohe »auch zugleich die Bereitwilligkeit, ihren Oberherren den schuldigen Gehorsam zu leisten«, in seinem »Herzen auszulöschen«.

Damit hatte er tatsächlich den Kern der Lessing'schen Kritik getroffen, denn der Aufruf zum öffentlichen und freien Gebrauch der Vernunft in Glaubensfragen war zugleich ein republikanisches Bekenntnis zum aufgeklärten Bürger, der nicht mehr an die »von Gott« verliehene Legitimation der Fürsten, Könige oder Kaiser glauben mochte. »Oder meinen Sie auch, Herr Pastor«, höhnte Lessing, »daß es gleich viel ist, was die Verständigen im Verborgenen glauben, wenn nur der Pöbel, der liebe Pöbel, fein in dem Gleise bleibt, in welchem allein ihn die Geistlichen zu leiten verstehen?« Und noch heftiger: »O glückliche Zeiten, da die Geistlichkeit noch alles in allem war – für uns dachte und für uns aß? Wie gern brächte euch der Herr Hauptpastor im Triumphe wieder zurück! Wie gern möchte er, daß sich Deutschlands Regenten zu dieser heilsamen Absicht mit ihm vereinigten! Nun, wenn sie nicht hören wollen, so mögen sie fühlen. Witz und Landessprache sind die Mistbeete, in welchen der Same der Rebellion so gern und geschwinde reifet. Heute ein Dichter: morgen ›ein Königsmörder‹.«

Wie prophetisch seine abschließenden Worte waren, sollte Lessing zu spüren bekommen: Von seinem Brotherrn, dem Braunschweiger Herzog, wurde der Dichter mit »schwerer Ungnade« bedroht, er verlor die Sympathie vieler Bewunderer und büßte die Zensurfreiheit ein, die ihm als Bibliothekar in Wolfenbüttel zugesichert worden war. Noch einmal wurde der »Wahrheitsanspruch« der christlichen Religion mithilfe staatlicher Gewalt durchgesetzt. 1778 wurde Lessing Publikationsverbot für religionskritische Schriften erteilt – binnen weniger Monate war aus dem gefeierten Schriftsteller ein Störenfried und Staatsfeind geworden.

Eine Religion ohne »heilige Hirngespinste«

Aber Lessing wollte nicht schweigen und besann sich auf seine Talente als Dramatiker. Mit »Minna von Barnhelm« und »Emilia Galotti« war er berühmt geworden, jetzt wollte er wissen, ob man ihn auf seiner »alten Kanzel, dem Theater, wenigstens noch ungestört wolle predigen lassen«. 1779, zehn Jahre vor der Französischen Revolution, veröffentlichte er »Nathan der Weise«, um »die Streitigkeiten verschiedener Religionen … auf das nachdrücklichste auf der Schaubühne« darzustellen – ein Stück, das bis heute gespielt wird und als klassische dramatische Umsetzung der Toleranzidee gilt.

Sein Schauplatz ist das Jerusalem im Jahr 1187, zur Zeit des dritten Kreuzzuges, als die Heilige Stadt von Sultan Saladin erobert worden ist. Zu ihm wird der Jude Nathan gebracht, dessen Tochter Recha gerade von einem christlichen Tempelherrn aus dem Feuer gerettet wurde.

Mit Nathan hat Lessing einen Geistesverwandten von Moses Mendelssohn geschaffen, der mit seinem Satz »Welcher Freund der Wahrheit kann sich rühmen, seine Religion von schädlichen Menschensatzungen frei gefunden zu haben?«[112] den Zorn seiner eigenen Glaubensbrüder auf sich gezogen hatte. Saladin fragt Nathan, den Juden, nach der »wahren Religion«. Nathan antwortet mit der Ringparabel – der Geschichte eines Herrschers, der nur einen Ring zu vererben, aber drei Söhne hat; alle drei sind ihm gleich lieb, so lässt er Duplikate anfertigen, damit alle gleichberechtigte Erben sind. Es ist die Parabel auf die drei monotheistischen Weltreligionen – der Christen, der Juden, der Muslime –, die alle Nachfahren von Abraham sind; in Lessings Stück entdecken die Hauptprotagonisten, was sie vorher nicht wussten: dass sie untereinander verwandt, Mitglieder einer Familie sind.

Saladin versteht die Botschaft von der Gleichberechtigung der drei Religionen und bittet, Nathans Freund sein zu dürfen. Anders der christliche Patriarch von Jerusalem, in den Lessing Züge des Pastors Goeze eingearbeitet hat. Er hält an der Überlegenheit des Christentums fest, ihn lässt der Dichter jenen mörderischen Satz sagen, der 160 Jahre später für die Juden Europas grausame Wirklichkeit werden sollte: »Der Jude wird verbrannt!«

Dieser Satz und nicht die stummen Umarmungen am Ende des Stücks machen die Botschaft aus. Die entscheidende Frage, »Was heißt denn Volk! / Sind Christ und Jude eher Christ und Jude / Als Mensch?«, bleibt unbeantwortet.

Das Stück, eine Kritik an den intoleranten Zuständen, zeigte nach Lessings Worten auch »eine Welt, wie ich sie mir denke«. Das bezieht sich sicherlich auch auf die Figur des Saladin, den Lessing als Sinnbild der Güte und des Ausgleichs darstellt. Doch Saladin im

Stück hat nichts von dem, was wir von dem Herrscher als historischer Gestalt wissen. Saladin ließ die Tempelritter unbarmherzig hinrichten. Dass er einen von vielleicht Tausenden überleben ließ, erscheint im Stück als Güte oder Toleranz – ein dramaturgischer Kniff, der nur funktioniert, wenn man die historischen Tatsachen ausblendet.

Und was ist mit der Ringparabel? Der Ring als Symbol der Unendlichkeit und der Herrschaft, der Religion? Ich lese daraus nicht die Botschaft, dass alle Religionen gleich sind, sondern dass sie allesamt die Aufgabe haben, den Menschen u. a. ein Sinnsystem, ein Bild vom Selbst und den Beziehungen zwischen Selbst und der Welt zu liefern.[113] Dem werden die Religionen – wie die Träger der Ringe – auf recht unterschiedliche Weise gerecht.

Toleranz ist, so verstehe ich Lessing heute, keine gleichmacherische Tugend, die alles und jedes – auch die Intoleranz – akzeptiert. Es ist, wie der Lessing-Biograf Willi Jasper schreibt, »eben nicht ein Erbauungswerk der Toleranz, sondern Einspruch gegen die Wirklichkeit und zugleich eine schreckliche Prognose«.[114]

Die Figur des Saladin ermöglichte es Lessing, den Kampf gegen Goezes obrigkeitshörige »Luther-Orthodoxie« mit den Waffen des Dramatikers fortzusetzen.

Mit dem Islam glaubte Lessing das überzeugende Gegenbild zu Goezes Offenbarungslehre gefunden zu haben – nämlich eine Religion, die ohne »Geheimnisse«, vor allem ohne »Verehrung heiliger Hirngespinste« oder »höhere Offenbarung« auskomme, »deren Möglichkeit noch nicht einmal erwiesen« sei, kurz: Der Islam war für Lessing eine mit der »allerstrengsten Vernunft« übereinstimmende »natürliche Religion«, die keine Wunder zu ihrer Rechtfertigung brauche. Lessing suchte im Fremden das Eigene.

»Nathan-Kitsch«

Heute wird »Nathan der Weise« gern auch von jenen bemüht, die als Advokaten der Muslime auftreten. Und wie so oft, schlägt man dabei gerade auch von deutscher Seite über die Stränge; die Sehnsucht nach Versöhnung, in Lessings Stück angelegt, droht, wie das folgende Beispiel zeigt, zuweilen so übermächtig zu werden, dass darüber die Gebote der demokratischen Verfasstheit dieses Staates vergessen werden – was dem Aufklärer Lessing dann allerdings doch nicht gefallen hätte.

Im Januar 2004 wurde aus Anlass des 275. Geburtstages des Dichters das Lessing-Jahr von dem damaligen Bundespräsidenten Johannes Rau mit einer Rede in der Wolfenbüttler Herzog-August-Bibliothek eröffnet. Rau widmete sich, unter Berufung auf »Nathan der Weise«, dem Thema des Zusammenlebens von Menschen unterschiedlicher Religionen und bezog unmissverständlich Position gegen das vom Bundesverfassungsgericht erlassene Kopftuchverbot für Lehrerinnen. »Ich fürchte nämlich«, sagte der Bundespräsident, »dass das Kopftuchverbot der erste Schritt auf dem Weg in einen laizistischen Staat ist, der religiöse Zeichen und Symbole aus dem öffentlichen Leben verbannt. Ich will das nicht. Das ist nicht meine Vorstellung von unserem seit vielen Jahrhunderten christlich geprägten Land.«

Mag es schon befremdlich anmuten, dass ein Bundespräsident ein Urteil des Bundesverfassungsgerichts kritisiert und gegen das Neutralitätsgebot des Staates argumentiert. Der österreichische Schriftsteller Robert Schindel nennt ein politisch entschärftes multikulturelles Toleranzbekenntnis »Nathan-Kitsch«: »Wir wollen doch alle angenehm sein und gar angenehm gemacht werden, damit wir uns ergehen im Bewusstsein unserer Gutheit, unserer Toleranz. Jeden nach seiner Fasson glücklich werden lassen, gemütlich dem Treiben der Welt zusehen, durchdrungen von Wohlgeratenheit. Rassisten sind immer die anderen. Selber durchtunneln wir Lebenswelten, sind zukunftsoffen, weitwinklig. (…) Jeder ist von seiner Religion überzeugt und achtet zugleich die Überzeugung der andern von deren Religion. Wir sagten es immer wieder, bis es zur Sage ward. Hernach kann Gottes Sonne wohl Myriaden von gerechten Scheiteln bescheinen.«[115]

Wer die notwendige Auseinandersetzung mit dem Islam schlicht durch das selbstgerechte multikulturelle Bekenntnis ersetzt – und damit verweigert –, unterschlägt, wie leidenschaftlich der Aufklärer Lessing Partei für den aufgeklärten Bürger ergriff. »Nathan der Weise« in den Dienst zu nehmen, um für ein religiöses Symbol wie den Schleier in der Öffentlichkeit zu streiten, stellt alles infrage, was an gesellschaftlichem Fortschritt mit der Aufklärung und der Säkularisierung erreicht wurde.

»Ein Mann wie Lessing täte uns not«, hat Johann Wolfgang von Goethe in seinen Gesprächen mit Eckermann gesagt – mit diesem Zitat wurde für das Lessing-Jahr geworben. Der deutsche Dichterfürst, der als »Freund der Muslime« gilt, sah den »letzten Propheten« allerdings ganz anders als sein streitbarer Vorgänger.

Die »türkische Bibel«

Nur wenige Schritte von der Anna-Amalia-Bibliothek und Goethes Wohnhaus entfernt, an der Wiege der deutschen Klassik also, stehen sich auf einer Wiese in dem Park an der Ilm zwei leere Stühle aus Stein gegenüber. Der eine ist dem aus dem persischen Schiraz stammenden Poeten Hafis (1319–1389) gewidmet, der andere Johann Wolfgang von Goethe (1749–1832), den man gern feiert, weil er – ganz gegen die christliche Feindseligkeit und die »Türkenfurcht« seiner Zeit – für die Versöhnung von Abendland und Morgenland geworben habe. Als Zeugnis dafür gilt seine Gedichtsammlung »West-östlicher Divan«, die in der Zeit zwischen 1814 und 1819 entstand und zu seinen bedeutendsten Werken zählt. »Wer sich selbst und andere kennt / Wird auch hier erkennen / Orient und Okzident / Sind nicht mehr zu trennen« – diese Zeilen gelten manchen Interpreten fast als ein Bekenntnis Goethes zum Islam, anderen als »Liebeserklärung an den Orient« (Rafik Schami).

Aber so einfach ist der deutsche Dichterfürst dann doch nicht zu haben. Sein Verhältnis zum Islam ist vielschichtiger und widersprüchlicher.[116] Nicht nur kritisiert der Geheimrat die »offensichtliche Benachteiligung« der Frauen und das Weinverbot im Islam – für ihn Zeichen der »düsteren Religionshülle«, die der Prophet seinem Stamme aufgezwungen habe. An der Figur Mohammeds thematisiert er darüber hinaus den bis heute gültigen Grundkonflikt des Islam: ein Glaube, der sein »Göttliches«, seine spirituelle Dimension, verliert, weil der Prophet versuche, das »Himmlische, Ewige in den Körper irdischer Absichten« einzuzwängen und sich so des Heiligen »am Ende gänzlich begibt«.

Als 23-jähriger Rechtsreferendar, der sich gerade mit den Werken von Sokrates, Homer und Platon beschäftigte und die erste Fassung der »Geschichte Gottfriedens von Berlichingen« abschloss, fiel Goethe eine auf der Frankfurter Buchmesse 1771 erschienene »türkische Bibel« auf, nach deren Lektüre er enthusiastisch an Gottfried Herder schrieb: »Ich möchte beten wie Moses im Koran: ›Herr mache mir Raum in meiner engen Brust‹!« Besonders fasziniert war er von der Himmelsreise: »Und was sollte den Dichter hindern, Mahomets Wunderpferd zu besteigen und sich durch alle Himmel zu schwingen? Warum sollte er nicht ehrfurchtsvoll jene heilige Nacht feiern, wo der Koran vollständig dem Propheten von obenher gebracht ward? Hier ist noch gar manches zu gewinnen.«[117]

Herder teilte Goethes Begeisterung. Dieser fühlte sich zu dem fünf Jahre Älteren hingezogen, ständig angeregt von diesem Abenteurer des Geistes, dessen universale Interessen er bewunderte. Herder wollte er zum Lehrer gewinnen, teilhaben an dessen »tiefen Einsichten«, selbst wenn er dabei, wie er klagte, oft auch »Schelten und Tadeln« einstecken musste. Herder war gerade zurück von einer großen Schiffsreise, auf die er sich begeben hatte, um »zu erfinden, was ich denke und glaube«. Dieser Aufbruch, um sich selbst zu erkennen, machte großen Eindruck auf Goethe. Eine so beschwerliche Reise allerdings war seine Sache nicht, er bevorzugte es, sich rein mental den Gewässern des Lebens auszusetzen. Monate nach der ersten Begegnung schrieb er an seinen Mentor: »Noch immer auf der Woge mit meinem kleinen Kahn, und wenn die Sterne sich verstecken, schweb ich so in der Hand des Schicksals hin, und Mut und Hoffnung und Furcht und Ruh wechseln in meiner Brust.«

Erst Herders Parteinahme für die Französische Revolution trug Verstimmung in die Freundschaft. Goethe schalt seinen Freund einen »Jakobiner reinsten Wassers«. Ein Parteigänger des Ancien Régime war auch Goethe nicht, aber die Vorstellung war ihm unheimlich, dass die Massen durch »Revolutionsmänner« verführbar sind, dass sie zur Manövriermasse von Agitatoren, Demagogen und Doktrinären werden können. Die Politisierung, so fürchtete er, begünstige Lug, Betrug und Selbstbetrug. Dafür lieferte ihm die Schreckensherrschaft des *terreur* in Frankreich reiches Anschauungsmaterial.

Das Göttliche und das Irdische

Solche politischen Bedenken lassen sich auch in Goethes Auseinandersetzung mit dem mächtigen Religionsstifter Mohammed oder, französisch, »Mahomet« wiederfinden. Nach der inspirierenden Lektüre des Korans, den er als *poetisches* Meisterwerk schätzte, fasste er den Plan zu einem großen »Mahomet-Projekt«, für das er fleißig Suren und Hadithe exerpierte.

Ungewöhnlich war ein solches Vorhaben nicht. Die Aufklärer wollten nichts mehr wissen von den Jahrhunderten kriegerischer Auseinandersetzungen mit den Muslimen und von der »Türkenfurcht«, die ein Jahrhundert nach den Eroberungszügen der Osmanen bis vor die Tore Wiens noch sehr präsent war. Die Aufklärer forderten Toleranz auch gegenüber den nichtchristlichen Religionen. Goethes Faszination für Mohammed verdankte sich auch diesem Zeitgeist, erschöpfte sich darin aber nicht.

An Mohammed interessiere ihn, schrieb er später im Rückblick auf diese frühen Jahre, in welche Gefahr gerät, wer anderen das Heil bringen möchte. »Dann«, so schreibt er in »Dichtung und Wahrheit«, seinen Lebenserinnerungen, »aber trifft er auf die rohe Welt, und um auf sie zu wirken, muss er sich ihr gleichstellen; hierdurch aber vergibt er jenen hohen Vorzügen gar sehr, und am Ende begibt er sich ihrer gänzlich. Das Himmlische, Ewige wird in den Körper irdischer Absichten eingesenkt und zu vergänglichen Schicksalen mit fortgerissen. (…) Weil ich nun aber alle Betrachtungen dieser Art bis aufs Äußerste verfolgte, und, über meine enge Erfahrung hinaus, nach ähnlichen Fällen in der Geschichte mich umsah; so entwickelte sich bei mir der Vorsatz, an dem Leben *Mahomets*, den ich nie als einen Betrüger hatte ansehen können, jene von mir in der Wirklichkeit so lebhaft angeschauten Wege, die, anstatt zum Heil, vielmehr zum Verderben führen, dramatisch darzustellen. Ich hatte kurz vorher das Leben des orientalischen Propheten mit großem Interesse gelesen und studiert, und war daher, als der Gedanke mir aufging, ziemlich vorbereitet.«[118]

Eigentlich hatte Goethes Mahomet-Projekt eine große Tragödie werden sollen von einem, der auszog, seine Mitmenschen zu bekehren – aber der Heilsbringer, das entdeckte Goethe im Laufe seiner

Studien, muss unausweichlich zur Gewalt greifen. Durch »rigorose, weltliche Mittel«, die er dabei einsetzt, durch die mit »Waffengewalt und Krieg«[119] erkämpfte Durchsetzung des neuen Glaubens verstricke sich Mohammed in Schuld; je mehr er seine Gegner bezwinge, je mehr es ihm gelinge, seine Religion »zur öffentlichen« zu machen, desto stärker verliere er das »Göttliche« aus den Augen. Er wird zum Verräter am Heiligen: »Das Irdische wächst«, schreibt Goethe in dem Plan für sein Stück, »und breitet sich aus, das Göttliche tritt zurück und wird getrübt. Im vierten Akt verfolgt Mahomet seine Eroberungen, die Lehre wird mehr Vorwand als Zweck, alle denkbaren Mittel müssen benutzt werden; es fehlt nicht an Grausamkeiten.« Wo der Zweck die Mittel heiligen soll, da wird das Heilige zwangsläufig beschmutzt, denn gerade diese Entheiligung macht den historischen Erfolg des neuen Glaubens erst möglich.

Es kam nie zur Realisierung dieses Projekts, vielleicht weil Teile des Manuskripts verloren gingen, anderes dringlicher schien oder der Grundkonflikt zwischen Religiösem und Ästhetischem, zwischen Poesie und Prosa – ich würde heute sagen: zwischen Politik und Spiritualität –, der sich Goethe auftat, nicht lösbar erschien. Er wollte den Koran als faszinierende Dichtkunst lesen, stieß dabei aber unweigerlich auf die höchst irdischen Absichten, die sich mit ihm verknüpften – ein Gegensatz, der sich nicht auflösen ließ.

Die Poesie des Korans nützte Mohammed bei der Durchsetzung der neuen Religion, die Heilige Schrift konnte gar »nicht anders als vom Himmel stammen. (...) So stark war in ihnen [den Arabern] der Glaube an das Göttliche der Dichtkunst.«[120] Deswegen, so Goethe, sind beide, der Poet und der Prophet, zwar ursprünglich »von einem Gott ergriffen und befeuert«, dann aber gehen ihre Wege völlig auseinander; während es dem Poeten gerade um das Zwecklose geht, um ästhetische Mannigfaltigkeit und Grenzenlosigkeit, will der Prophet eine Lehre durchsetzen, überzeugen, mobilisieren. Der Poet »vergeudet die ihm verliehene Gabe im Genuß, um Genuß hervorzubringen, Ehre durch das Hervorgebrachte zu erlangen, allenfalls ein bequemes Leben. Alle übrigen Zwecke versäumt er, sucht mannigfaltig zu seyn, sich in Gesinnungen und Darstellung, gränzenlos zu zeigen. Der Prophet hingegen sieht nur auf einen einzigen bestimmten Zweck; solchen zu erlangen, bedient er sich der einfachsten Mittel. Irgend eine Lehre will er verkünden und, wie um eine Standarte, durch sie und um sie die Völker versammeln. Hiezu bedarf es nur, daß die Welt glaube, er muss also eintönig werden und bleiben. Denn das Mannigfaltige glaubt man nicht, man erkennt es.«[121]

Diese unaufhebbare Differenz zwischen dem Poeten und dem Propheten hat Goethe vielleicht auf Distanz zu seinem geplanten Projekt gehen lassen. Denn wie sollte er den Propheten darstellen? Zwangsläufig hätte er ihn diskreditieren müssen, ihn ähnlich – wie Voltaire – als »Betrüger« entlarven müssen. Denn Goethe dachte, wie es in den »Noten und Abhandlungen zum besseren Verständnis des West-östlichen Divans« heißt, »vom Standpunkte der Poesie«[122] her. Die aber war dem Propheten unliebsame Konkurrenz zur Heiligen Schrift. Seine »Abneigung gegen Poesie« führte – »höchst consequent« – dazu, dass Mohammed »alle Mährchen verbietet«.[123] Mit dem Koran verschwanden die Märchen aus der arabischen Welt, das kann dem deutschen Verehrer von Tausendundeiner Nacht nicht gefallen haben. Er beklagte dieses Ende der freien Dichtkunst, das Ende von Beduinendichtung, Preisgedichten und Weindichtung und bezweifelte, dass es vor Mohammed eine »Zeit der Unwissenheit« gegeben habe; wie Herder spricht er – im Gegensatz dazu – von einer »schönen Zeit«.

In den Folgejahren scheint Goethes Interesse an dem selbst ernannten Propheten erloschen zu sein. Dass er sich dann 1799 doch wieder mit Mahomet beschäftigte, geschah nicht aus freien Stücken, sondern war höfische Pflicht. Goethes Dienstherr, Herzog Carl August, wollte Voltaires klassizistische Tragödie »Le fanatisme, ou Mahomet le prophète« in Weimar auf der Bühne sehen. Goethe sollte sie übersetzen und zur Aufführung bringen. Er sträubte sich. Zum einen hielt er nichts von Voltaire, zum anderen missfiel ihm das Tendenziöse des Stücks.

Der Herzog wollte mit Voltaires Tragödie einen Beitrag zur Aufklärung leisten, die rationalistische Vernunft des Franzosen sollte das Religiöse entzaubern. Goethe wand sich, inszenierte das Stück aber schließlich doch. Ruhm trug ihm das nicht ein. Denn Voltaires »Mahomet«-Drama ist das, was wir heute ein »Tendenzstück«

nennen würden – und Mahomet bei ihm ein skrupelloser Macht-
mensch, ein religiöser Fanatiker und Betrüger, der die Leichtgläu-
bigkeit seiner Anhänger für seine egoistischen Zwecke missbraucht.
Das Ehepaar Herder war über die Aufführung empört: »Eine solche
Versündigung gegen die Historie und gegen die Menschheit habe
ich Goethe nie zugetraut.«[124] Goethe, ganz Diplomat, vermied es,
sich danach noch zu dem Stück zu äußern; wenn er darauf angesprochen wurde, philosophierte er über das französische Theater
und über Voltaires Versmaß.

Mohammad aus Schiraz

Seit 1814 beschäftigte Goethe sich mit Hafis, dessen Ghazelen, einem strengen Reimschema folgende Lieder, ihm durch die Über-
setzungen des Diplomaten und Orientalisten Joseph von Hammer
und durch Friedrich Rückerts Nachdichtungen bekannt waren,
und ließ sich wieder vom Koran inspirieren. Die Vorlage für die
berühmtesten Zeilen in seinem »West-östlichen Divan« hatte er in
der Heiligen Schrift der Muslime gefunden: »Gottes ist der Orient! / Gottes ist der Okzident! / Nord- und südliches Gelände / Ruht
im Frieden seiner Hände«, so heißt es im »Divan«. In der zeitgenössischen Koran-Übersetzung lautet die Sure 2, Vers 109: »Sag: Gottes
ist der Orient, und Gottes ist der Occident; er leitet, wen er will, den
wahren Pfad.«[125]
    Überraschend war diese Befassung mit einem persischen Dichter
nicht. Im frühen 19. Jahrhundert war das Morgenland in Deutschland in Mode. Die Romantiker brachten die orientalische Dichtung, allerdings sehr zum Missfallen Goethes, gegen die griechische
Antike in Stellung; der Blick nach Osten, in die wahre Wiege der
Menschheit, diente sowohl der Kritik an der Gegenwart wie auch
dem Versuch, sich von der christlichen Religion stärker zu emanzipieren. Nicht mehr Gott sollte die oberste Instanz der moralischen
Bestimmung sein, sondern die vom Gewissen geleitete Selbstbestimmung des Menschen stand auf der Tagesordnung. Die gute
Handlung, so der kategorische Imperativ von Kant, wird um ihrer
selbst willen getätigt, aus freier Wahl und aus Anerkennung der
sittlichen Ordnung, nicht um einer jenseitigen Belohnung willen.

So begaben sich die Romantiker auf die Suche nach Weisheit und nach den Geheimnissen der Welt, die sie in den Tiefen einer Vergangenheit zu finden hofften, in der der geistige Kontinent des Ostens und nicht mehr die Antike der Maßstab war. »Solange wir den Orient noch nicht erkannt haben«, schrieb der Philologe Georg Anton Friedrich Ast 1808, »ist unser Wissen vom Okzident grund- und zwecklos.«

So weit wollte der Geheimrat Goethe nicht gehen. Seine Befassung mit dem Orient war rein literarisch, selbst seine einzige konkrete Begegnung mit der arabischen Kultur auf Sizilien blieb ohne rechte Wirkung auf ihn. Er studierte die große Dichtung der persischen Hochkultur, um deren poetische Besonderheiten für das eigene Schreiben produktiv zu machen. Das Geschenk seines Verlegers Cotta kam da gerade recht: ein Gedichtband, »Divan« betitelt, des großen persischen Dichters und theologischen Gelehrten Hafis. Jenem Mohammad Schamseddin aus Schiraz fühlte Goethe sich in mancher Hinsicht nahe. Hafis hatte seine Gedichte in einer Zeit der Kriege und der Zerstörung geschrieben, als Persien von den Mongolen erobert wurde. Als Goethe seine Gedichte las, begann sich in Europa nach den »Befreiungskriegen« gegen Napoleon die Restauration wieder zu formieren – sie trachtete danach, die liberalen Errungenschaften der Französischen Revolution und die im Code Civil verbürgten individuellen Rechte und die Religionsfreiheit wieder aufzuheben.

Hafis, der im 14. Jahrhundert in Schiraz unter einem freizügigen muslimischen Schah gelebt hatte und selbst ein Gegner jedweder Orthodoxie gewesen war, diente Goethe auch als Figur, mit der er kritische Differenzen zum Koran kenntlich machen konnte. So monierte der »Dichter der Frauen«[126], dass die muslimischen Vorstellungen vom Paradies ausschließlich männlich bestimmt waren. In diesem »Paradies der Männer« sind zwar himmlische Frauen als Freudenspenderinnen dienlich, für irdische Frauen aber ist darin kein Platz. »Die offensichtliche Benachteiligung der Frau« erschien Goethe als so charakteristische Eigenheit des Islam, dass er sich genötigt sah, in drastischer Weise auf sie aufmerksam zu machen.[127] Im »West-östlichen Divan« weist er auf die Vielzahl »berechtigter Männer« hin, die nach der Schlacht von Bedr, in der Mohammed

210

gegen seine Verfolger aus Mekka siegte, ins Paradies eintreten dürfen und von *Huris*, Jungfrauen, verwöhnt werden, während es nur vier »ausgewählte Frauen« gibt, die so vollkommen sind, dass sie Zugang zu den »Gärten der Wonne« erhalten: »Frauen sollen nichts verlieren, / Reiner Treue ziemt zu hoffen; / Doch wir wissen nur von vieren / die alldort schon eingetroffen.« Es sind Ahia, die Königin von Ägypten; Maria, die Mutter Jesu; Chadidscha, Mohammeds erste Frau; und Fatima, die Tochter des Propheten. Goethe erfasst den Sinn der koranischen Botschaft, es ist eine Schrift für den Mann.

Goethes eigene Paradiesdichtung im »Divan« ist denn auch eine Huldigung an eine ganz und gar irdische Frau, der er in dem »Buch Suleika« ein Denkmal setzt: der jungen Marianne von Willemer, Gattin eines befreundeten Frankfurter Bankiers. Der Dichter in Frankfurt, in der Gerbermühle am Main sitzend, nutzt die Figur Hafis', um die Verehrte anzudichten: »Da du nun Suleika heißest / Sollt' ich auch benamst sein. / Wenn du deinen Geliebten preisest, / Hatem! Das soll der Name sein.«[128]

Widersinnig erschien Goethe auch das Weinverbot, und so widmet er dem Wein ein großes Kapitel im »Divan« – das spöttische »Saki Nameh. Das Schenkenbuch«: »Ob der Koran von Ewigkeit sei? / Darnach frag ich nicht! / Ob der Koran geschaffen sei? / Das weiß ich nicht! / Daß er das Buch der Bücher sei / Glaub ich aus Mosleminnen-Pflicht. / Daß aber der Wein von Ewigkeit sei / Daran zweifl ich nicht; / Oder dass er vor den Engeln geschaffen sei / Ist vielleicht auch kein Gerücht. / Der Trinkende, wie es auch immer sei, / Blickt Gott frischer ins Angesicht.«

Und er lässt Hafis, der selbst nicht nur dem Wein, sondern auch den »Schenkenknaben« zugetan war, spotten:

»*Schenke*: Herr, du hast genug getrunken; / Nennen dich den wilden Zecher!

*Dichte*r: Sahst du je, dass ich gesunken?

Schenke: Mahomet verbietet's.

Dichter: Liebchen! / Hört es niemand, will dir's sagen.

Schenke: Wenn du einmal gerne redest, / Brauch ich gar nicht viel zu fragen.

Dichter: Horch! wir andre Muselmanen / Nüchtern wollen wir gebückt sein, / er, in seinem heilgen Eifer, / Möchte gern allein verrückt sein.«

Goethe ist dem Islam mit Respekt, aber nicht kritiklos begegnet. An vielen Stellen seines »Divans« drückt er beißenden Spott aus. Die »offensichtliche Benachteiligung« der Frauen und das Weinverbot waren für ihn nur Beispiele für die »düstere Religionshülle«, die der Prophet seinem Stamme übergeworfen habe. Mohammed habe, so Goethe, immer »heftig behauptet und betheuert: er sey Prophet und nicht Poet und daher auch sein Koran als göttliches Gesetz und nicht etwa als menschliches Buch, zum Unterricht oder zum Vergnügen, anzusehen«.[129] Dieser Lesart der Heiligen Schrift mochte sich der deutsche Dichterfürst nicht anschließen. Für ihn ist, so schreibt er im »West-östlichen Divan« zum Verdruss mancher seiner muslimischen Rezipienten, Mohammed der »Verfasser jenes Buches«, der Koran nicht etwa göttliche Offenbarung, sondern ein von Menschenhand verfasstes Werk, das der historischen Kritik unterworfen und erst dadurch dem Dialog zugänglich ist. Goethes Auseinandersetzung mit dem Islam ist höchst modern – von ihm können wir lernen.

Vielleicht sehen wir dann das Denkmal im Park an der Ilm, an dem schon so viele verführerische Sonntagsreden gehalten wurden, mit anderen Augen. Im Jahr 2000 beschwor der iranische Staatspräsident Chatami an dieser Stelle den Dialog, die Verständigung, an dem Ort, an dem »der Osten und der Westen zueinander finden«. Und er lobte den »Revolutionsführer, Imam Khomeini«, der »ein neues Kapitel« in dem Verhältnis von Tradition und Moderne aufgeschlagen habe: »die Etablierung der Volksherrschaft im Einklang mit den traditionellen geistig-religiösen Grundlagen der Gesellschaft bei gleichzeitiger Entwicklung einer modernen Zivilgesellschaft«. Dem dürfte der Geheimrat Goethe schon wegen der patriarchalischen Männerherrschaft, die unter Khomeinis Mullah-Regime erneuert und verfestigt und mit der Scharia sanktioniert wurde, kaum zugestimmt haben. Vielleicht hätte er unter der Maske Hafis' erneut zur Feder gegriffen, um mit seinen spöttischen Versen Einspruch zu erheben, wenn im Namen unheiliger Interessen »das Göttliche« missbraucht wird.

Die Felsstühle taugen nicht für demagogische Inanspruchnahme: Sie sind weniger ein Symbol des bereits gelungenen Dialogs als vielmehr ein Mahnmal, wie weit die beiden Welten, für die sie stehen, noch auseinanderliegen. Wer auf den Stühlen Platz nimmt, kann sich – so ist das Denkmal konzipiert – nicht die Hand geben. Noch sind es zwei unverrückbare Positionen in Stein gehauen, aus heutiger Sicht ein durchaus realistisches Denkmal – bevor die beiden aus einem Stück herausgearbeiteten Felsblöcke wieder zusammengefügt werden können, muss sich vieles noch ändern.

Die preußischen Mohammedaner

Der preußische »Soldatenkönig« Friedrich Wilhelm I. pflegte, obwohl er ansonsten ein Geizkragen war, ein kostspieliges, aber prestigereiches Hobby: Er schickte Späher durch ganz Europa, um besonders große, mindestens sechs Fuß (1,88 Meter) »lange Kerls« für seine Leibgarde anzuwerben. Darunter waren auch muslimisch-tartarische Soldaten aus dem Osmanischen Reich. Als Friedrich II. (1740–1786) seinem Vater auf den Thron folgte, übernahm er nur noch einen Teil dieser Elitetruppe, die Kontakte zum Osmanischen Reich aber, die schon unter seinem Vater durch den Einkauf arabischer Reiterpferde entstanden waren, baute er durch die Aufnahme diplomatischer Beziehungen zur »Hohen Pforte« in Konstantinopel aus. Gesandtschaften wurden ausgetauscht, und angesichts der mit großem Gefolge und in exotischer Aufmachung einziehenden osmanischen Diplomaten wurde Berlin von einer »Türkenmode« erfasst – in der guten Gesellschaft wurden Datteln gereicht und festliche Turbane getragen. 1759 schlossen Preußen und das Osmanische Reich ein Handelsabkommen, auch die militärischen Beziehungen zwischen beiden Ländern wurden in den folgenden Jahrzehnten immer wichtiger. Preußens Aufstieg und seine zunehmende Konkurrenz mit der Habsburger Krone ließen den König in der politischen Großmacht im Südosten Europas einen Bündnispartner gegen Österreich-Ungarn und Russland suchen. Religiöse Unterschiede interessierten ihn nicht sonderlich, wenn es um die Wahrung militärischer und merkantiler Interessen seines Landes ging.

»Alle Religionen seindt gleich«, erklärte Friedrich II., als er den

Thron bestieg: »wenn Türken und Heiden kähmen und wolten das Land pöbplieren, so wollen wier sie Mosqueen und Kirchen bauen«. Der ersten muslimischen Gemeinde auf preußischem Boden versprach er, sie in ihrer Religionsausübung und Lebensform zu schützen. Viele Muslime gab es nicht in Preußen, nur etwa tausend; die meisten waren Soldaten und unterlagen damit der strengen preußischen Soldatenordnung. Solange sie gehorchten und für den König zu sterben bereit waren, sollten sie glauben, was sie wollten.

Anders war Friedrichs Verhältnis zu den Juden, die gerade auf ihn, den Freund der Aufklärer, den »Philosophenkönig«, große Hoffnungen gesetzt hatten, verurteilte er doch den religiösen Fanatismus anderer europäischer Herrscher und ließ verlautbaren, in seinem Staat solle »jeder nach seiner Façon selig« werden. Aber die freundliche Aufnahme, die er »Türken und Heiden« in Aussicht stellte, galt nicht für Juden, die auch unter ihm Bürger zweiter Klasse blieben, bevormundet und entwürdigenden Sondergesetzen unterworfen. Nur einige wenige, die hauptsächlich als Kreditgeber des Hofes oder an anderen strategischen Stellen der wirtschaftlichen Ordnung gebraucht wurden, erhielten mit dem »Generalprivileg« ein dauerhaftes Wohnrecht sowie die Erlaubnis, Fabriken und Manufakturen zu errichten und ihr Vermögen zu vererben.

Während damals der in Berlin lebende Aufklärer Moses Mendelssohn darum kämpfte, seine jüdischen Glaubensbrüder aus dem Getto der Parallelgesellschaft zu führen und ihnen zur Anerkennung als Bürger des preußischen Staates zu verhelfen, gelang einigen Muslimen die Integration schon früher. Im Ersten Schlesischen Krieg stieß eine versprengte tatarische Reitertruppe zur preußischen Armee, 73 »Oghlanis«, muslimische »Edelleute«, die bald eine eigene Einheit bildeten. Wohl ihnen zu Ehren ritt der Kommandeur der ersten muslimischen Einheit, der spätere General Seydlitz, einen Schimmel mit dem Namen »Mohammed«. Zusammen mit polnischen Reitern und Tataren begründeten die »Oghlanis« die berühmten »weißen« und »schwarzen Husaren«. Später, als sie im preußischen Heer aufgingen, wurden aus ihnen die »Ulanen«, sie assimilierten sich, heirateten deutsche Frauen und nahmen zuweilen sogar deutsche Namen an.

Die »Militärmission«

1835 reiste Helmuth Graf von Moltke nach Konstantinopel und durch Anatolien. Wenige Jahre zuvor hatte Griechenland – mit Unterstützung der Großmächte Russland, England und Frankreich – seine Unabhängigkeit vom Osmanischen Reich erkämpft, dessen Flotte in dieser kriegerischen Auseinandersetzung versenkt wurde. Moltke war der Erste aus einer ganzen Reihe preußischer Offiziere, die in den nächsten Jahrzehnten in die Türkei kamen, um die marode und ineffektive osmanische Armee zu reorganisieren; die »Hohe Pforte« schickte bald auch regelmäßig Offiziere nach Potsdam zur Ausbildung. Aus diesen preußisch geschulten Kreisen des Militärs rekrutierten sich später die »Jungtürken« des »Komitees für Einheit und Fortschritt«, die gegen Ende des 19. Jahrhunderts eine Europäisierung der Türkei und einen Nationalstaat anstrebten.

Die Militärhilfe für den »erhabenen Staat« wurde noch wichtiger, nachdem die Osmanen im Russisch-Türkischen Krieg 1877/78 erneut eine Niederlage und große Gebietsverluste erlitten und das Reich vor dem Staatsbankrott stand. Kanzler Otto von Bismarck lud zur Aushandelung eines Friedensvertrages nach Berlin ein, um die diplomatische Regie angesichts allseits spürbarer Spannungen in Europa in den Händen zu behalten und gegenüber dem englischen Königreich trotz der intensiven deutschen Beziehungen zum Osmanischen Reich wohlwollende Neutralität zu signalisieren. Aber auch dem »kranken Mann am Bosporus«, der immer mehr zum Spielball der europäischen Großmächte wurde, wollte man wieder auf die Beine helfen – nicht zuletzt, um Russland in die Schranken weisen zu können. Diese diplomatische Politik sollte sich ändern, als Wilhelm II. 1888 seinen Großvater auf dem deutschen Kaiserthron beerbte.

Graf von Moltke, inzwischen Generalstabschef der Armee des deutschen Kaiserreichs, schickte seine besten Leute, um die Offiziere der türkischen Armee zu schulen und zu beraten. Unter ihnen war auch Oberst Colmar Freiherr von der Goltz, der seine Sanierungsdienste für die osmanische Armee vortrefflich mit wirtschaftlichen Interessen der deutschen Rüstungsindustrie zu verknüpfen wusste. So verschaffte er ihr ein Monopol für die türkischen Waffenimporte – 50 000 Gewehre und 500 Kanonen wurden von Krupp geliefert, die 1915 erfolgreich zur Verteidigung der Dardanellen gegen die Engländer eingesetzt wurden.

Wilhelm II., der Freund der Muslime

Kaiser Wilhelm II., der Deutschland »einen Platz an der Sonne« im Konzert der Weltmächte sichern wollte, strebte eine deutsch-österreichisch-türkische Allianz an, um seinen Einflussbereich bis nach Mesopotamien, dem heutigen Irak, auszudehnen. Der Bau der »Bagdadbahn« von Konstantinopel nach Bagdad wurde mithilfe deutscher Ingenieure und Gelder vorangetrieben – ein Engagement, dem Otto von Bismarck höchst reserviert gegenüberstand, fürchtete er doch, dass insbesondere England, das große Gebiete des Nahen Ostens als seine Interessensphäre definierte, sich dadurch provoziert fühlen könnte.

Nach Bismarcks Rücktritt machte Kaiser Wilhelm II. die Bagdadbahn zur »Chefsache« und reiste 1898 mit Eisenbahnfachleuten und einem Vertreter der Deutschen Bank zu Verhandlungen mit Sultan Abdulhamid II. nach Konstantinopel. Offiziell wurde das Unternehmen als eine Art Pilgerreise deklariert, die den Kaiser nach Jerusalem und Damaskus führen und die Freundschaft der Deutschen mit den Muslimen bezeugen sollte. Wilhelm aber ging es vor allem um den Erwerb der Konzession für die Bagdadbahn – die ihm auch zugesprochen wurde. Über dem erfolgreichen Verhandlungsabschluss wollte der deutsche Kaiser die Armen der Stadt nicht vergessen: Er spendete den »Deutschen Brunnen« im Park des Topkapi-Serails und reiste weiter nach Jerusalem, wo er die protestantische Erlöserkirche einweihte, die auf einem Grundstück errichtet wurde, das der Sultan dem Deutschen Reich geschenkt hatte. Sultan Abdulhamid II. begleitete Wilhelm danach bis nach Damaskus, wo der Kaiser im Mausoleum der Umayyaden-Moschee am Sarg des muslimischen Feldherrn Saladin einen goldenen Kranz niederlegte und dabei eine Rede hielt, die sich nicht nur an die Muslime richtete, sondern als ungenannte Adressaten auch die Franzosen, Russen und vor allem die Briten einbezog: »Möge der Sultan und mögen die 300 Millionen Mohammedaner, die, auf der

Erde zerstreut lebend, in ihm ihren Kalifen verehren, dessen versichert sein, daß zu allen Zeiten der deutsche Kaiser ihr Freund sein wird.«

Die Verbeugung vor Saladin war ein Affront gegenüber England: Saladin, der Jerusalem 1187 von den »Franken« für den Islam zurückerobert hatte, verteidigte die Heilige Stadt 1191 erfolgreich gegen den englischen König Richard Löwenherz. Löwenherz hatte sich mit einem Streifen an der palästinensischen Küste zu begnügen. Wilhelms Geste musste auf die Briten alarmierend wirken, zumal das britische Königreich schon im Sudan und von Indien kommend seine Fühler nach Ägypten, Arabien und damit dem Osmanischen Reich ausstreckte. Zwanzig Jahre später antworteten sie auf Wilhelms Politik der Konfrontation auf ihre Weise: Der britische Offizier T. E. Lawrence, jener legendäre »Lawrence von Arabien«, der aufseiten der Araber gegen die Osmanen kämpfte und mit ihnen 1918 Damaskus eroberte, schickte Wilhelms Kranz vom Grab Saladins als Trophäe an das Imperial War Museum nach London. Er kommentierte die Sendung mit trockenem Humor: Saladin würde den Kranz nun nicht mehr brauchen. Da waren das Osmanische wie das Deutsche Reich, nachdem sie Seite an Seite im Ersten Weltkrieg gekämpft hatten, bereits gemeinsam untergegangen.

Die »islamische Karte«

1912/13 stürzten die Jungtürken unter Enver Pascha in einem Militärputsch den Sultan und übernahmen die Macht. Wilhelm II. sah die politische Bewegung der Jungtürken, unter denen es eine frankophile wie eine deutschfreundliche Fraktion gab, als eine Art fünfte Kolonne der Deutschen: Die Revolution, so äußerte er sich, sei »nicht von den ›Jung Türken‹ aus Paris und London, sondern allein von der Armee und zwar ausschließlich von den in Deutschland erzogenen sogenannten ›Deutschen Offizieren‹ gemacht worden. Eine reine Militär-Revolution. Diese Offiziere haben das Heft in der Hand und sind absolut deutsch gesonnen.«[130] Auf sie baute er, er sah in ihnen eine nationaltürkisch-islamistische Bewegung, die vor allem in der muslimischen Welt, besonders in den von den

Franzosen und Briten kolonialisierten Gebieten, zum Aufstand aufrufen würde. General Colmar von der Goltz bestärkte ihn darin: Sollte es zu einem möglichen Krieg gegen England kommen, so tönte der Chef der deutschen »Militärmission«, würde die Türkei »mit leichter Mühe (…) Egypten und den Sudan wiedergewinnen«, weil »50 Millionen Mohammedaner bereit wären, sie zu unterstützen«. Eine Fehleinschätzung, die zeigte, wie wenig preußische Militärs von der zerstrittenen muslimischen Welt verstanden.

Das deutsche Kaiserreich setzte ganz auf die »islamische Karte«. Den Djihad, den Heiligen Krieg der Muslime, wollte Wilhelm als »letzten Trumpf«[131] einsetzen. Ihn sollte der osmanische Hof, ermuntert von der Kaiserlichen Botschaft in Konstantinopel, in die Kriegserklärungen gegen Russland und Frankreich einbringen. An der Formulierung der »Proklamation des Heiligen Krieges vom 11. November 1914«[132] sollen deutsche Diplomaten beteiligt gewesen sein.[133] Enver Pascha, einer der drei führenden Männer des Komitees für Einheit und Fortschritt und zuvor osmanischer Militärattaché in Berlin, beauftragte den angesehenen islamischen Theologen und Rechtsgelehrten Seyhülislam Salih as Scharif at-Tunesi, den Krieg an der Seite Deutschlands aus dem Koran heraus zu legitimieren. In der am 14. November 1914 veröffentlichten Fatwa kommt der Scheich zu dem Schluss: »Und in diesem Fall, wenn die Muslime, die unter der Regierung der Staaten der Engländer, Frankreichs, der Russen, Serbiens, Montenegros und derer, die ihnen in diesem gegenwärtigen Krieg helfen, stehen, gegen die beiden Staaten Österreich und Deutschland kämpften, die den erhabenen Staat unterstützten, und ihr Kampf gegen diese beiden Staaten Schaden für das islamische Kalifat nach sich zöge, verdienten sie dann deswegen schmerzhafte Strafe, weil es sich um eine schwere Sünde handelt, oder nicht. Gott der Erhabene weiß es am besten. Die Antwort: Ja, sie verdienen jenes.«

Im Schatten des Ersten Weltkriegs wurden die Griechen aus dem Osmanischen Reich vertrieben und die Armenier ermordet. Generalfeldmarschall Colmar von der Goltz, der seinen politischen Einfluss immer stärker geltend machte, hatte die Deportation der »unzuverlässigen« Armenier in die mesopotamische Wüste[134] empfohlen, weil er sie als Bedrohung im Rücken der eigenen Truppen

sah. Bei dem diktatorisch regierenden Triumvirat von Enver Pascha, Talât Pascha und Cemal Pascha, das ein durch die türkischen
Muslime dominiertes Anatolien anstrebte, stieß sein mörderischer
Vorschlag auf Zustimmung.[135] Goltz half, dieses Verbrechen zu ver-
tuschen.

Konstantin von Neurath, zwischen 1914 und 1916 Botschaftsrat
in Konstantinopel, war über den Völkermord informiert, unter anderem durch die Proteste des damaligen Konsuls von Erzerum, Max
Erwin von Scheubner-Richter, der 1915 von den Deportationen
nach Konstantinopel und Berlin berichtete.[136] Scheubner-Richter
schloss sich ebenso wie Neurath einige Jahre später der NSDAP an,
Neurath wurde 1932 Außenminister und blieb auch unter Hitler
bis 1938 in diesem Amt; Scheubner-Richter wurde, nachdem er
beim Marsch auf die Feldherrnhalle 1923 von der Münchener Polizei erschossen worden war, zum »Märtyrer der Bewegung«. Hitler,
so nimmt man an, war durch Scheubner-Richter über den Genozid
und das Vorgehen der Jungtürken genauestens informiert. In seinem Prozess, in dem er sich für den gescheiterten Putsch von 1923
verantworten musste, berief er sich auf das Vorbild der Jungtürken,
die mit Enver Pascha an der Spitze auf Konstantinopel marschiert
waren, um eine neue Nation aufzubauen.[137] Und vor dem Überfall
auf Polen 1939 wischte der »Führer« alle Bedenken gegen die geplante Vernichtung der polnischen Eliten mit dem Hinweis beiseite:
»Wer redet heute noch von der Vernichtung der Armenier?«

Halbmond und Hakenkreuz

Am 4. Juli 1974 gaben Yassir Arafat und andere Führer der paläsi-
nensischen Befreiungsbewegung PLO einem Mann das letzte Ge-
leit, der jahrzehntelang der Sprecher der Muslime im Nahen Osten
gewesen war. Hadj Mohammed Amin Al-Husseini stammte – wie
Arafat auch, der sein politischer Ziehsohn wurde – aus der großen
Familie der Al-Husseinis. Der Mufti kümmerte sich um Arafats militärische und ideologische Ausbildung und brachte ihn in Kairo
mit den Muslimbrüdern zusammen. Er machte Arafat zum Berufs-
palästinenser und sorgte wohl auch für die Finanzierung der 1959
als Terrortruppe gegründeten »Bewegung zur nationalen Befreiung

Palästinas«, Al-Fatah. Ihm ging es darum, die Konflikte zwischen Juden und Muslimen in Palästina zu »islamisieren«.

Hadj Mohammed Amin Al-Husseini, in der Kurzform auch Hadj Amin genannt, wurde vermutlich 1893, 1895 oder 1896 als Spross einer einflussreichen palästinensischen Familie in Jerusalem geboren. Der Titel »Mufti von Jerusalem« wurde ihm 1921 ausgerechnet von dem britischen Hochkommissar in Palästina, Sir Herbert Samuel, einem englischen Juden, verliehen und machte den leidenschaftlichen Judengegner zum religiösen Oberhaupt der Muslime.[138] Diese merkwürdige Volte der Geschichte kam zustande, weil die britische Mandatsverwaltung als Rechtsnachfolger des Osmanischen Kalifen in Palästina galt, und unter den zur Verfügung stehenden Kandidaten hielt man Hadj Amin noch für den moderatesten. Damit wurde er, obwohl er 1912/13 nur wenige Monate an der Al-Azar-Universität in Kairo studiert hatte, oberster islamischer Rechtsgelehrter und letzte Scharia-Instanz in Palästina. Dieses Amt konnte er aber erst antreten, nachdem er begnadigt worden war – denn kurz zuvor hatte man ihn noch wegen »Volksverhetzung«, die zu tödlichen Übergriffen auf Juden geführt hatte, in Abwesenheit zu einer zehnjährigen Haftstrafe verurteilt, deren Verbüßung er sich durch seine Flucht nach Syrien entziehen konnte.

Hadj Amin organisierte schon seit 1916 Aufstände gegen die jüdische Bevölkerung in Palästina, auch der Kampf um die Klagemauer, bei dem Hunderte von Juden und Arabern 1929 starben, ging auf sein Konto.[139] Der britischen Besatzungsmacht gelang es nicht, die zwischen Juden und Arabern eskalierende Gewalt zu unterbinden, ebenso wenig vermochte sie, einen für beide Gruppen akzeptablen Plan für die Zukunft des Landes auszuarbeiten. Sir Herbert Samuel war mit dem vom Völkerbund erteilten Auftrag, die Balfour-Deklaration umzusetzen und für eine »nationale Heimstätte« der Juden zu sorgen, völlig überfordert. Vielmehr machte die britische Regierung die zunehmende Einwanderung zionistischer Juden für die Spannungen mit den Arabern verantwortlich. Um die Lage zu beruhigen, beschränkte sie ab 1939 die Einwanderung und erklärte, sie beabsichtige nicht, »Palästina gegen den Willen der arabischen Bevölkerung in einen jüdischen Staat zu verwandeln«.[140] Die Limitierung der jüdischen Einwanderer setzten die Briten mit Gewalt auch gegen die zionistischen Führer durch, die während des Zweiten Weltkriegs darauf drängten, das Land für möglichst viele jüdische Flüchtlinge zu öffnen, die nach einem sicheren Zufluchtsort suchen.

Die Gründung des Staates Israel mit allen Mitteln zu verhindern, war Hauptziel aller palästinensischen Bemühungen. Dafür war Al-Husseini jedes Mittel und jeder Verbündete recht. Mit dem Machtantritt der Nazis in Deutschland eröffneten sich ihm ganz neue Perspektiven.

Der Teufelspakt

In Hitler fanden die arabischen Muslime einen aufgeschlossenen Partner. Die Hakenkreuzfahne wurde in den palästinensischen Gebieten populär und Hitler von Kairo bis Bagdad als Heilsbringer verehrt. Manche hielten ihn gar für den verborgenen 12. Imam, den »Mahdi« (Erlöser).

Die Muslime suchten Kontakt mit Berlin, boten an, Aufstände gegen die Briten anzuzetteln, und baten um Waffen. Al-Husseini war dabei der politische, religiöse und militärische Strippenzieher. Als bei Kriegsbeginn 1939 die Lage auch in Jerusalem zu unsicher wurde, floh der Mufti nach Beirut, dann weiter nach Bagdad und übermittelte in seiner Eigenschaft als Führer der arabischen Welt dem deutschen »Führer« Adolf Hitler ein Angebot: »Von gewissen materiellen Hemmungen befreit, sind die arabischen Völker überall bereit, gegen den gemeinsamen Feind nach Kräften anzutreten und sich begeistert mit der Achse zur Leistung ihres Anteils an der wohlverdienten Besiegung der englisch-jüdischen Koalition zu erheben.«[141]

Die »materiellen Hemmungen« wurden beseitigt, die Palästinenser erhielten finanzielle Hilfe und Waffen – der Teufelspakt zwischen Halbmond und Hakenkreuz wurde geschlossen. Der Mufti, der sich inzwischen weiter nach Teheran abgesetzt hatte, musste auch von dort wieder – verkleidet als Frau unter einem Tschador – vor den Russen und Briten fliehen. Mithilfe deutscher Diplomaten gelangte er 1941 über Istanbul und Rom nach Berlin. Hier wurde er bald von Hitler empfangen, den er drängte, die Araber offiziell beim »Kampf um eine arabische Nation« zu unterstützen. Hitler zögerte, aus taktischen Gründen, ordnete aber an, Al-Husseini auf die Gehaltsliste der Nazis zu setzen.

Der Mufti erhielt eine große Wohnung in Zehlendorf, eine Suite im Adlon und eine monatliche Unterstützung von 75 000 Reichsmark und hatte Zugang zu allen wichtigen Ämtern und Persönlichkeiten des Dritten Reichs, die er mit Informationen seines Agentennetzes im Nahen Osten versorgte. Er wurde nicht müde, den Kampf gegen die Juden in Arabien zu organisieren, verfasste Denkschriften, hielt Reden und Vorträge, in denen er zur Lösung der »Judenfrage« ganz auf die Deutschen setzte: »Deutschland ist die einzige Macht, das jüdische Problem vollständig zu lösen, und die dabei ist, die Macht Großbritanniens und des Kommunismus zu zerstören. Dies sind Fragen von vitaler Wichtigkeit für die Araber; jede dieser Bande genügt, um die beiden Nationen auf das Stärkste miteinander zu verbinden.« Und im Dezember 1942 erklärte er zur Eröffnung des »Islamischen Zentral-Instituts« im »Haus der Flieger«, dem ehemaligen Preußischen Abgeordnetenhaus, in dem heute wieder das Berliner Stadtparlament tagt: »Zu den erbittertsten Feinden der Muslime, die ihnen seit alters her Feindseligkeit bekunden und allenthalben andauernd mit Tücke und List begegnen, gehören die Juden und ihre Helfershelfer.«[142]

Als der Mufti 1942 erfuhr, dass die deutsche Seite über den Austausch von 5000 jüdischen Kindern aus der Slowakei, Polen und Ungarn gegen britische Kriegsgefangene verhandelte, intervenierte er persönlich bei seinem Freund Heinrich Himmler: Wenn diese Kinder in einigen Jahren erwachsen wären, würden sie das »jüdische Element« in Palästina verstärken. Himmler verbot daraufhin den Austausch. Ähnliches wiederholte sich, als die Bukarester Regierung fast 80 000 Juden aus Rumänien nach Palästina ausreisen lassen wollte, sowie bei den Verhandlungen um 5000 bulgarische Kinder im Februar 1943 – statt nach Palästina wurden sie in die Vernichtungslager transportiert. Das religiöse Oberhaupt der palästinensischen Muslime erwies sich als wachsamer Helfershelfer des Holocaust, dem in den Konzentrationslagern auch Muslime zum Opfer fielen.

1943 war der Mufti bei der Aufstellung der muslimischen Waffen-SS-Verbände dabei und wurde auch selbst SS-Mitglied. Es gab zuletzt drei Divisionen der SS, sechs Legionen, eine Brigade und einen Waffenverband mit muslimischen Soldaten. Das Curriculum für die Ausbildung der Imame dieser Truppe konnte man auf seinen schlichten Satz bringen: »Der Nationalsozialismus wird als völkisch bedingte deutsche Weltanschauung und der Islam als völkisch bedingte arabische Weltanschauung vermittelt.« Gemeinsame Feinde waren die Juden, die Angloamerikaner und die Kommunisten. Noch 1944 forderte der Mufti die Bombardierung Tel Avivs und Jerusalems.

Bei Kriegsende floh er in die Schweiz, dann nach Frankreich und schließlich nach Ägypten. Von Kairo aus rief er als religiöse Autorität 1948 erneut zum Djihad gegen die Juden auf. Die Alliierten hatten kein gesteigertes Interesse daran, ihn vor ein Tribunal zu stellen; bei den Muslimen blieb er in Amt und Würden. Es ist zu vermuten, aber ohne ägyptische Quellen nicht zu beweisen, dass sein Einfluss vielen Nazis das Untertauchen in Kairo ermöglichte. Einigen von ihnen, wie dem SS-Obergruppenführer Ma'ruf al Dawalibi, der 1950 Premierminister in Syrien wurde, verhalf er jedenfalls zu hohen Posten.

Altnazis und Muslimbrüder

Die ersten Muslime, die in der jungen Bundesrepublik zusammenfanden, waren ehemalige Kriegsgefangene oder Soldaten, die in der Reichswehr gegen die Russen gekämpft hatten und als »Strandgut des Krieges« in Deutschland hängen geblieben waren. Die meisten von ihnen waren, wie in Jalta von den Alliierten beschlossen, an die Sowjetunion ausgeliefert worden, einige Hundert aber in Nachkriegsdeutschland geblieben.

Hier waren sie durchaus willkommen. Denn kaum war der heiße Krieg vorüber, standen sich die Großmächte im »Kalten Krieg« gegenüber, und man bemühte sich um Verbündete im Kampf gegen das sozialistische Lager. Nach dem Motto, der Feind meines Feindes ist mein Freund, wurden Mitkämpfer gegen die kommunistische Sowjetunion auch unter den Muslimen gesucht – ein Muster, nach dem Jahrzehnte später die Amerikaner die Taliban in Afghanistan gegen die sowjetischen Besatzer des Landes unterstützten und entscheidend stärkten.

Die Bundesrepublik war der Frontstaat im Kalten Krieg, auch hier hatten die Amerikaner bei der Gründung der »Geistlichen Verwaltung der Muslimflüchtlinge« 1951 im Münchener Löwenbräukeller ihre Finger im Spiel.

Ibrahim Gacaoglu, ein von der CIA geführter Muslim, übernahm den Vorsitz des kleinen Vereins, der die Muslime organisieren sollte. Im Hintergrund wirkten die alten Naziseilschaften, wie der Turkologieprofessor Gerhard von Mende, ehemals für den organisatorischen Kontakt zu den Muslimen in der SS und Reichswehr zuständig. Männer wie ihn, die erfahren waren in der Einschätzung der Muslime und im Umgang mit ihnen, wurden gebraucht. Er unterhielt in Düsseldorf ein vom Verfassungsschutz und der Bundesregierung finanziertes »Büro für heimatlose Ausländer«. Und da war der Vertriebenenminister Theodor Oberländer, im Dritten Reich Leiter des Sonderverbands Bergmann, einer Truppe von muslimischen Soldaten der Reichswehr, und ab 1953 Mitglied der CDU-Regierung unter Konrad Adenauer.

1956 wurde der CIA-Mann Gacaoglu durch einen alten Kämpfer ersetzt: Nureddin Namangani, Imam und »Hauptmann« der SS-Einheit »Brigade Dirlewanger«, die an der Niederschlagung des Aufstands im Warschauer Getto beteiligt gewesen war. Von Mende und Oberländer wollten die Muslime nicht dem amerikanischen Geheimdienst als Einflussagenten überlassen.

Am zweiten Weihnachtsfeiertag des Jahres 1958 trafen sich 86 Männer im Gemeindesaal der Paulskirche in München. Es war ein Freitag, sie beteten gen Mekka und berieten dann ein gemeinsames Projekt: den Bau einer repräsentativen Moschee in München.[143] An diesem Tag organisierte sich in der Bundesrepublik zum ersten Mal wieder der politische Islam.

Namangani rief die »Moscheebaukommission«, so nannte sich der Verein zunächst, ins Leben, die nicht nur alte Kämpfer, sondern auch muslimische Studenten aus den arabischen Ländern um sich scharte. 1982 ging aus ihr die »Islamische Gemeinschaft in Deutschland« hervor.

Aber noch bevor der Moscheebau realisiert werden konnte, kam dem Verein die politische Unterstützung abhanden. Minister Oberländer wurde von seiner Vergangenheit eingeholt, man warf ihm vor, an der Erschießung Tausender Lemberger Juden beteiligt gewesen zu sein. Die DDR verurteilte ihn im April 1960 in Abwesenheit zu lebenslänglich Zuchthaus, einem von der SPD geforderten Untersuchungsausschuss des Bundestages entzog er sich zwei Monate später durch seinen Rücktritt.

Nun versuchten andere, das Sagen in dem Moscheebauverein zu übernehmen, allen voran Said Ramadan – Schwiegersohn von Hassan Al-Banna, dem Gründer der Muslimbruderschaft –, der das Islamische Zentrum Genf gegründet hatte und an der Entstehung der ebenfalls in Genf beheimateten »Islamischen Weltliga« beteiligt war. Ramadan verfügte über beste Verbindungen in die islamische Welt mit ihren Geldquellen.[144]

Die Muslimbrüder in München

Die 1928 in Ägypten von dem Lehrer Hassan Al-Banna gegründete Muslimbruderschaft ist heute die wohl einflussreichste Bewegung des politischen Islamismus. Die Muslimbrüder sind explizit antiwestlich und antijüdisch eingestellt. Auch Al-Banna kooperierte – wie Hadj Amin – mit Hitler gegen die Briten und setzte sich aktiv für die Judenvernichtung ein. Sayyid Qutb, der ihm als Führer der Bruderschaft nachfolgte, propagierte den Djihad gegen die Ungläubigen. 1966 wurde Qutb wegen eines Verschwörungsplans gegen Nasser hingerichtet und gilt seitdem als Märtyrer und geistiges Vorbild für Terroristen wie Bin Laden oder den Todespiloten Atta.

Von den Muslimbrüdern stammt der Slogan »Der Islam ist die Lösung«, sie möchten zurück zu den »Wurzeln«, zu einem Leben, wie es zur Zeit der Gründung des Islam in Medina praktiziert wurde. Ihren Zulauf in Ägypten verdankten sie auch dem Umstand, dass sie sich als einzige Organisation der Probleme der armen Bevölkerung annahmen, soziale Dienste anboten und so ihre Gefolgschaft rekrutierten; das gelingt den Muslimbrüdern bis heute, obwohl ihre Organisation dort verboten ist, weil sie unter Verdacht

225

steht, Beziehungen zu terroristischen Organisationen zu unterhalten; die Hamas gilt als ihr »Ableger«.

Gerhard von Mende misstraute dem Schwiegersohn von Hassan Al-Banna, Said Ramadan, er fürchtete um den »deutschen« Einfluss, hielt ihn wie andere wohl für einen CIA-Agenten, und zusammen mit Namangani bekämpfte er den potenten Geldgeber. 1963 starb von Mende, und Namangani kapitulierte mit seinen alten Kameraden vor dem politischen Islam. Aus dem Moscheeprojekt wurde ein politisches Projekt, das »Islamische Zentrum München«.

Von Genf aus nahm Said Ramadan nun die Moscheebausache in die Hand und reiste in die arabische Welt, um Geld zu besorgen. Aber er fand bald seinen Meister in dem erfolgreichen »Fundraiser« Ghaleb Himmat, dem langjährigen Präsidenten der Islamischen Gemeinschaft in Deutschland. Die Könige von Saudi-Arabien, Jordanien, Marokko, der Scheich von Kuwait, Pakistanis und König Feisal von Ägypten griffen in die Tasche und spendeten so viel, dass von dem Verein eine Million D-Mark für das 35 Meter hohe Minarett und die 14 Meter hohe Kuppel aufgebracht werden konnten.[145] 1964 erwarb der Verein das Grundstück in Freimann, 1967 begannen die Bauarbeiten, und 1973 konnte die Moschee eingeweiht werden. Mit Unterstützung der deutschen Behörden wurden in der Folgezeit ein islamischer Kindergarten und eine islamische Schule gegründet.

»Die Spinne« El-Zayat

Aus der Kalten-Kriegs-Initiative von Oberländer und Namangani ist inzwischen eine der einflussreichsten Organisationen des politischen Islam in Deutschland geworden. In über zwanzig Städten der Bundesrepublik hat die Islamische Gemeinschaft in Deutschland (IGD) inzwischen Zentren und Moscheen eröffnet, obwohl die Zahl ihrer Mitglieder – vermutlich kaum mehr als einige Hundert – gering ist. Dennoch dürfte sie, laut dem bundesdeutschen Verfassungsschutz, die »mitgliedstärkste Organisation von Muslimbruderschafts-Anhängern«[146] sein. Der Verfassungsschutz hält die IGD für eine »Ausprägung des legalistischen Islamismus« und sieht sie von der »Muslimbruderschaft dominiert«.[147] Die IGD ist

Gründungsmitglied des »Zentralrats der Muslime« und damit auch in der Deutschen Islam Konferenz vertreten. Hochnotpeinlich war es den Vertretern des Innenministeriums, als der Vorsitzende der IGD, Ibrahim El-Zayat, auf Einladung von Ayyub Axel Köhler, dem damaligen Sprecher des Koordinierungsrats der Muslime, auf dem Plenum der Islam Konferenz erschien. Nur hektische Dramaturgie konnte ein gemeinsames Foto mit dem Innenminister verhindern. Denn El-Zayat ist, wie es der Präsident des NRW-Verfassungsschutzes Hartwig Möller formuliert[148], die »Spinne« im unüberschaubaren Netz von muslimischen und islamistischen Organisationen und Firmen.

Der Sohn eines ägyptischen Imams und einer Deutschen ist derzeit Präsident oder Vorsitzender der IGD und hat in dieser Funktion den wegen der Finanzierung des Terrorismus in die Schusslinie geratenen Himmat abgelöst. El-Zayat selbst ist ein Multifunktionär, die Zahl seiner Ämter im islamischen Umfeld Legion. Er verwaltet mit diversen Firmen mehr als 300 Milli-Görüs-Moscheen in Europa und soll an der Finanzierung von über 100 Moscheebauprojekten beteiligt sein. Er ist mit der Nichte des ehemaligen Ministerpräsidenten Necmettin Erbakan verheiratet. Sie ist die Schwester von Mehmet Erbakan, dem ehemaligen Milli-Görüs-Vorsitzenden in Deutschland. Er hat auf den Zentralrat der Muslime und den Islamrat – und damit auf zwei der wichtigsten Islamverbände in Deutschland – Einfluss.

Gegen El-Zayat wurde in Ägypten ein Verfahren von der Militärgerichtsbarkeit angestrengt, ihm wird die Finanzierung von verbotenen Organisationen vorgeworfen. Wegen Geldwäsche wurde er in Abwesenheit zu zehn Jahren Haft verurteilt. Er selbst bestreitet jede Verbindung zur Muslimbruderschaft, die er allerdings für »die wichtigste islamische Reformbewegung im 20. Jahrhundert«[149] hält. Auch in München hat man den Funktionär im Visier. Im März 2009 durchsuchte die Staatsanwaltschaft die Räume des Islamischen Zentrums und ermittelte gegen sieben Männer, unter ihnen auch Ibrahim El-Zayat, wegen der Unterstützung von verbotenen Organisationen wie der Hamas. Der *Kölner Stadt-Anzeiger* schrieb am 21. März 2009: »El-Zayat soll – unter anderem durch betrügerische Finanzkonstruktionen bei Immobiliengeschäften –

Geld erwirtschaftet haben, um islamistische Aktivitäten zu unterstützen. Nach Ansicht der Ermittler ist er der ›Kopf‹ einer kriminel-
len Vereinigung. Er weist die Vorwürfe zurück.« Die Ermittlungen
sind noch nicht abgeschlossen. Noch wird gefeiert – zum Beispiel
der 50. Jahrestag der Gründung der IGD mit einem Festakt im Berliner Tempodrom im Oktober 2008. Dort verlieh El-Zayat gemeinsam mit Tariq Ramadan den »Dr. Said Ramadan Friedenspreis für
Dialog und Völkerverständigung« an den Publizisten Peter Scholl-
Latour für sein Lebenswerk. Der bedankte sich herzlich.

Die Islamverbände
Zwischen Demokratie und Scharia

Die Islam- oder Moscheevereine in Deutschland, Österreich oder der Schweiz wurden – wie in München – überwiegend von Bürgern ausländischer Herkunft, Diplomaten oder Geschäftsleuten gegründet und geführt. Es waren kleinere exotische Gruppierungen, die ihre Religion und heimatlichen Bräuche pflegten und Gottesdienst abhielten.

Erst mit Anwerbestopp, Rückkehrprämie und Familienzusammenführung stellte sich Mitte der Siebzigerjahre des 20. Jahrhunderts für viele muslimische Migranten die Frage, ob sie in ihre Heimatländer zurückkehren oder dauerhaft – und nicht länger vorübergehend und provisorisch – in Deutschland bleiben wollten. Viele blieben, weil es wirtschaftlich aussichtsreicher schien, holten ihre Familien, Frauen, Kinder und Verwandte nach. Das schwächte die bisherigen Kontakte zu deutschen Nachbarn und Kollegen und die Notwendigkeit, sich an die neue Umgebung anzupassen. Das anatolische Dorf kam nach Deutschland und mit den Zuwanderern das Selbstverständnis, nach den eigenen Traditionen zu leben, die bisherige Identität und das »Türkentum« zu wahren. Dazu gehörte auch die Religion. Die türkischen Migranten gründeten Kulturvereine, Teestuben oder »Atatürk«-Vereine, türkische Gemeinden und Moscheevereine. In Hinterzimmern, dann in Hinterhöfen entstanden Betstuben und Moscheen.

Wie bei den Muslimbrüdern in München waren diese Vereinsgründungen nicht ausschließlich religiös, sondern auch politisch und ethnisch motiviert; viele von ihnen wurden überdies aus dem Heimatland unterstützt. So konnte beispielsweise die PKK, die Kurdische Arbeiterpartei, die in der Türkei verfolgt wurde, hier ein politisches Netzwerk des Widerstands unterhalten, das zudem lange politisch auch von deutscher Seite geduldet und unterstützt wurde. Alle großen Islamorganisationen haben einen starken Bezug zum Herkunftsland, sind mehr oder weniger Ableger ihrer »Mütter« in der Heimat oder wie die Ditib durch Unterstützung fremder Regierungen entstandene Organisationen.

Milli Görüs

Typisch für diese Entwicklung ist die Geschichte der »Islamischen Gemeinschaft Milli Görüs« (IGMG), der »Nationalen Sicht«. 1972 als »Türkische Union Deutschlands« gegründet, wurde sie 1976 zur »Türkischen Union Europas«. Mit der Islamischen Revolution im Iran radikalisierte sich der Verband, vertrat nationalistische und islamistische Positionen. Sein Gründer, Necmettin Erbakan, rief in der Türkei verschiedene Parteien ins Leben, was 1980 mittelbarer Anlass für den Putsch in der Türkei war, weil das Militär eine Islamisierung des Landes durch seine Anhänger verhindern wollte. Erbakan saß im Gefängnis, gründete die Wohlfahrtspartei (Refah), für die er 1996 Ministerpräsident wurde. Wegen Volksverhetzung wurde auch diese Partei verboten. Aus den Resten dieser Bewegung bildete sich dann unter Tayyip Erdogan und Abdullah Gül die AKP, die jetzt die Regierung der Türkei stellt.

Erbakan ist ein Islamist, der die »gerechte Ordnung«, den Islam und die Scharia, nach Europa bringen will. Der bayrische Verfassungsschutzbericht 2001 zitiert ihn: »Die Europäer glauben, dass die Muslime nur zum Geldverdienen nach Europa gekommen sind. Aber Allah hat einen anderen Plan.« Und: »Wir werden ganz sicher an die Macht kommen, ob dies jedoch mit Blutvergießen oder ohne geschieht, ist eine offene Frage.«[150] Erbakan unterstützte die Auslandsorganisationen seiner Bewegung nachhaltig, bis sich diese im Laufe der Zeit zu einflussreichen Organisationen in Deutschland, den Niederlanden und Österreich entwickelten.

1983 spaltete sich die Bewegung zunächst, die meisten Gemeinden liefen zum Islamisten Kaplan über, dessen Sohn als »Kalif von Köln« bekannt wurde. Inzwischen ist seine Organisation verboten, und 1985 reorganisierte sich Milli Görüs als »Islamische Gemeinschaft Milli Görüs« (IGMG). Man trennte sich von der Verwaltung der inzwischen über 500 Moscheen, die jetzt von IGD-Funktionär Ibrahim El-Zayat verwaltet werden. 2001 soll es innerhalb der Organisation einen Generationswechsel gegeben haben, mit dem angeblich sogenannte »bürgerliche« Kräfte die Regie übernahmen. Erkennbar ist das nicht, wohl aber scheint der Verband seitdem fundierte juristische Beratung durch deutsche Konvertiten zu erhalten. Die IGMG ist Vorreiter bei dem Versuch der juristischen Durchsetzung islamischer Praktiken – dem Kopftuch bei Lehrerinnen, dem Schächten, der Abmeldung vom Schwimmunterricht. Auffällig ist auch, dass sich Milli-Görüs-Mitglieder inzwischen häufiger in deutschen Parteien organisieren, vor allem in der CDU Fuß zu fassen versuchen.

Die IGMG ist Mitglied im Islamrat, den sie aufgrund ihrer Größe dominiert, und der Islamrat wiederum ist Mitglied des Koordinierungsrats der Muslime (KRM) und Mitglied der Deutschen Islam Konferenz. Der Islamrat wird dort von Ali Kizilkaya, einem ehemaligen Funktionär der Milli Görüs, vertreten. Zusammenfassend lässt sich sagen: Die Milli Görüs ist eine Organisation des konservativen politischen Islam und gut organisierter Islamisten, deren Aktivitäten in Koranschulen, Internaten und Moscheevereinen darauf gerichtet sind, islamische Werte durchzusetzen.

Ditib

Um die türkischen Muslime in Deutschland nicht den Islamisten zu überlassen, wurde die türkische Regierung in den Achtzigerjahren von der deutschen Regierung quasi »eingeladen«, die überall entstehenden Moscheevereine anzuleiten, zu organisieren und durch Geistliche zu betreuen. 1984 wurde dann die *Ditib,* die »Türkisch-Islamische Union der Anstalt für Religion«, ins Leben gerufen. Sie ist eine Ausgründung der türkischen Religionsbehörde Diyanet, die 1924 in der Türkei als Aufsichtsbehörde über den Islam entstand. Durch sie sollten der Islam, die Orden und Moscheen kontrolliert und die Vorbeter auf die Republik verpflichtet werden. Nach achtzig Jahren hat sich das Bild aber gewandelt, jetzt repräsentiert die Diyanet den staatlichen sunnitischen Islam in der Türkei, verwaltet über 90 000 Moscheen und hat mehr angestellte Vorbeter, als es Hochschullehrer in der Türkei gibt. Sie verfügt über einen Jahresetat von fast einer Milliarde Euro. Ihr Vorsitzender Dr. Ali Bardakoglu, ein Beamter der türkischen Republik, tritt gern im Ornat des obersten Geistlichen auf, sein Kaftan und Turban stehen der prächtigen Kleiderordnung des Papstes nicht nach. Auch wenn die türkische Verfassung immer noch die Trennung von Staat und Religion gebietet, so ist sie faktisch doch längst aufgehoben.

Die Ditib fasst in Deutschland die selbstständig arbeitenden Moscheevereine zusammen und unterstützt sie oder besser: leitet sie an. Das bedeutet, dass die Vereine einem Religionsattaché der türkischen Konsulate in Deutschland und letztlich der Zentrale in Köln unterstellt sind. Dafür erhalten die über 800 Vereine dann von der Diyanet ausgebildete Hodschas (Vorbeter) zugeteilt. Viele der Positionen dieses Vereins sind zwar von säkularen Gedanken der türkischen Republik geprägt, aber in den letzten Jahren hat sich auch hier die Islamisierung durchgesetzt, wie sich auch die Abhängigkeit der Ditib von der türkischen Religionsbehörde im Laufe der Jahre eher verstärkt hat.

Als Gegenpol gegen den Einfluss der Islamisten gegründet, arbeitet die Ditib heute mit den anderen Verbänden im Koordinierungsrat zusammen. Dass dies eine politisch arrangierte Ehe, sicherlich befürwortet von den ehemaligen Erbakan-Freunden Erdogan und Gül, und keine Liebesheirat ist, zeigt sich auch schon daran, dass es dem Koordinierungsrat bisher nicht gelungen ist, auch nur Ansätze einer gemeinsamen Organisation zu schaffen. Man hört nur von ihm, wenn im halbjährlichen Wechsel ein neuer Sprecher antritt.

Der Vorsitzende der Ditib, Sadi Arslan, ist türkischer Botschaftsrat. Der Diplomat sitzt im Plenum der Islam Konferenz, versteht kaum ein Wort Deutsch und liest seine Stellungnahmen von Papieren ab, die ihm sein Pressesprecher Bekir Alboga reicht. Stellvertretender Vorsitzender der Ditib ist seit November 2009 Dr. Ali Dere, zuvor Abteilungsleiter für Auslandsbeziehungen der Diyanet in Ankara. Diese Männer repräsentieren die Interessen der türkischen Muslime in Deutschland, organisieren in ihrer Zentrale den Einsatz der türkischen Imame, die als Staatsangestellte nach Deutschland geschickt werden und in den Ditib-Moscheevereinen predigen. Die Ditib ist auch die Bauherrin der Moschee in Köln-

Ehrenfeld, die im Entwurf aufgrund ihrer monumentalen Größe eher wie eine repräsentative Botschaft oder ein Organisationszentrum des türkischen Islam wirkt denn als Gebetsstätte. Mit der Ditib sitzt die türkische Regierung mit Billigung der Bundesregierung am Konferenztisch der Deutschen Islam Konferenz und verhandelt darüber, ob und inwieweit die Verfassung oder die Scharia für Muslime in Deutschland gilt.

Zentralrat der Muslime

Ayyub Axel Köhler ist Vorsitzender des »Zentralrats der Muslime« (ZMD). Er wurde 1938 in Stettin geboren, ist Naturwissenschaftler und konvertierte 1963 zum Islam; wie sein Generalsekretär Ayman Mayzek, der Sohn eines Syrers und einer Deutschen, ist auch Köhler Mitglied der FDP.[151] Der Zentralrat ist ein Zusammenschluss von zurzeit 19 Verbänden mit angeblich 15 000 Mitgliedern. Dazu gehören u.a. die Islamische Gemeinschaft Deutschland (IGD) des bereits erwähnten Multifunktionärs Ibrahim El-Zayat, aber auch »nichttürkische« Verbände, wie die der arabischen und bosnischen Muslime. Dem Zentralrat werden allerbeste Kontakte zu arabischen Geldgebern nachgesagt, durch die zum Beispiel eine Moschee in Frankfurt mitfinanziert worden sein soll. Der ehemalige Vorsitzende, der in Mekka geborene Nadeem Elyas, ist noch heute das starke Verbindungsglied nach Saudi-Arabien. Ein weiteres prominentes Mitglied des Zentralrats ist der zum Islam konvertierte ehemalige deutsche Botschafter Murad Hofmann, der sich selbst als Fundamentalist bezeichnet.[152] Er wurde 2009 als »Islamic Personality of the Year« mit 180 000 Euro vom Scheich von Dubai ausgezeichnet.

Hofmann ist ein Konvertit, der den Muslimen in der Migration beibringen möchte, wie man in der deutschen Gesellschaft erfolgreich agiert: »Wir müssen durch Parteieintritt – in alle wirklich demokratisch gesinnten Parteien – dazu beitragen, dass die Parteiprogramme islamkonformer werden.«[153] Nach Hofmann ist islamischer Glaube, der nicht den Koran in seiner arabischen Ursprache für die wortwörtlich offenbarte Botschaft Gottes hält, unmöglich: »Satz für Satz, Wort für Wort Sein [= Gottes] herabgekommenes

Wort, Seine unmittelbare, Sprache gewordene Mitteilung. (…)
Die Anerkennung des Korans als Gottes Wort ist für den Muslim
konstitutiv. Wer dies nicht glaubt, ist kein Muslim.«[154] Gestützt
auf dieses traditionelle Koranverständnis sind für Hofmann »alle
wahren Muslime notwendig Fundamentalisten« – bezogen auf die
»Schriftgläubigkeit«. Der Generalsekretär des Zentralrats Mayzek
wiederum plaudert in Talkshows gern von einer »Islam-light«-Version, bei der Muslim ist, wer das Glaubensbekenntnis spricht und
sich an die »fünf Säulen« (Bekenntnis, Gebet, Fasten, Almosen und
Pilgerfahrt) hält.

Verband der Islamischen Kulturzentren

Über die Vertreter des »Verbands der Islamischen Kulturzentren«
(VIKZ) lässt sich nur schwer etwas ermitteln. Der Verband arbeitet,
um es vorsichtig auszudrücken, »sehr zurückgezogen«, gibt kaum
Stellungnahmen ab und äußert sich öffentlich nur in knappen inhaltslosen schriftlichen Stellungnahmen. Als ältester Islamverband
gehörte er zunächst zum Zentralrat der Muslime, machte sich aber
2000 wegen Differenzen selbstständig. Er betreibt eine größere
Zahl von Schulen und Internaten und fast 300 Moscheen, die rein
der religiösen Unterweisung dienen sollen. Der VIKZ vertritt einen
schariaorientierten Islam; die Islamwissenschaftlerin Ursula Spuler-Stegemann schätzt seine Aktivitäten als »absolut integrationshemmend«[155] ein. Es ist mir in den drei Jahren der Islam Konferenz
nicht gelungen, mehr über seine Konzepte und Inhalte zu erfahren
oder auch nur mit seinen Vertretern ins Gespräch zu kommen.
Der VIKZ hat nach meiner Einschätzung das alleinige Interesse,
staatliche Anerkennung als Körperschaft des öffentlichen Rechts zu
erlangen, ansonsten will er in Ruhe gelassen werden. Die deutsche
Gesellschaft interessiert ihn nicht und deren Meinung über ihn erst
recht nicht. Er missioniert auf »höherem« Niveau. Dieser Verband
ist für mich eine konspirative Parallelgesellschaft.

Koordinierungsrat der Muslime

Die vier hier erwähnten Verbände haben sich zum »Koordinierungsrat der Muslime« (KRM) in Deutschland zusammengeschlossen und beanspruchen, für den Islam in Deutschland zu sprechen. »Der Koordinierungsrat bekennt sich zur freiheitlich demokratischen Grundordnung der Bundesrepublik«, heißt es in der Geschäftsordnung des Gremiums, um dann, wie mit hinter den Rücken gekreuzten Fingern, hinzuzufügen: »Koran und Sunna des Propheten Mohammed bilden die Grundlage des Koordinierungsrates.« Bekir Alboga, Pressesprecher und Dialogbeauftragter der Ditib in Deutschland, formuliert es in einem Thesenpapier seiner Organisation noch geschmeidiger: »Das Hauptanliegen von Muslimen in Deutschland ist es, ihre Religion unter Bewahrung der eigenen kulturellen und religiösen Traditionen privat wie öffentlich und frei von jeglicher Benachteiligung ausleben und bewahren zu können.«

Der Koordinierungsrat will mehr, er fordert die rechtliche Gleichstellung des Islam, die Anerkennung der Verbände als Körperschaften des öffentlichen Rechts. Er will Islamunterricht an den Schulen, Vergünstigungen im Steuer- und Baurecht. Der Koordinierungsrat wurde 2007 gegründet, um der »Regierungsseite« einen Gesprächspartner anzubieten. Er hat es aber versäumt, sich dafür auch wirklich durch Programm und Strukturen zu qualifizieren. Er ist eine Kulisse, hinter der die Verbände um Einfluss ringen, den meisten Muslimen ist diese Institution denn auch unbekannt.

Alevitische Gemeinde

Ein weiterer Verband, der jedoch von den anderen Verbänden meist nicht als »muslimisch« akzeptiert wird, ist die »Alevitische Gemeinde« mit ihrem Sprecher Ali Ertan Toprak. Die vorwiegend aus der Türkei stammenden Aleviten unterscheiden sich ganz erheblich in ihren Glaubensauffassungen und Riten von Sunniten und Schiiten. Ihr Namensgeber ist Mohammeds Schwiegersohn Ali. Sie glauben an die Einheit von Allah, Mohammed und Ali, sind aber auch von Einflüssen des Schamanismus und von vorislamischen Riten geprägt. Aleviten beten anders, haben Cem-Häuser statt Moscheen, und ihre Frauen tragen kein Kopftuch. Andererseits sind sie aber auch mit den archaischen Strukturen und Traditionen ihrer nomadischen Herkunft verbunden, sodass bestimmte patriarchalische Praktiken wie Verwandtschaftsehen, Zwangsheiraten, Blutrache, Ehrenmord auch bei ihnen vorkommen, auch wenn ihre Sprecher dies nicht offen ansprechen mögen.

Das Alevitentum ist eine der vielen islamischen Glaubensrichtungen, also eine auf Gemeinschaft ausgerichtete Kollektivreligion. Unter den Aleviten gibt es viele integrierte und säkulare Bürger. Als Verband wehrt sich die alevitische Gemeinde vor allem gegen die Vereinnahmung durch die sunnitische Religionsbehörde in der Türkei. Das Bekenntnis ihrer Vertreter zum demokratischen Rechtsstaat fällt wesentlich eindeutiger und glaubwürdiger aus als das der Verbände des Koordinierungsrats.

Türkische Gemeinde in Deutschland

Bei den nicht in Islamvereinen organisierten Teilnehmern der Islamkonferenz ist ein weiterer Funktionär zu nennen. Es ist Kenan Kolat, SPD-Mitglied und Vorsitzender der »Türkischen Gemeinde in Deutschland« (TGD). Kenan Kolat ist ein klassischer Lobbyist, der gern sein Fähnchen in den Wind hängt und in der Islamkonferenz die säkularen Türken vertritt. Überall, wo es für Türken und Muslime etwas zu holen oder zu protestieren gibt, ist er an vorderster Front zu finden. Mal verweigert sein Verband die Teilnahme am Integrationsgipfel, dann fordert er den Rücktritt von Thilo Sarrazin wegen eines Interviews, in dem Türken angeblich »rassistisch« beleidigt wurden, dann fordert er einen »muslimischen Feiertag«, damit die Integration besser gelingt, dann beklagt er die Aufklärung in deutschen Schulen über den Genozid an den Armeniern usw. Er spricht nicht von »Integration«, sondern – wie der Prediger Ramadan – von »Partizipation«, damit man ja nicht auf die Idee kommt, den Türken eine Integrationsleistung abzuverlangen, denn für ihn geht es um »teilen«. In der *FAZ* wurde er anlässlich des 30-jährigen Jubiläums seines Verbands mit der Auszeichnung »Jammertürke« bedacht.

236

Gegen den Anspruch des Koordinierungsrats, für die Muslime zu sprechen, ist Ezhar Cezairli angetreten, Vorsitzende des »Deutsch-Türkischen Clubs« in Frankfurt. Sie vertritt die Interessen der säkularen Muslime in der Islamkonferenz, streitet für die strikte Trennung von Staat und Religion, nimmt gegen den konfessionellen Religionsunterricht und für die Islamkunde Stellung und tritt für die Rechte der Frauen und Kinder ein. Frau Cezairli arbeitet als Zahnärztin, ist keine Lobbyistin, sondern versteht sich als Bürgerin, die ihre Verantwortung als säkulare Muslimin wahrnimmt. Sie ist – mit anderen Einzelpersonen wie Navid Kermani und Seyran Ateş – in der Islam Konferenz so etwas wie die Hoffnung, dass nicht alles von den Islamverbänden überrollt wird.

Experiment Islam Konferenz

Als die Deutsche Islam Konferenz 2006 vom damaligen Bundesinnenminister Wolfgang Schäuble einberufen wurde, verband nicht nur er damit die Hoffnung, dass die Muslime in Deutschland mit anderen gesellschaftlichen Kräften in einen Dialog treten und vor allem auch miteinander zu sprechen beginnen würden. Letzteres ist nicht geschehen. Die sunnitischen Islamverbände haben sich zu dem Zweckverband Koordinierungsrat der Muslime zusammengeschlossen, um für »die Muslime« zu sprechen. Sie repräsentieren aber nur eine – wenn auch sehr organisationsstarke – Minderheit. Der größte Erfolg der Islam Konferenz besteht vermutlich darin, dass sich die öffentliche Wahrnehmung verändert hat. Die Islamverbände können nicht mehr für »den Islam« sprechen, sondern ihre Auffassungen sind nur noch eine Meinung unter vielen.

Es dauerte drei Jahre, bis sich die Islamverbände und Moscheevereine in der Arbeitsgruppe »Gesellschaftsordnung und Wertekonsens« darauf verständigen konnten, zumindest auf dem Papier den Wertekonsens und das Grundgesetz dieses Landes formal anzuerkennen. Dieses Ergebnis, das eigentlich die selbstverständliche Ausgangsbasis jeder Verständigung sein müsste, wurde zum Schluss als Erfolg gewertet – man wird in solchen Auseinandersetzungen bescheiden. Die Hoffnung und das vordringliche Interesse der religionspolitischen Dachverbände, als Körperschaften des öffentlichen Rechts anerkannt zu werden und damit mehr staatliche Unterstützung zu erhalten, wurde enttäuscht – und begründet zurückgewiesen.

Immer, wenn ich die Stellungnahmen und Äußerungen der Islamverbände zur Diskussion auf der Konferenz las, fragte ich mich, wie sehr sich der Bürgerstaat eigentlich vorführen lassen will: Der Innenminister war schon froh, dass sich die Vertreter des Islamrats, sprich: der Milli Görüs, gnädigerweise bereit erklärten, schlussendlich doch den Wertekonsens des Grundgesetzes anzuerkennen. In seinen Stellungnahmen hatte der Islamrat noch bestritten, dass es einen »Wertekonsens« in einer pluralistischen Gesellschaft geben könne, und behauptet, jede wie auch immer geartete »Leitkultur« sei im Prinzip verfassungswidrig. Die Forderung nach einem nur »vermeintlichen tatsächlichen Wertekonsens« – gemeint ist der Versuch, mehr als nur die Grundwerte zu regeln – würde nach seinem Verständnis die »essentiellen Spielregeln des freiheitlichendemokratischen Rechtsstaats« verletzen. Gleichzeitig wurden die religiösen Wertvorstellungen des Islam für unantastbar erklärt.

Der Vorsitzende des Zentralrats der Muslime, Ayyub Köhler, wiederum erklärte, dass sich »die Tendenz bemerkbar« mache, »die Religionsfreiheit einer wie auch immer verstandenen Integration unterzuordnen. Dieser Tendenz ist unbedingt Einhalt zu gebieten!« Das war eine klare Absage an die Integration. Die Verbände wollen ihre Vorstellung vom Islam leben, alles andere interessiert sie nach wie vor nicht. Eigentlich war die Konferenz bereits mit diesem Statement im April 2008 gescheitert. Ich habe in der Arbeitsgruppe und im Plenum der Konferenz und in Artikeln immer wieder darauf hingewiesen, dass die Islamverbände kein Interesse an der Demokratie entwickeln. Die staatlichen Vertreter der Bundesrepublik haben offensichtlich eine höhere Frustrationstoleranz.

Auch der Versuch der Konferenz, die muslimischen Vertreter untereinander in einen Diskurs zu führen, ist letztlich gescheitert. Die Muslime in Deutschland sprechen über die sie betreffenden Fragen nicht miteinander. Man muss den Eindruck gewinnen, dass sie sich einem solchen Diskurs nicht gewachsen fühlen oder kein Interesse daran haben. Interne Auseinandersetzungen wurden stattdessen lieber juristisch geklärt. Ansonsten gingen sich die Muslime aus dem Weg, behaupteten vom jeweils anderen, dass er überhaupt nicht eingeladen werden sollte. Die Islamverbände sagen von den Frauen in der Konferenz, sie seien dort überflüssig, der Schriftsteller Feridun Zaimoglu kündigte an, seinen Platz für eine »Schamtuchträgerin« frei zu machen. Die von dem Islamwissenschaftler und Mohammed-Biografen Tilman Nagel mit einem fundierten Referat angestoßene Diskussion über die autoritativen Texte des Islam stieß bei den Islamverbänden, außer dem Verband der Aleviten, auf Ablehnung. Nach Monaten antworteten die KRM-Verbände auf Nagels Text mit der Aufforderung an die Konferenzleitung, den Beitrag als irrelevant zu betrachten.

Auch in praktischen Fragen, wie zum Beispiel dem Religionsunterricht, gab es keine Einigung unter den Muslimen. Während die Islamverbände den bekenntnisorientierten Religionsunterricht forderten, waren sich die säkularen Vertreter, wie die türkischen Verbände, die Aleviten und die Nichtorganisierten, einig, nur einen staatlich verantworteten Islamkundeunterricht zu befürworten. Andere Fragen, wie die der Gleichberechtigung muslimischer Frauen, Fragen der Lebenspraxis und der Integration, wurden gar nicht behandelt. Die Diskussion um den Einfluss des Islam an Schulen ging mithilfe von Erziehungswissenschaftlern und türkischen Lobbypolitikern aus wie das Hornberger Schießen.

Das Experiment Deutsche Islam Konferenz ist bisher erfolgreich gescheitert. Sollte man die Konferenz beenden? Wenn wir die Existenz von Gegengesellschaften nicht akzeptieren und ihre Entstehung nicht sogar noch forcieren wollen, müssen die Muslime sich in den politischen Willensbildungsprozess integrieren und sich auch selbst zusammenraufen, denn die Rechte und Pflichten der Verfassung gelten für alle. Es geht um die Grundrechte des einzelnen Muslims, nicht um das Kollektivrecht eines wie auch immer sich definierenden Islam. Allerdings meine ich, dass die an ausländischen Regierungen und an politischer Vertretung orientierten Islamverbände diesen Prozess nicht positiv befördern. Und die Muslime selbst scheinen dazu auch nicht in der Lage zu sein. Deshalb sollte der Staat entsprechende Vorgaben machen, den Prozess weiter moderieren und den Rahmen der Integration setzen. Der

Islam kennt keine institutionellen Formen, keine Hierarchie, noch nicht einmal den Nachweis einer Mitgliedschaft wie zum Beispiel die Kirchen. Die im Koordinierungsrat zusammengeschlossenen orthodoxen Islamverbände sind zu klein und vor allem keine verlässlichen Partner. Sie müssten sich zunächst von ausländischen Einflüssen befreien, ihre zum Teil konspirativen Aktivitäten einstellen, sich auf die spirituellen Aufgaben konzentrieren, sich säkularisieren und demokratisieren.

Worauf berufen sich die Islamverbände?

Was ist darunter zu verstehen, wenn für die Islamverbände – wie in der Satzung des Koordinierungsrates festgeschrieben – »Koran und Sunna« der Maßstab des Handelns sind? Gläubige Muslime berufen sich in ihrem religiösen Leben auf den Koran und die Sunna, die den heiligen Schriften und den Worten und Taten Mohammeds entsprechenden Verhaltensweisen und ethnisch wie kulturell überlieferten Traditionen. Viele von diesen Traditionen sind archaisch, ethnisch begründet oder eben Sunna, wie zum Beispiel die Beschneidung von Mädchen und Jungen. Die einen dulden die Beschneidung von Mädchen, andere Muslime lehnen sie ab. Die Beschneidung von Jungen halten alle für geboten. Innerhalb der muslimischen Gemeinschaft gibt es fast über jede Frage des religiösen Lebens Streit.

Es sind aber besonders solche Traditionen, die mit den Werten und Grundrechten einer Zivilgesellschaft in Konflikt geraten – so zum Beispiel die durch den Koran begründete Ungleichbehandlung von Frauen in gesellschaftlichen und rechtlichen Angelegenheiten, das Tragen von Kopftüchern bei Frauen und Mädchen, der gesellschaftlich und religiös begründete »Zwang zur Heirat«, die Verwandtenehe, die Babyheirat, die Blutrache, der Ehrenmord, die Beschneidung, der Versuch, Mädchen vom Unterricht in staatlichen Schulen fernzuhalten, das Schächten von Tieren, die soziale Kontrolle, die Gewalt in der Familie, die Scharia, um nur die offensichtlichsten zu nennen.

Alle, die hierzu eine widerstreitende Meinung haben, finden in den heiligen Schriften einen passenden Vers, auf den sie sich berufen können – deswegen glaubt auch jede Islamorganisation, Kritik an solchen zivilgesellschaftlich unverträglichen Praktiken mit dem Argument zurückweisen zu können, diese hätten mit dem Islam ja gar nichts zu tun. Aber es gibt auch die von Muslimen gelebte soziale und religiöse Realität, es gibt die gelebte Kultur des Islam, die nach unseren Maßstäben oft fragwürdig ist. Wer aber legt fest, was das traditionelle Leben der Muslime ausmacht und was nicht dazugehört?

»Ihr Gläubigen seid die beste Gemeinschaft, die unter den Menschen entstanden ist. Ihr gebietet, was recht ist, verbietet, was verwerflich ist, und glaubt an Gott«, so Sure 3, Vers 110 des Koran. Der Koran setzt die Umma, aber auch jeden Einzelnen in die Rolle des moralischen Richters ein. Es gibt islamische Rechtsschulen, die Fatwas erlassen, aber es gibt keinen Konsens unter Muslimen, wie ihre Religion gelebt werden soll. Letztlich ist der Islam immer das, was der einzelne Imam predigt, was der Vater oder der Clanchef meint oder wie sie die Hadithe oder den Koran auslegen. Die Berufung auf die religiösen Traditionen ist der Versuch, sich einen Freibrief für das private Verhalten zu holen, es ist die versuchte »Heiligsprechung« des Alltags. Was die Muslim-Vereinssprecher meinen, wenn sie den Anspruch auf »unser religiöses Leben« geltend machen, ist für mich daher nichts anderes als eine freundliche Umschreibung ihrer Forderung, in Deutschland ein Leben nach den Regeln der Scharia zu ermöglichen.

Ist der Islam also das, was Herr Alboga predigt? Oder das, was Herr Kizilkaya, der für den mit der Milli Görus verbandelten Islamrat spricht, oder das, was Ayyub Köhler sagt, oder ist es das, was der Imam in der Hinterhofmoschee predigt oder was die Al-Azar-Universität lehrt? Oder bin ich es selbst, die sagt, was recht ist? Es gibt keine islamische Hierarchie, kein Gremium, keine Autorität, die das festlegt, deshalb kann auch niemand im Ernst verlangen, dass diese religiösen Traditionen ungefragt akzeptiert werden.

Die Islamvereine sind nicht legitimiert

Die im Koordinierungsrat der Muslime vereinigten Verbände und Organisationen haben ein Legitimationsproblem. Da sie höchstens zehn Prozent der hier lebenden Muslime vertreten, können sie schon zahlenmäßig gar nicht für »die« Muslime oder »den« Islam sprechen. Der Koordinierungsrat hat zudem ein demokratisches Legitimationsproblem. Wie sind die Männer, die für die hier zusammengeschlossenen Verbände sprechen, an diese Position gekommen? Es gibt keine durchlässige Organisation, keine demokratische Kontrolle. Moscheevereine haben oft nicht mehr als die sieben Mitglieder, die für eine Vereinsgründung nötig sind. Es gibt innerhalb der Islamvereine keine Willensbildung und keine Kontrolle. Die Vertreter der Ditib sind zudem Beamte des türkischen Staates, der Vorsitzende ist Diplomat und damit einer fremden Regierung verpflichtet. Ein türkischer Beamter, der AKP-Regierung in Ankara verpflichtet, soll den Islam in Deutschland repräsentieren? Wo bleibt da die Souveränität unseres Landes?

Der Koordinierungsrat ist, um es salopp auszudrücken, so etwas wie eine Ratsversammlung von muslimischen Stammesführern. Im islamischen Wortgebrauch wird dies »Schura« genannt. Man beruft sich dabei auf die Sure 42, Vers 38, und die Sure 3, Vers 138: »Lass dich auf eine Ratsversammlung mit ihnen ein.« Mit »ihnen« sind die Regierten gemeint, politischer Führer ist der Prophet. Dies sind übrigens die einzigen Stellen im Koran, die den Hauch einer Beteiligung der Gläubigen an Gottes Geschäften beschreiben. Die Männer der Schura sprechen aus eigenem Anspruch und eigener Vollmacht. Sie sind niemandem rechenschaftspflichtig. Was sie beschließen, hat keine direkte Wirkung auf die Gemeinden – es ist eine Fassade ohne Haus. Sie sind deshalb nur so wichtig, wie wir sie nehmen. Sie versuchen mit den politisch Verantwortlichen dieses Landes einen Handel zu machen: verbale Zugeständnisse gegen politische Anerkennung. Ich misstraue ihren Ankündigungen, weil ich bis jetzt in keiner einzigen Frage gesehen habe, dass sie tatsächlich bereit wären, Freiheit nicht nur für sich zu fordern, sondern auch anderen, jedem Einzelnen, auch ihren Frauen und Kindern zu gewähren.

Diese »Stammesführer« repräsentieren im Kern eine »Glaubenspartei«, für die Glaube und Politik eins sind, die das Weltliche nicht vom Geistlichen trennt. Wir müssen deshalb über die *Politik* dieser »Glaubenspartei« sprechen, so wie wir über die politischen Ansprüche jeder anderen politischen Partei sprechen. Aber auch dieser Diskussion entziehen sich die Parteigänger des Islam, indem sie ihren Glauben vorschieben und für sich den religiösen Vorbehalt in Anspruch nehmen. Ein klassischer *double-bind*, den man in einer demokratischen Gesellschaft nicht akzeptieren darf, denn er würde jede Auseinandersetzung über diesen Glauben unmöglich machen.

Menschenrechte gibt es ... nicht

Islamische Organisationen in Deutschland betonen immer wieder ihre Verfassungstreue, aber bei einigen ist das ein bloßes Lippenbekenntnis. Ein Beispiel: Es gibt ein Dokument, von dem man mit großer Sicherheit sagen kann, dass es »den Islam« repräsentiert. Und es gibt meines Wissens keine islamische Organisation, die sich je davon distanziert hätte.

Am 5. August 1990 unterzeichneten 45 Außenminister der Organisation der Islamischen Konferenz, dem höchsten weltlichen Gremium der Muslime, die Kairoer »Erklärung der Menschenrechte im Islam«. Das Dokument soll das Pendant zur »Allgemeinen Erklärung der Menschenrechte« der Vereinten Nationen sein. Es hat keinen völkerrechtlich verbindlichen Charakter, erhellt aber die globale Haltung des Islam zu den Grundrechten. Es stellt einen Minimalkonsens dar und ist deshalb für unsere Betrachtung besonders aufschlussreich. Die wichtigsten Feststellungen der Erklärung finden sich in den letzten beiden Artikeln:

»Artikel 24: Alle Rechte und Freiheiten, die in dieser Erklärung genannt werden,

unterstehen der islamischen Scharia.

Artikel 25: Die islamische Scharia ist die einzig zuständige Quelle für die Auslegung oder Erklärung jedes einzelnen Artikels dieser Erklärung.«

Schon in der Präambel der Erklärung heißt es im Gegensatz zur Allgemeinen Erklärung der Menschenrechte der Vereinten Nationen: »Die Mitglieder der Organisation der Islamischen Konferenz betonen die kulturelle Rolle der islamischen Umma, die von Gott als beste Nation geschaffen wurde und die der Menschheit eine universale und wohlausgewogene Zivilisation gebracht hat.«

Hier ist wieder von der Umma, der Gemeinschaft der Gläubigen, vom Kollektiv die Rede, nicht vom einzelnen Menschen, dem Individuum.

In konsequenter Fortsetzung der Präambel erkennt die Erklärung der Muslime nur jene Rechte an, die im Koran festgelegt sind, und wertet nur solche Taten als Verbrechen, über die auch Koran und Sunna gleichermaßen urteilen: »Es gibt kein Verbrechen und keine Strafen außer den in der Scharia festgelegten« (Art. 19). In Artikel 2, Absatz C, heißt es: »Das Recht auf körperliche Unversehrtheit wird garantiert. Jeder Staat ist verpflichtet, dieses Recht zu schützen, und es ist verboten, dieses Recht zu verletzen, außer wenn ein von der Scharia vorgeschriebener Grund vorliegt.« Das wäre zum Beispiel der Fall nach Sure 17, Vers 33: »Und tötet niemand, den zu töten Gott verboten hat, außer wenn ihr dazu berechtigt seid! Wenn einer zu Unrecht getötet wird, geben wir seinem nächsten Verwandten Vollmacht zur Rache.« Erklären sich da nicht die Außenminister einverstanden mit der Blutrache?

Gleichberechtigung ist in dieser Erklärung nicht vorgesehen, vielmehr heißt es in Artikel 6: »Die Frau ist dem Mann an Würde gleich« – an »Würde«, nicht an Rechten, denn so der Koran, Sure 4, Vers 34: »Die Männer stehen über den Frauen, weil Gott sie von Natur vor diesen ausgezeichnet hat.« Und so weiter. Alle Grundrechte werden so zur Farce – bzw. zur sozialen Kontrolle und Denunziation benutzt, wie Artikel 22, Absatz B: »Jeder Mensch hat das Recht, in Einklang mit den Normen der Scharia für das Recht einzutreten, das Gute zu verfechten und vor dem Unrecht und dem Bösen zu warnen.«

Der Islam gilt als die »wahre Religion«, und es sind die »verbindlichen Gebote Gottes, die in Gottes offenbarter Schrift enthalten und durch Seinen letzten Propheten überbracht worden sind. Jeder Mensch [ist] individuell dafür verantwortlich, sie einzuhalten – und die Umma trägt die Verantwortung für die Gemeinschaft«, heißt es in der Erklärung. Das ist nicht nur eine Absage an die Menschenrechte, sondern auch eine mittelbare Rechtfertigung von Selbstjustiz.

Die islamischen Staaten haben diese Erklärung nicht nur als Selbstvergewisserung ihrer Einheit formuliert. Sie ist auch politisches Programm, denn ihrer Auffassung nach sei es notwendig, die kulturelle Identität der islamischen Kultur gegen die kapitalistische Globalisierung zu verteidigen. Die Scharia wird damit zur kulturellen Identität.

Wir Muslime
Die Befreiung von den Übervätern

Es ist an uns Muslimen, etwas dafür zu tun, in Europa anzukommen und uns zur Bürgergesellschaft zu bekennen. Europa bietet diese Chance – nicht der Weltmacht Islam, nicht der Ideologie der Umma, aber jedem einzelnen Muslim.

Auch die katholische Kirche hat sich nicht von innen heraus reformiert, es brauchte Luther, Calvin und viele andere, die ihr Weltbild und ihre Praktiken infrage stellten und deren Überzeugungskraft aushöhlten. Der Feudalismus hat sich nicht aus Selbsterkenntnis von der Weltbühne verabschiedet, es brauchte die aufkommende Bürgergesellschaft und später die Arbeiterbewegung, um die Eliten des Kaiserreichs zur Abdankung zu zwingen. Das Osmanische Reich ist am Druck von außen und an seiner inneren Leere zerbrochen, der Faschismus musste von den Demokraten besiegt werden, der Kommunismus implodierte, weil er versagte, den Menschen nicht geben konnte, was er ihnen zu geben versprach, und weil die Menschen Freiheit wollten.

Im Islam ist bisher keine Bewegung entstanden, die willens und fähig wäre, sich der Aufgabe anzunehmen, diese Religion zu säkularisieren und zu reformieren. Die Gläubigen haben weder die dafür nötigen Wissensressourcen noch den politischen Willen, die Religionsgemeinschaft aus sich selbst heraus zu reformieren, sich gegen die innere Gewalt einer Kollektivgemeinschaft zu behaupten und das zu werden, was Religion in einer modernen Gesellschaft ist: eine spirituelle Dimension des Menschseins und der Selbstvergewisserung.

Die Muslime sind Teil der europäischen Gesellschaft und die europäische Wertegemeinschaft wird die Muslime nicht sich selbst überlassen dürfen, sondern muss ihnen durch eine klare Politik helfen, den Weg der Integration in die moderne Zivilgesellschaft zu gehen. Dabei sind große Aufgaben zu bewältigen, die den Glauben, die Politik und den Alltag von uns Muslimen betreffen.

Der Weg der Reform

Wenn wir über Islam und Integration oder westliche Werte sprechen, dann werden wir kaum auf die derzeitigen Verbände und Organisationen zählen können, sondern wir, die zu Veränderungen bereiten Muslime und Demokraten, müssen gemeinsam den Weg der Vernunft gehen.

Wir selbst müssen die Reform der Religion vorantreiben, nicht indem wir mehr Raum und Gruppenrechte einfordern, sondern indem wir klug und maßvoll die Stärkung der Rechte des Einzelnen mithilfe der europäischen Gesetze fördern. Es geht nicht darum, Freiheiten auszunutzen, sondern für die Gesellschaft und die Religion Verantwortung zu übernehmen. Nur starke und selbstverantwortliche muslimische Männer und Frauen werden in einer modernen Gesellschaft ihren Platz und ihre Identität finden.

Ich bin zu der Erkenntnis gelangt, dass der Islam, so wie er sich in seinem politischen Kern heute darstellt und repräsentiert, nicht in eine demokratische Gesellschaft zu integrieren ist. Der politische Islam stellt sich in seinem ganzen Wesen als ein Gegenentwurf zur aufgeklärten Zivilgesellschaft dar. Ohne Säkularisierung wird der Islam fremd in ihr bleiben. Auch deshalb kann es derzeit nicht um eine staatliche Anerkennung der islamischen Organisationen als Vertretungen des Islam gehen, für die die Islamverbände hierzulande so vehement streiten. Dafür erfüllen sie auch gar nicht die nötigen Voraussetzungen. Das Beispiel Österreich, wo die Muslime seit 1912 als Religionsgemeinschaft anerkannt sind, zeigt, dass dies nicht automatisch zu einer gelungeneren Integration führt: 45 Prozent der Muslime in Österreich, befand der vormalige Innenminister Prokop, seien »nicht integrationswillig«.

Die große Versammlung der Muslime

Der Vorschlag des Islamwissenschaftlers Ralph Ghadban, so etwas wie einen »Großen Sanhedrin« einzuberufen, einen Sachverständigenrat, wie ihn Napoleon 1807 einrichtete, scheint mir eine vernünftige Idee. Napoleon verpflichtete damals die jüdischen Notabeln auf die Republik und erkannte im Gegenzug ihre Repräsentanz an.

Einem solchen Sachverständigenrat sollten Wissenschaftler, Geistliche und Vertreter aller muslimischen Richtungen angehören und einzelne Persönlichkeiten, die sich dem Wertekonsens unserer säkularen Gesellschaft verpflichtet fühlen. Ein solches Gremium könnte die verantwortungsvolle Mitwirkung der Muslime in der deutschen Gesellschaft organisieren. Es könnte praktisch für die Integration der Muslime wirken, offene demokratische Strukturen in Moscheen fördern, die Curricula der Imamausbildung und den Prozess der Vermittlung, Erneuerung und Anpassung des islamischen Lebens in der Zivilgesellschaft begleiten.

Aber von einer solchen verantwortlichen demokratischen Vision sind die Muslime in Deutschland noch weit entfernt. Dafür müssten sie zunächst einmal lernen, miteinander zu reden. Zurzeit präsentiert sich der Islam als eine Religion ohne Verantwortung gegenüber der Gesellschaft.

Die Deutsche Islam Konferenz sollte über kurz oder lang dieses »Persönlichkeitsprinzip« einführen, damit in naher Zukunft nicht Funktionäre, sondern die Muslime selbst über die Interessen der Gläubigen diskutieren.

Ich bin der Überzeugung, dass jeder einzelne Muslim als gläubiger Mensch seinen Platz in dieser Gesellschaft finden kann, ohne den spirituellen Sinn und eine Vielzahl seiner Glaubensriten aufoder preiszugeben. Und ich habe Hoffnung, dass dies gerade in Deutschland möglich ist. Integrationsverträge mit den Migranten, wie die Bundesregierung sie auf den Weg bringen will, können helfen, konkrete Angebote und Ziele zu formulieren.

Unsere Verantwortung

Wir Muslime müssen damit beginnen, die Gewissheiten der Religion kritisch zu hinterfragen. Die Historisierung der Schriften und der Überlieferungen von Koran und Sunna ist zwingend, wenn der spirituelle Kern ihrer Botschaft herausgearbeitet werden soll. Es geht nicht an, sich im 21. Jahrhundert auf Wahrheiten und Worte aus dem 7. bis 10. Jahrhundert zu berufen, wenn die materiellen Bedingungen, unter denen diese entstanden sind, sich längst tief greifend verändert haben. Wir Muslime müssen uns endlich einem theologisch-historischen Diskurs stellen, uns darüber klar werden, was »System« und was »Botschaft« ist.

Wir Muslime müssen uns vorbehaltlos der eigenen Geschichte unserer Religion stellen. Selbst Mohammed und die ihm folgenden Kalifen haben Verbrechen begangen. Eroberungen, Sklaverei, Unterdrückung und Kriege sind Teil der Weltgeschichte, und Muslime haben ihren besonderen Anteil daran. Wir können nicht so tun, als hätte das mit »dem Islam« nichts zu tun.

Eine Gemeinschaft, die sich gegen das freie Wort wehrt, bleibt in einer Art Bewusstseinsgefängnis stecken. Was Alexander und Margarete Mitscherlich mit Blick auf die Verdrängung der während des Dritten Reiches begangenen Verbrechen schrieben, gilt auch für die islamische Gesellschaft von heute: »Die Getöteten können wir nicht zum Leben erwecken. Solange es uns aber nicht gelingen mag, uns den Lebenden gegenüber aus den Vorurteilsstereotypen unserer Geschichte zu lösen ... werden wir an unserem psychosozialen Immobilismus wie an eine Krankheit mit schweren Lähmungserscheinungen gekettet bleiben.«[156] Für mich liegt in diesem »psychosozialen Immobilismus« eine der Wurzeln für die vielen Widersprüche, denen ich bei Vertretern der Muslime begegne.

Wir Muslime müssen den Zweifel zulassen und die Philosophie wieder in ihre Funktion als kritischen Dialogpartner der Religion einsetzen. Die westliche Zivilisation hat trotz vieler Fehler und Katastrophen gezeigt, wie sich ein Mit- und Füreinander entwickeln, welch gestaltende Kraft eine demokratische Gesellschaft entfalten kann.

Wir Muslime müssen uns von den Wächtern des Islam, von den Vorbetern, den Vätern und Übervätern, Abis und Vormündern befreien. Wir müssen Selbstverantwortung übernehmen, uns als Individuen begreifen und Freiheit lernen und aushalten. Für Sigmund Freud hält die Religion die Triebe unter Kontrolle und »verwaltet« die Schuldhaftigkeit des Menschen. Die islamische Lehre versucht, durch die Umma als »Über-Ich« das triebhafte »Es« des Menschen unter Kontrolle zu halten. Wichtig für einen modernen Menschen ist es aber, das »Ich« zu entwickeln. In der islamischen Gemeinschaft ist der Mensch ein Sozialwesen, hat keine Ich-Identität, sondern ist Teil der Gemeinschaft. Mit Gruppenidentität allein ist in der modernen Gesellschaft kein Staat zu machen. Die demokratische Zivilgesellschaft braucht den Bürger, den seiner politischen Verantwortung bewussten »Citoyen«, wie Bassam Tibi sagt. Wir Muslime müssen lernen, ein »Ich« zu sein. Und das zu akzeptieren. Das hat nichts mit Vereinzelung oder Egoismus zu tun, sondern ist der Weg aus Unfreiheit und Bevormundung. Einen anderen gibt es nicht.

Muslime sind Teil der Gesellschaft, sie haben dieselben Rechte und Pflichten wie jeder andere Bürger. Jeder Muslim hat das Recht zu glauben, was er will. Muslime sollen in schönen Moscheen beten können, sooft sie möchten, solange andere dabei nicht bevormundet, beschränkt oder diskriminiert werden. Dazu gehört, dass Moscheen öffentliche Orte sind, die Männern wie Frauen gleichermaßen offenstehen, und in ihnen nicht eine andere Gesellschaftsordnung oder ein eigenes Rechtssystem propagiert wird. Es gilt der Grundsatz, dass Religion Teil der Freiheit ist und nicht über ihr steht.

Für mich gibt es ein Recht auf Kindheit. Jedes Kind, ganz gleich welcher Nation, Glaubens oder Herkunft, hat ein Recht auf Betreuung und Fürsorge, auf Nahrung, Wohnung, Bildung, Unversehrtheit der Person, Freiheit auch von religiöser Bevormundung. Auch muslimische Organisationen sollten verpflichtet werden, die Rechte der Kinder gegenüber ihren Eltern geltend zu machen und nicht Eltern zulasten des Kindes in der Abgrenzung gegen die hiesige Gesellschaft zu bestärken.

Wir Musliminnen müssen uns frei und ohne Bevormundung

durch Männer oder durch die Familie entscheiden können, welchen Weg unser Leben nehmen soll, ob, wen und wann wir heiraten, ob wir berufstätig werden, Kinder bekommen oder ein Kopftuch tragen wollen.

Wir müssen lernen, an Allah durch persönliche Gewissheit zu glauben, ihm durch Verantwortung für das eigene Leben zu dienen, demütig und für die Gemeinschaft da zu sein und im Übrigen wie jeder andere Bürger an der demokratischen Gestaltung dieses Landes teilzuhaben. Was wäre das für eine Religion, für die alles mit einem Stück Stoff steht und fällt!

Karl Marx hat Religion als »Opium des Volkes« bezeichnet. Er und Friedrich Engels haben den Ursprung der Religion treffend beschrieben: »Der Mensch macht die Religion«, so weit stimme ich zu, nicht aber dem zweiten Teil ihres Satzes: »aber, die Religion macht nicht den Menschen«. Die Wechselwirkung haben die beiden dann doch falsch eingeschätzt. Ihr kommunistisches Manifest galt lange als das Glaubensbekenntnis einer materialistischen Weltanschauung. Heute ist es ein Stück Literatur. Es sei mir deshalb erlaubt, den Schlusssatz dieses Manifestes für die Muslime neu zu formulieren:

Muslime aller Länder, bekennt euch zum Ich,
ihr habt nichts zu verlieren außer der Scharia.

Danksagung

Ich danke Peter Mathews, Ingke Brodersen und Lutz Dursthoff, die mich auf dieser »Himmelsreise« unermüdlich unterstützt und begleitet haben; Eva Betzwieser, die es schafft, dass meine realen Reisen ans Ziel führen; und allen Freundinnen und Freunden, die an meine Arbeit glauben, mir zur Seite stehen und das Gefühl geben, nicht allein zu sein.

Anmerkungen

1 Hans Küng: Islam, Geschichte, Gegenwart, Zukunft, München 2004, S. 54

2 Dirk Käsler: Einführung in das Studium Max Webers, München 2004

3 Das gesamte Datenmaterial in: Bundesamt für Migration und Flüchtlinge: Muslimisches Leben in Deutschland, Juni 2009

4 Süddeutsche Zeitung vom 22.11.2009

5 Ignaz Goldziher: Muhammedanische Studien, Nachdruck von 1890

6 Günter Lülin: Die Wiederentdeckung des Propheten Muhammed. Eine Kritik am »christlichen Abendland«. Erlangen 1981

7 Christoph Luxenberg: Die syro-aramäische Lesart des Koran. Ein Beitrag zur Entschlüsselung der Koransprache, Berlin 2004

8 Karl-Heinz Ohlig: Der frühe Islam, Berlin 2007

9 Barbara Köster hat die Debatte über »Die Entstehung des Islam aus dem Christentum« in einer Streitschrift schlüssig zusammengefasst und kommentiert. Das Buch soll 2010 im lit-verlag erscheinen.

10 Nasr Hamid Abu Zaid, Gottes Menschenwort. Für ein humanistisches Verständnis des Koran, Freiburg i. B. 2008

11 Ebenda, S. 63

12 Ebenda

13 Hadithe sind überlieferte Worte und Ereignisse aus dem Leben des Propheten, deren Echtheit daran geprüft wird, ob es eine lückenlose Kette der Übermittlung gibt zu einer Person aus Mohammeds Umgebung, die dies bezeugen kann. Zu Lebzeiten und nach dem Tod des Propheten waren bis zu 80 000 Hadithe im Umlauf, von denen später dann etwa 15 000 als wahr erachtet und als Sunna, als Überlieferung, akzeptiert wurden und seitdem als Quellen der Auslegung herangezogen werden.

14 Hans Jansen: Mohammed. Eine Biographie, München 2008, S. 14

15 Ibn Ishaq: Das Leben des Propheten, Kandern im Schwarzwald 1999

16 Es sei in diesem Zusammenhang zum Beispiel auf die Forschungen von

Christoph Luxenberg verwiesen, der in »Die syro-aramäische Lesart des Koran«, Berlin 2007, nachzuweisen sucht, welchen philologischen Einflüssen der Koran unterliegt, und damit die Historizität der Schriften belegt.

17 Siehe hierzu ausführlicher: Necla Kelek: Die fremde Braut, Köln 2005, S. 157 ff.

18 Gudrun Krämer: Geschichte des Islam, München 2007

19 Patricia Crone: God's Rule, New York 2004. Zitiert nach Hans Jansen, a. a. O., S. 90

20 Tilman Nagel: Mohammed. Leben und Legende, München 2008, S. 646

21 Der Historiker Dan Diner beschreibt in seinem Buch »Versiegelte Zeit. Über den Stillstand in der islamischen Welt«, Berlin 2005, ausführlich den beduinischen Raub, den ghazu als die »Grundform der nomadischen Aneignung. Ein Begriff, von dem sich das Wort ›Razzia‹ herleitet – der überfallartige Zugriff«, der auf dem »altarabischen Beuterecht, der *ghanima*«, beruhe, die sich »auf bewegliche, ohne eigene Arbeit erlangte Güter bezog, also auf all das, was durch aufgezäumte Tragtiere und damit auf dem Rücken von Pferden und Kamelen fortgetragen werden konnte« (a. a. O., S. 14). Aus der Beute wurden später der Tribut, die Steuer und die Rente. Diese Formen der Aneignung eines Mehrprodukts basierten auf Gewalt und nicht auf freiwilligem Tausch.

22 In der Tradition der islamischen Geschichtslehre wird das allerdings genau umgekehrt gesehen. Für die islamische Geistlichkeit ist der Koran »das absolute, unantastbare und für alle Zeiten gültige Wort Gottes«, schreibt der Schriftsteller Navid Kermani in seinem Vorwort zu einem Buch des schiitischen Gelehrten Mehdi Bazargan, der die Rolle der Christen im Koran untersucht. Nach Kermani wird darin »der Koran als ein zentrales Werk der biblischen Deutungsgeschichte erkennbar«. Das liegt auf der von Muslimen nicht angezweifelten Linie, dass der Islam die vollendete Religion darstellt. Siehe: Mehdi Bazargan, Und Jesus ist sein Prophet. Der Koran und die Christen. Mit einer Einleitung von Navid Kermani, München 2006, S. 18 f.

23 Der Koran, Übersetzung von Rudi Paret, Stuttgart 1979

24 Dass es viele Verse im Koran gibt, die einander widersprechen, muss für alle, die streng dem Buchstaben des Korans folgen, ein Problem sein. Sie behelfen sich damit, dass sie sagen, der frühere Vers wird »abrogiert«, d. h. durch einen späteren ersetzt, was aber in der Konsequenz bedeutet: Es gibt

Verse im »Heiligen Buch«, die nicht so gemeint waren oder aufgrund veränderter Umstände verbessert wurden.

25 Der Islamwissenschaftler Luxenberg vermutet, dass mit den Huris profane Weintrauben gemeint sind.

26 Diese Praxis löst unter den verschiedenen Rechtsschulen des Islam immer wieder Streit aus, denn sie wirft unliebsame Fragen auf: Gelten dann die ursprünglichen Koranverse nicht mehr? Dürfen sie überhaupt von Hadithen überschrieben werden? In diesen Erklärungsnotstand ist die Heilige Schrift geraten, weil der Koran als unveränderlich angesehen wird.

27 Tilman Nagel, Mohammed, a. a. O., S. 167. Es ist die Sure 2, Vers 256, die hier von Nagel anders übersetzt wird als allgemein üblich. Gleichzeitig belegt Nagel mit mehreren Ereignissen aus dem Koran und der Vita Mohammeds, dass dieser mit seinen Gefährten den Islam mit Gewalt durchsetzte und Gegner vor die Alternative stellte, Übertritt zum Islam oder Sklaverei und Tod.

28 Martin Burckhardt über »Muttergottes Weltmaschine« in seiner Geschichte kultureller Umbrüche »Vom Geist der Maschine«, Frankfurt a. M. 1999, S. 128 ff.

29 Richard Sennett: Respekt im Zeitalter der Ungleichheit, Berlin 2002

30 Farideh Akashe-Böhme: Sexualität und Körperpraxis im Islam, Frankfurt a. M. 2006, S. 46

31 Werner Schiffauer: Die Bauern von Subay. Das Leben in einem türkischen Dorf, Stuttgart 1987, S. 23 f.

32 Laut einem Bericht des Londoner Guardian vom 13. 9. 2009 berichtet die irakische Schwulenorganisation LGBT, dass seit 2004 680 Homosexuelle, darunter sieben Frauen, verschleppt und meist bestialisch umgebracht wurden.

33 Genitalverstümmelung bei Mädchen ist auch in Deutschland ein Thema. Vor allem bei afrikanischen und ägyptischen Mädchen wird dies praktiziert und gilt als Körperverletzung, wenn es denn zur Anzeige kommt. Beschneidung bei Jungen wird als Tradition akzeptiert und bei fast allen muslimischen Jungen von Ärzten und Laien vollzogen und gefeiert.

34 In meinem Buch »Die verlorenen Söhne. Plädoyer für die Befreiung des türkisch-muslimischen Mannes«, Köln 2006, erörtere ich die Beschneidung ausführlich im Kapitel »Ich bin ein Mann«, S. 109 ff.

35 Karim El-Gawhary: Schweinemassaker schockt Ägypten, in: tageszeitung vom 20. 5. 2009

36 Kristian Frigelj: Unter Feinden, in: Die Welt vom 28.7.2008

37 Er wurde dafür zu einer zehnmonatigen Gefängnisstrafe verurteilt, was seine Karriere aber letztlich nur beförderte.

38 Der Präsident des Deutschen Städtetages, Münchens Oberbürgermeister Christian Ude (SPD), glaubt das allerdings besser zu wissen. Als Replik auf einen Zeitungsartikel von mir sagte er, es sei völlig abwegig, Minarette als Ausdruck von Macht zu bewerten. Sie seien religiöse Symbole, so wie auch jede deutsche Altstadtsilhouette von Kirchen oder »gigantischen Phallussymbolen« beherrscht sei; »zwei winzige Minarette« könnten dagegen wohl kaum einen Machtanspruch anmelden.

39 Tobias Bolsman: Richtungsstreit in Duisburger Vorzeigemoschee, in: Rhein-Ruhr-Zeitung vom 10.12.2009

40 Gregor Herberhold: Warten auf den Rosengarten, www.derwesten.de 8.12.2009

41 Früher führten die Glocken das Zeitmaß der kommenden Arbeitsgesellschaft ein, verkündeten sie doch Beginn und Ende eines Arbeitstages.

42 Yasar Nuri Öztürk: Der verfälschte Islam, Düsseldorf 2007, S. 66

43 Klaus Roß: Samiras Brief, in: Frankfurter Allgemeine Sonntagszeitung vom 1.11.2009, S. 7

44 Uta Rasche: Der Täter könnte auch ein Türke sein, in: Frankfurter Allgemeine Zeitung vom 23.1.2009

45 Özlem Topcu: Kopftuchtage, in: Die Zeit vom 1.10.2009

46 Armin Laschet: Die Aufsteigerrepublik, Köln 2009, S. 179

47 Die Zeit 40/2002

48 Siehe hierzu das Kapitel »Altnazis und Muslimbrüder«

49 Bärbel Beinhauer-Köhler/Claus Leggewie: Moscheen in Deutschland, München 2009, S. 107

50 Süddeutsche Zeitung vom 13.2.2008

51 Ungenutzte Potenziale. Zur Lage der Integration in Deutschland, auf www.berlin-institut.org

52 Herwig Birg: Integration und Migration im Spiegel harter Daten, in: Frankfurter Allgemeine Zeitung vom 9.4.2009

53 Die Geschichte der Integrationskrise wird ausführlich und mit vielen Daten von Stefan Luft aufgearbeitet: Abschied von Multikulti. Wege aus der Integrationskrise, Gräfelfing 2006.

54 Ich erzähle die Geschichte dieser Brautwerbung in »Die fremde Braut«, a.a.O., S. 191 ff.

55 DRV Bund, Würzburg, Referat 0521: Rentenbestand am 31.12.2007

56 Siehe Kai Strittmatter: Ein Riss, der durch das ganze Land geht, in: Süddeutsche Zeitung vom 8.5.2009

57 Sure 36, Vers 56: »Sie und ihre Gattinnen befinden sich im Schatten und lehnen sich auf Liegen.« Sure 57, Vers 12: »Eine frohe Botschaft für euch: Gärten, unter denen Bäche fließen; darin werdet ihr ewig weilen. Das ist ein großartiger Erfolg.« Bei Luxenberg sind die Freuden irdischer und bestehen aus Weintrauben und Getränken in Kelchen.

58 Dan Diner, a.a.O., S. 52

59 Al-Ghazali: Das Buch der Ehe, Hildesheim 2000, S. 120

60 Erdmute Heller / Hassouna Mosbahi, a.a.O., S. 40 f.

61 Halis Cicek: Psychische und psychosomatische Störungen unter besonderer Berücksichtigung psychosexueller Störungen bei Arbeitsmigranten aus der Türkei, Berlin 1989

62 Al-Ghazali, a.a.O., S. 128

63 Fatima Mernissi: Geschlecht, Ideologie, Islam, zitiert nach: Heller/Mosbahi, a.a.O., S. 45

64 Al-Ghazali, a.a.O., S. 131

65 Fatima Mernissi, zitiert nach: Heller/Mosbahi, a.a.O., S. 13

66 Sonja Haug / Stephanie Müssig / Anja Stichs: Muslimisches Leben in Deutschland. Im Auftrag der Deutschen Islam Konferenz, Bundesamt für Migration und Flüchtlinge, Nürnberg, Juni 2009, S. 206

67 Übersetzung von Paret

68 Nahed Selim: Nehmt den Männern den Koran! Für eine weibliche Interpretation des Islam, München 2006, S. 46 f. Jede Koranübersetzung findet, je nach politischer Auffassung des Übersetzers, eigene Wörter für den Vers. Aber selbst die von den saudischen Wahabiten verbreitete Version, von dem ehemaligen Vorsitzenden des Zentralrats der Muslime Nadeem Elyas ins Deutsche übersetzt, schreibt nur: »Sie sollen etwas von ihrem Überwurf über sich herunterziehen.« Selbst konservative Rechtsgelehrte können aus dem Koran weder eine Ganzkörperverhüllung noch den Schleier ableiten, das gibt der Text einfach nicht her.

69 Yasar Nuri Öztürk: Der verfälschte Islam, Düsseldorf 2007, S. 111 ff.

70 Necla Kelek: Die fremde Braut, Köln 2005, S. 161

71 Erklärung des Koordinierungsrats der Muslime vom 8.7.2008, dokumentiert auf www.welt.depolitik/deutschland/article 4079998

72 Frankfurter Allgemeine Sonntagszeitung vom 12.7.2009, S. 23

73 Mathias Rohe: Das islamische Recht. Geschichte und Gegenwart, München 2009, S. 9

74 Vielleicht hält man das Problem quantitativ nicht für relevant. Nach der Untersuchung von Sonja Haug et al.: Muslimisches Leben in Deutschland, a.a.O., S. 196, tragen nur sieben Prozent der Mädchen zwischen elf und 15 Jahren das Kopftuch.

75 Ebenda, S. 204, Tabelle 31

76 Dies und die Klerikalisierung der Kirche führten zu einer großen theologischen Debatte über das Dogma der jungfräulichen Empfängnis. Während in der katholischen Kirche aus der gefallenen Jungfrau langsam, aber sicher die Gottesmutter wurde, der zu Ehren man Kathedralen erbaute, wurde Gottes Sohn Jesus, der aller Menschen Sünde auf sich genommen und dadurch Vergebung, Gnade erwirkt hat, in diesen Sakralbauten in eine Nische verbannt. Diese Entwicklung hat der Kulturwissenschaftler Martin Burckhardt eindrucksvoll beschrieben und analysiert: Vom Geist der Maschine, Frankfurt a.M. / New York 1999, S.118 ff.

77 Mohammed Abed Al-Jabri, »Kritik der arabischen Vernunft«, erschien seit den 1980er-Jahren in Casablanca, umfasst inzwischen drei Bände, deren Einführung 2009 im Perlen Verlag in Berlin erschien.

78 Mohammed Abed Al-Jabri, a.a.O., S. 80

79 Ebenda, S. 79

80 Einleitung von Ahmed Mahfoud und Marc Geoffrey, in: ebenda, S. 36

81 Ebenda, S. 225

82 Sein Aufenthaltsstatus in den USA war lange ungeklärt, die US-Behörden mochten seinen Nutzen für ihr Land nicht recht erkennen. Erst im Oktober 2008 erhielt er eine Greencard – wie amerikanische Kommentatoren unterstellen, eine der letzten Anweisungen der Bush-Administration. Der Regierung Obama mag das vielleicht sogar recht gewesen sein, setzt sie doch weltweit auf eine Zusammenarbeit mit der moderaten islamischen Welt und dabei besonders auf die Türkei.

83 Daniel Steinvorth: Engel und Dämon, in: Spiegel Special 6/2008, S. 26

84 »Über den Autor«, in: Fethullah Gülen: Der Prophet Mohammed. Das unendliche Licht, Mörfelden/Walldorf o. J., S. 10 f.

85 Fethullah Gülen, Fragen an den Islam 1, o. O. 2002, S. 133

86 Adel Theodor Khoury: Der Koran. Düsseldorf 2007, S. 32

87 Martin Riexinger: Front gegen Darwin. Der islamische Kreationismus in der Türkei, Universität Göttingen, August 2007, S. 74

88 Fethullah Gülen: Die Engel und ihre Aufgaben, 31.5.2006, auf www.fgulen.com

89 Christopher Caldwell: Reflections on the Revolution in Europe, Immigration, Islam and the West, New York, 2009, S. 290

90 Ramadan auf einer Buchvorstellung in London am 22.10.2009 laut www.dunia.de

91 Caldwell, a.a.O., S. 292

92 Tariq Ramadan, Radikale Reform – Die Botschaft des Islam für die moderne Gesellschaft, München 2009, S. 31

93 Ebenda, S. 48

94 Ebenda, S. 49

95 Ebenda, S. 192

96 Ebenda, S. 25

97 Ebenda, S. 22

98 Eine Analyse des Denkens und Wirkens von Tariq Ramadan hat Ralph Ghadban vorgelegt: Tariq Ramadan und die Islamisierung Europas, Berlin 2006

99 Tilman Nagel: Die Heilsbotschaft als Machtpolitik. Die islamische Verknüpfung von Glaube und Staat, in: Neue Zürcher Zeitung vom 2.3.2002

100 Ramadan, a.a.O., S. 421

101 Selbst in Mohammeds Familie gab es darüber Streit. Auf der einen Seite stand Mohammeds Frau Aisha mit ihrem Vater, dem ersten Kalifen Abu Bakr, auf der anderen Seite Mohammeds Schwiegersohn Ali und Fatima, seine Tochter. Fünfzig Jahre später spalteten sich die Muslime in Sunniten, die sich auf Abu Bakr berufen, und Schiiten, für die Ali der rechtmäßige Kalif ist.

102 Rede von Bundestagspräsident Wolfgang Thierse zur Eröffnung der Ausstellung »Ex oriente – Isaak und der weiße Elefant« am 29.6.2003 in Aachen; siehe www.bundestag.de.

103 Erdmute Heller/Hassouna Mosbahi: Hinter den Schleiern des Islam. Erotik und Sexualität in der arabischen Kultur, München 1994, S. 159

104 Bat Yeór: Der Niedergang des orientalischen Christentums unter dem Islam, 7.–20. Jahrhundert, Gräfeling 2005

105 Ingke Brodersen/Rüdiger Dammann: Zerrissene Herzen. Die Geschichte der Juden in Deutschland, Frankfurt a.M. 2006

106 Johannes Fried: Das Mittelalter, München 2008

107 Adel-Theodor Khoury (Hrsg.): Themenkonkordanz Koran, Gütersloh 2009

108 »Der Islam«, schreibt der Islamwissenschaftler Adel Theodor Khoury, »meldet seinen Anspruch an, seinen Glauben, seine moralischen Normen, seine gesetzlichen Bestimmungen und allgemein seine umfassende Lebensordnung allen Menschen zugänglich zu machen, mehr noch: seiner Lebensordnung die Oberhoheit zu verschaffen in aller Welt.« Adel Theodor Khoury: Der Koran, a. a. O., S. 58

109 Selbst Sklaven wurden mit dem Versprechen auf Freiheit auf den Kampf eingeschworen. Christliche Kinder wurden, wie bei den Osmanen, per »Knabenlese« von ihren Eltern getrennt, militärisch ausgebildet und zwangsislamisiert. Über Jahrhunderte bildeten sie die Leibstandarte der Sultane, bis sie mächtig und ungehorsam wurden.

110 Gotthold Ephraim Lessing: Theologiekritische Schriften I + II, S. 255

111 Willi Jasper: Lessing. München 2001, S. 251

112 Moses Mendelssohns Schriften zur Philosophie und Ästhetik, Bibliolife o. J., S. 506

113 Clifford Geertz: Religiöse Entwicklungen im Islam, Frankfurt a. M. 1991, S. 92

114 Willi Jasper, a. a. O., S. 280

115 Schindel, Robert: Toleranz, in: Angelika Overath, Navid Kermani, Robert Schindel: Drei Lesarten in Lessings Märchen vom Ring, Göttingen 2003, S. 51

116 Ausführlich hat sich Katharina Mommsen, bis 1992 Professorin für Literatur und Germanistik im amerikanischen Stanford, mit dem Verhältnis Goethes zum Islam befasst. Siehe dazu ihre beiden Bücher »Goethe und die arabische Welt«, Frankfurt a. M. 1988, und »Goethe und der Islam«, Frankfurt a. M. 2001

117 J. W. Goethe: West-Östlicher Divan, Frankfurt a. M. 1974, S. 210

118 »Aus meinem Leben. Dichtung und Wahrheit«, in: Sämtliche Werke nach Epochen seines Schaffens. Münchner Ausgabe. Herausgegeben von Karl Richter in Zusammenarbeit mit Herbert G. Göpfert, Norbert Miller und Gerhard Sauder. Band 16. Herausgegeben von Peter Sprengel. München–Wien 1985, S. 671.

119 Mommsen, a. a. O., S. 195

120 J. W. Goethe: Noten und Abhandlungen, Kap. »Mahomet« (WA 17, S. 32–37)

121 J. W. Goethe: Noten und Abhandlungen zu besserem Verständniß des West-östlichen Divans, in: Ders.: Sämtliche Werke nach Epochen seines Schaffens. Herausgegeben von Karl Richter in Zusammenarbeit mit Herbert G. Göpfert, Norbert Miller, Gerhard Sauder und Edith Zehm. Band 11, S. 147 f.

122 Ebenda, S. 147

123 Ebenda., S. 150

124 Zitiert nach Mommsen, a. a. O., S. 233

125 In der Paret-Übersetzung lautet dieser Vers (Sure 2, Vers 115): »Gott gehört der Osten und der Westen. Wohin ihr euch wenden möget, da habt ihr Gottes Antlitz vor euch, er umfasst alles und weiß Bescheid.«

126 Mommsen, a. a. O., S. 64

127 Ebenda, S. 370 f.

128 Goethe: West-östlicher Divan, a. a. O., S. 65

129 Goethe: Noten und Abhandlungen a. a. O., S. 147

130 Kaiser Wilhelm II.: Rand- und Schlussbemerkungen vom Ende August 1908 zum Bericht Metternichs vom 14. August 1908, zitiert nach: John C. G. Röhl: Wilhelm II. Der Weg in den Abgrund 1900–1941, München 2008, S. 743

131 Die Hoffnung, den Islam für die eigenen Zwecke in den Dienst nehmen zu können, sollte sich als Schimäre erweisen. Man übersah, dass es den viel beschworenen »Panislamismus«, man würde heute sagen: den globalisierten Islam, in organisierter Form gar nicht gab.

132 Hagen, G.: Die Türkei im Ersten Weltkrieg, Frankfurt a. M. 1988, S. 55–58

133 Wolfgang Gust: Der Völkermord an den Armeniern. Die Tragödie des ältesten Christenvolks der Welt, München 1993

134 Ebenda

135 Manche Quellen sprechen gar von der »Vertilgung« der Armenier »auf deutschen Befehl«. Siehe: Vakahn Dadrian: The History of the Armenian Genocide, New York–Oxford 1995. Bericht von Otto Günther Wesendonck (Politische Abteilung des Auswärtigen Amtes), 4. 5. 1916

136 Die deutsche Botschaft in Konstantinopel fand seine Interventionen zugunsten der Armenier politisch nicht angemessen.

137 Rolf Hosfeld: Operation Nemesis. Die Türkei, Deutschland und der Völkermord an den Armeniern, Köln 2005, S. 82

138 Ebenda, S. 14

139 Ebenda, S. 18

140 Ebenda, S. 39

141 Der Mufti an Hitler am 20.1.1941, Politisches Archiv des Auswärtigen Amts, 27326

142 Zitiert nach Klaus-Michael Mallmann/Martin Cüppers: Halbmond und Hakenkreuz, Darmstadt 2006, S. 114

143 Hartmut Kistenfeger/Markus Krischer/Göran Schattauer: Es begann in München, in: Focus 29/2006 vom 17.7.2006

144 Ausführlich über den ganzen Zusammenhang: Ian Johnson, Mosque for Ex-Nazis Became Center of Radical Islam, The Wall Street Journal, 12.7.2005

145 Walter Fürstweger: Halbmond über dem Münchner Norden, in: Süddeutsche Zeitung vom 29./30.7.1976

146 Der Spiegel vom 7.5.2007

147 Bundesministerium des Inneren: Verfassungsschutzbericht, Islamismus aus der Perspektive des Verfassungsschutzes, S. 9

148 Focus a.a.O. vom 17.7.2009

149 Uta Rasche: Spinne im Netz der Muslime in Deutschland – die Macht des Ibrahim El-Zayat«, in: Frankfurter Allgemeine Zeitung vom 11.5.2007

150 www.kas.de/wf/de/33.1497

151 Website des Zentralrats der Muslime in Deutschland, 30.8.2004

152 Murad Hofmann: Tagebuch eines deutschen Muslims, München 31998, S. 82

153 Website des Zentralrats der Muslime in Deutschland, 30. August 2004

154 Murad Hofmann, a.a.O.

155 »Und nachts der Koran« – Immer mehr Muslime in Deutschland vertreten religiös-konservative Ansichten. Islamische Verbände befördern diese Tendenzen, In: Der Spiegel 46/2006

156 Alexander und Margarete Mitscherlich: Die Unfähigkeit zu trauern. Grundlagen kollektiven Verhaltens, München 1967, S. 82

Literaturverzeichnis

Abdullah, M. S.: Geschichte des Islams in Deutschland, Graz–Wien–Köln 1981

Abu Zaid, Nasr Hamid: Gottes Menschenwort. Für ein humanistisches Verständnis des Koran, Freiburg i. B. 2008

Ders., Mohammed und die Zeichen Gottes. Der Koran und die Zukunft des Islam, Freiburg i. B. 2008

Al-Ghazali, Abu Hamid: Das Buch der Ehe, Hildesheim 2000

Al-Jabri, Mohammed Abed: Kritik der arabischen Vernunft, Berlin 2009

Akashe-Böhme, Farideh: Sexualität und Körperpraxis im Islam, Frankfurt a. M. 2006

Angenendt, Arnold: Toleranz und Gewalt. Das Christentum zwischen Bibel und Schwert, Münster 2008

Bazargan, Mehdi: Und Jesus ist sein Prophet. Der Koran und die Christen. Mit einer Einleitung von Navid Kermani, München 2006

Beinhauer-Köhler, Bärbel / Leggewie, Claus: Moscheen in Deutschland, München 2009

Birg, Herwig: Integration und Migration im Spiegel harter Daten, in: Frankfurter Allgemeine Zeitung vom 9. 4. 2009

Bourdieu, Pierre: Entwurf einer Theorie der Praxis auf der ethnologischen Grundlage der kabylischen Gesellschaft, Frankfurt a. M. 1976

Brodersen, Ingke / Dammann, Rüdiger: Zerrissene Herzen. Die Geschichte der Juden in Deutschland, Frankfurt a. M. 2006

Bundesamt für Migration und Flüchtlinge: Muslimisches Leben in Deutschland, Juni 2009

Burckhardt, Martin: Vom Geist der Maschine, Frankfurt a. M. 1999

Caldwell, Christopher: Reflections on the Revolution in Europe. Immigration, Islam and the West, New York 2009

Çiçek, Halis: Psychische und psychosomatische Störungen unter besonderer Berücksichtigung psychosexueller Störungen bei Arbeitsmigranten aus der Türkei, Berlin 1989

Crone, Patricia: God's Rule, New York 2004

Dadrian, Vakahn: The History of the Armenian Genocide, New York–Oxford 1995. Darin: Bericht von Otto Günther Wesendonck (Politische Abteilung des Auswärtigen Amtes) vom 4.5.1916

Diner, Dan: Versiegelte Zeit, Berlin 2006

El-Gawhary, Karim: Schweinemassaker schockt Ägypten, in: tageszeitung vom 20.5.2009

Freud, Sigmund: Das Unbehagen in der Kultur, Frankfurt a.M. 2006

Fried, Johannes: Das Mittelalter, München 2008

Geertz, Clifford: Religiöse Entwicklungen im Islam, Frankfurt a.M. 1991

Ders.: Dichte Beschreibung. Beiträge zum Verstehen kultureller Systeme, Frankfurt 1997

Ghadban, Ralph: Tariq Ramadan und die Islamisierung Europas, Berlin 2006

Ders.: Islam auf Deutsch. Eine Internetstudie, o. J.

Girard, René: Das Ende der Gewalt, Freiburg 2009

Goldziher, Ignaz: Muhammedanische Studien, Nachdruck von 1890

Goethe, J. W.: West-Östlicher Divan, Frankfurt a.M. 1974

Ders.: Aus meinem Leben. Dichtung und Wahrheit, in: Sämtliche Werke nach Epochen seines Schaffens. Münchner Ausgabe. Herausgegeben von Karl Richter in Zusammenarbeit mit Herbert G. Göpfert, Norbert Miller und Gerhard Sauder. Band 16. Herausgegeben von Peter Sprengel, München–Wien 1985

Ders.: Noten und Abhandlungen zu besserem Verständniß des West-östlichen Divans, in: Ders.: Sämtliche Werke, a.a.O., Band 11

Goethes Werke. Herausgegeben im Auftrage der Großherzogin Sophie von Sachsen. IV. Abtheilung: Goethes Briefe. 15. Band: 1800–1801, Weimar 1894

Gülen, M. Fethullah: Der Prophet Mohammed. Das unendliche Licht, Hamm o. J.

Ders.: Grundlagen des islamischen Glaubens, Hamm 2003, 2. Auflage

Ders.: Fragen an den Islam 1, Hamm 2002, 3. Auflage

Ders.: Die Engel und ihre Aufgaben, auf: www.fgulen.com am 31.5.2006

Gust, Wolfgang: Der Völkermord an den Armeniern. Die Tragödie des ältesten Christenvolks der Welt, München 1993

Hagen, G.: Die Türkei im Ersten Weltkrieg, Frankfurt a.M. 1988

Hauf, Sonja / Müssig, Stephanie / Stichs, Anja: Muslimisches Leben in Deutschland. Im Auftrag der Deutschen Islam Konferenz, Nürnberg 2009

Heller, Erdmuthe / Mosbahi, Hassouna: Hinter den Schleiern des Islam. Erotik und Sexualität in der arabischen Kultur, München 1994

Hofmann, Murat: Tagebuch eines deutschen Muslims, München 1998

Hosfeld, Rolf: Operation Nemesis. Die Türkei, Deutschland und der Völkermord an den Armeniern, Köln 2005

Ishaq, Ibn: Das Leben des Propheten, Kandern im Schwarzwald 1999

Jasper, Willi: Lessing. Aufklärer und Judenfreund, Berlin–München 2001

Johnson, Ian: Mosque for Ex-Nazis became Center of Radical Islam, in: The Wall Street Journal vom 12.7.2005

Kelek, Necla: Die fremde Braut. Ein Bericht aus dem Inneren des türkischen Lebens in Deutschland, Köln 2005

Dies.: Die verlorenen Söhne. Plädoyer für die Befreiung des türkisch-muslimischen Mannes, Köln 2006

Dies.: Bittersüße Heimat. Bericht aus dem Inneren der Türkei, Köln 2008

Khoury, Adel Theodor: Der Koran, Düsseldorf 2007

Ders. (Hrsg.): Themenkonkordanz Koran, Gütersloh 2009

Köster, Barbara: Die Entstehung des Islam aus dem Christentum (wird 2010 im lit-Verlag, Berlin–Münster–Wien–Zürich–London, erscheinen)

Krämer, Gudrun: Geschichte des Islam, München 2007

Küng, Hans: Islam, Geschichte, Gegenwart, Zukunft, München 2004

Laschet, Armin: Die Aufsteigerrepublik, Köln 2009

Lessing, Gotthold Ephraim, Theologiekritische Schriften I + II, herausgegeben von Helmut Göbel, München 1976

Ders.: Über den Beweis des Geistes und der Kraft, in: Die Erziehung des Menschengeschlechts und andere Schriften. Mit einem Nachwort von Helmut Thielicke, Stuttgart 1967

Ders.: Anti-Goeze V, in: Werke Band 8, München 1970

Ders.: Brief an Elise Reimarus vom 6.9.1778

Fragmente des Wolfenbüttelschen Ungenannten von Hermann Samuel Reimarus, herausgegeben von Gotthold Ephraim Lessing, Berlin 1835

Lüling, Günter: Die Wiederentdeckung des Propheten Muhammed. Eine Kritik am »christlichen Abendland«, Erlangen 1981

Luft, Stefan: Abschied von Multikulti. Wege aus der Integrationskrise, Gräfelfing 2006

Luxenberg, Christoph: Die syro-aramäische Lesart des Koran, Berlin 2007

Mallmann, Klaus-Michael / Cüppers, Martin: Halbmond und Hakenkreuz, Darmstadt 2006

Mernissi, Fatima: Geschlecht, Ideologie, Islam, München 1987

Mommsen, Katharina: Goethe und die arabische Welt, Frankfurt a. M. 1988

Dies.: Goethe und der Islam, Frankfurt a. M. 2001

Moses Mendelssohns Schriften zur Philosophie und Ästhetik, Bibliolife o. J.

Nagel, Tilman: Mohammed. Leben und Legende, München 2008

Ders.: Die Heilsbotschaft als Machtpolitik. Die islamische Verknüpfung von Glaube und Staat, in: Neue Zürcher Zeitung vom 2. 3. 2002

Niewöhner, Friedrich: Vernunft als innigste Ergebenheit in Gott. Lessing und der Islam, in: Neue Züricher Zeitung vom 10. 11. 2001

Ohlig, Karl-Heinz: Der frühe Islam, Berlin 2007

Overath, Angelika / Kermani, Navid / Schindel, Robert: Drei Lesarten zu Lessings »Märchen vom Ring« im Jahr 2003, Göttingen 2003

Öztürk, Yasar Nuri: Der verfälschte Islam, Düsseldorf 2007

Quack, Anton: Heiler, Hexen und Schamanen. Die Religion der Stammeskulturen, Darmstadt 2004

Ramadan, Tariq: Radikale Reform. Die Botschaft des Islam für die moderne Gesellschaft, München 2009

Rasche, Uta: Spinne im Netz der Muslime in Deutschland – die Macht des Ibrahim El-Zayat, in: Frankfurter Allgemeine Zeitung vom 11. 5. 2007

Dies.: Der Täter könnte auch ein Türke sein, in: Frankfurter Allgemeine Zeitung vom 23. 1. 2009

Riexinger, Martin: Front gegen Darwin. Der islamische Kreationismus in der Türkei, Universität Göttingen 2007

Röhl, John C. G.: Wilhelm II. Der Weg in den Abgrund 1900–1941, München 2008

Rohe, Mathias: Das islamische Recht. Geschichte und Gegenwart, München 2009

Schwarzer, Alice: Die Gotteskrieger und die falsche Toleranz, Köln 2002

Sennett, Richard: Respekt im Zeitalter der Ungleichheit, Berlin 2002

Strittmatter, Kai: Ein Riss, der durch das ganze Land geht, in: Süddeutsche Zeitung vom 8. 5. 2009

Steinvorth, Daniel: Engel und Dämon, in: Spiegel Special 6/2008, S. 26

Tibi, Bassam: Islamische Zuwanderung. Die gescheiterte Integration, Stuttgart 2002

Ders.: Islam's Predicament with Modernity. Religious Reform and Cultural Change, New York 2009

Topcu, Özlem: Kopftuchtage, in: Die Zeit vom 1. 10. 2009

Troll, Christian W.: Progressives Denken im zeitgenössischen Islam, in: Islam und Gesellschaft Nr. 4, Berlin 2005

Ungenutzte Potenziale. Zur Lage der Integration in Deutschland, www.berlin-institut.org

Yeór, Bat: Der Niedergang des orientalischen Christentums unter dem Islam, 7.–20. Jahrhundert, Gräfeling 2005

Der Koran, Übersetzung von Rudi Paret, Stuttgart 1979

Necla Kelek. Bittersüße Heimat. Bericht aus dem Inneren der Türkei. Gebunden

Keleks Bericht aus dem Inneren der Türkei deckt unter der Oberfläche eines modernen Landes die Zerklüftungen auf, die zerrissenen Mentalitäten, die politischen Widersprüche, die sozialen Brüche, in die die Republik zunehmend gerät. Woher kommt, wohin treibt die Türkei?

Kiepenheuer & Witsch

www.kiwi-verlag.de

Necla Kelek. Die verlorenen Söhne. Plädoyer für die Befreiung des türkisch-muslimischen Mannes. Gebunden.

»Es ist ein Buch, das uns Deutsche tief nachdenklich über unsere Integrationspolitik zurücklässt. Dieses Buch wird die politische Klasse bis hin zu aufgeklärten Stammtischen und Dönerbuden kaum zur Ruhe kommen lassen. Es zu lesen, sei allen dringend empfohlen.« *Deutschlandradio Kultur*

Kiepenheuer & Witsch

www.kiwi-verlag.de

Necla Kelek. Die fremde Braut. Ein Bericht aus dem Inneren des türkischen Lebens in Deutschland. Gebunden.

Eine Geschichte von Liebe und Sklaverei, von Ehre und Respekt und von dem wichtigsten Ereignis im Leben einer türkischen Familie: der Hochzeit. Ein Schlüssel zum Verständnis der türkisch-islamischen Kultur, ein Buch, das mit Multi-Kulti-Illusionen aufräumt.

Kiepenheuer & Witsch

www.kiwi-verlag.de